国家科学技术学术著作出版基金资助出版

城市矿产开发利用研究

——基于国家金属资源安全视角

■ 王 昶 等/著

科学出版社

北京

内 容 简 介

本书以提高国家金属资源安全保障能力为战略目标，围绕"如何科学认识城市矿产开发利用与国家金属资源安全的关系""如何有效开发利用城市矿产，提高国家金属资源安全保障能力"的基本问题，揭示了城市矿产成矿机理和演变规律，深入探讨了高技术城市矿产筛选、城市矿产开发利用资源和环境效益评估等城市矿产的开发管理问题，最后在系统梳理我国城市矿产产业政策体系的演进特征、揭示政策作用机制、评估政策效应以及总结和借鉴国际经验的基础上，进一步提出未来城市矿产开发利用的总体战略和政策体系。

本书适用于从事资源环境管理、资源经济学、公共管理与公共政策等研究的高校教师、研究生和其他研究人员，也可供政府相应管理部门和环保企业的工作人员阅读。

图书在版编目（CIP）数据

城市矿产开发利用研究：基于国家金属资源安全视角 / 王昶等著. 北京：科学出版社，2024.9. -- ISBN 978-7-03-079502-1

Ⅰ．F426.1

中国国家版本馆 CIP 数据核字第 20241SR125 号

责任编辑：徐　倩 / 责任校对：王晓茜
责任印制：张　伟 / 封面设计：有道设计

科学出版社 出版
北京东黄城根北街 16 号
邮政编码：100717
http://www.sciencep.com

北京市金木堂数码科技有限公司印刷
科学出版社发行　各地新华书店经销

*

2024 年 9 月第　一　版　　开本：720 × 1000　1/16
2024 年 9 月第一次印刷　　印张：16 1/4
字数：326 000

定价：198.00 元
（如有印装质量问题，我社负责调换）

作者名单

王　昶　左绿水　孙　桥　姚海琳　卢锋华
何朋蔚　宋慧玲　耿红军　张翠虹　周思源

序

城市矿产是工业化和城市化的产物，是一种载能性、循环性、战略性资源。随着大量原生资源从自然界开采出来，经过生产、加工、消费后又以废弃物的形式堆积在城市中。我国大宗固废累计堆存量约 600 亿 t，年新增堆存量近 30 亿 t。[①] "垃圾围城"已然成为许多大中城市亟须解决的环境问题。事实上，城市废弃物是放错位置的资源，是高品位的城市矿产。据统计，每吨电子板卡中，可以分离出约 0.45kg 黄金、129kg 铜、19kg 锡；每开发 1t 废弃手机可以提炼黄金 250g，替代原生矿石 50t。开发城市矿产是有效化解我国资源与环境双重约束的重要途径。2010 年国家发展和改革委员会（简称国家发展改革委）和财政部首次在《关于开展城市矿产示范基地建设的通知》中正式提出"城市矿产"概念。2016 年国务院印发《"十三五"国家战略性新兴产业发展规划》将城市矿产明确列为战略性新兴产业之一。据《中国再生资源回收行业发展报告（2024）》统计，2023 年，我国废钢铁、废有色金属、废塑料、废纸、废轮胎、废弃电器电子产品等十大类别城市矿产回收总量约为 3.76 亿 t，同比增长 1.5%。我国城市矿产的开发利用取得了长足的进步，但仍然存在废物资源化产值低、回收体系不完善、科技创新能力不足等问题，亟须在理论、管理、技术、政策等方面加强研究。

可喜的是，《城市矿产开发利用研究——基于国家金属资源安全视角》这本书的研究团队依托国家社会科学基金重大项目，以国家金属资源安全为视角，对城市矿产成矿机理、城市矿产战略性筛选、城市矿产开发模式及其政策创新等内容进行了有益的探索，取得了一批阶段性成果，并汇集成书。该书具有以下特点。

（1）基础研究扎实。城市矿产作为一个新兴学科，在研究的基本议题与框架方面尚缺乏深入的探讨。该书界定了城市矿产的基本内涵，构建了城市矿产基本概念体系，揭示了城市矿产成矿规律，探索了城市矿产开发利用的物质基础条件和市场实现，并指出了城市矿产未来研究的方向。这些研究工作丰富和发展了城市矿产理论体系。

（2）逻辑结构清晰。该书从"理论研究—调查实证—政策研究"三个层面展开研究。在理论研究层面上，对城市矿产概念体系进行了科学界定，揭示了城市

---

① 《关于"十四五"大宗固体废弃物综合利用的指导意见》，https://www.gov.cn/zhengce/zhengceku/2021-03/25/content_5595566.htm[2024-08-21]。

矿产的成矿规律；在调查实证层面，构建了城市矿产开发潜力评估方法，对发达国家和地区城市矿产开发利用模式进行了国际比较分析，并系统研究了我国"互联网+回收"创新模式，揭示了居民参与行为的影响机制；在政策研究层面，分析了城市矿产的政策机制及其效应，并提出了促进我国城市矿产发展的对策建议。全书体系完整，层次清晰，逻辑严谨。

（3）注重政策创新。这是该书的一大亮点，它不是就城市矿产本身谈城市矿产的开发利用，而是站在国家金属资源安全的战略高度，把城市矿产视为未来国家金属资源安全保障的新支柱。该书提出调整国家金属资源安全的战略路线，从"国内国际两个市场两种资源"的空间统筹转向"原生矿产与城市矿产"结构统筹并重，并提出我国城市矿产开发利用的政策体系。观点新颖，针对性强，对我国城市矿产管理政策创新有很好的借鉴意义。

该书是基于 2014 年的国家社会科学重大项目"基于国家金属资源安全视角的城市矿产开发利用研究"的研究成果出版的专著，项目已经在 2017 年结项，因此书中的研究在 2017 年之前已经进行完毕，书稿中模型的基础数据截至 2017 年。城市矿产的研究具有跨学科的特点，涉及经济学、管理学、资源环境与科学等众多领域。作为一门新兴学科，在城市矿产成矿的动力机制、城市矿产大数据、典型区域城市矿产开发、"互联网+回收"以及城市矿产管理与政策等方面还有很大的研究空间。我特别期待有更多不同学科背景的有志青年加入到研究队伍中来，共同攻克城市矿产开发利用的难题，取得更多丰硕的研究成果。

黄健柏

中南大学原常务副校长、

二级教授、博导

2024 年 1 月 6 日

目　录

第一篇　理　论　篇

第一章　研究背景、价值及思路 ………………………………………… 3
　第一节　研究背景与价值 ………………………………………………… 3
　第二节　研究思路 ………………………………………………………… 8
　参考文献 …………………………………………………………………… 12
第二章　城市矿产开发利用理论回顾 …………………………………… 14
　第一节　国家金属资源安全理论研究 …………………………………… 14
　第二节　城市矿产开发理论研究 ………………………………………… 19
　第三节　城市矿产开发管理研究 ………………………………………… 23
　第四节　城市矿产开发政策研究 ………………………………………… 26
　第五节　城市矿产的开发利用理论展望 ………………………………… 28
　参考文献 …………………………………………………………………… 30
第三章　城市矿产开发利用的机理研究 ………………………………… 34
　第一节　城市矿产的界定 ………………………………………………… 34
　第二节　城市矿产成矿机理 ……………………………………………… 39
　第三节　城市矿产成矿的演化趋势 ……………………………………… 42
　参考文献 …………………………………………………………………… 51

第二篇　管　理　篇

第四章　城市矿产开发利用的潜力评估 ………………………………… 55
　第一节　城市矿产的战略性筛选 ………………………………………… 55
　第二节　城市矿产战略性开发的区域分异研究 ………………………… 75
　第三节　城市矿产开发利用的资源效应评估 …………………………… 89
　第四节　城市矿产开发利用的环境效益评估 …………………………… 102
　参考文献 …………………………………………………………………… 113
第五章　城市矿产开发利用模式创新研究 ……………………………… 116
　第一节　城市矿产开发模式的国际比较 ………………………………… 116
　第二节　互联网背景下城市矿产回收利用模式创新 …………………… 130

第三节　居民参与"互联网＋回收"的行为研究 …………………………… 142
　　参考文献 ……………………………………………………………………………… 153

第三篇　政　策　篇

第六章　城市矿产开发的政策机制研究 …………………………………………… 157
　　第一节　城市矿产政策演进特征 …………………………………………… 157
　　第二节　城市矿产产业的政策作用机制 …………………………………… 169
　　参考文献 ……………………………………………………………………………… 183
第七章　城市矿产开发的政策效应研究 …………………………………………… 186
　　第一节　城市矿产政策效果评估 …………………………………………… 186
　　第二节　城市矿产政府补贴的门槛效应研究 ……………………………… 201
　　参考文献 ……………………………………………………………………………… 215
第八章　城市矿产开发的战略与政策 ……………………………………………… 219
　　第一节　城市矿产开发的总体战略 ………………………………………… 219
　　第二节　城市矿产开发策略 ………………………………………………… 225
　　第三节　完善城市矿产开发政策体系的思考与建议 ……………………… 232

第四篇　结　论　篇

第九章　结论与展望 ………………………………………………………………… 243
　　第一节　研究结论 …………………………………………………………… 243
　　第二节　创新之处 …………………………………………………………… 245
　　第三节　研究展望 …………………………………………………………… 246

后记 …………………………………………………………………………………… 248

第一篇 理 论 篇

第一章 研究背景、价值及思路

城市矿产是未来国家金属资源安全保障的重要支柱，系统深入研究城市矿产开发利用具有重大的理论价值和现实意义。本章内容是本书的总领部分，以明确研究的基本问题和研究方法为目标，主要回答"为什么要研究城市矿产开发利用，主要研究什么内容，以及如何开展研究"等问题。本章内容简要阐明了本书的研究背景与价值，清晰界定了研究对象，并介绍了本书的重点内容及研究方法。

第一节 研究背景与价值

一、研究背景

"'城市矿产'是指工业化和城镇化过程产生和蕴藏在废旧机电设备、电线电缆、通讯工具、汽车、家电、电子产品、金属和塑料包装物以及废料中，可循环利用的钢铁、有色金属、稀贵金属、塑料、橡胶等资源"[1]。2013年7月22日，习近平总书记在视察城市矿产龙头企业格林美股份有限公司时指出"变废为宝、循环利用是朝阳产业"[2]。2014年4月15日，习近平总书记在中央国家安全委员会第一次会议中明确提出，"贯彻落实总体国家安全观""既重视传统安全，又重视非传统安全，构建集政治安全、国土安全、军事安全、经济安全、文化安全、社会安全、科技安全、信息安全、生态安全、资源安全、核安全等于一体的国家安全体系"[3]。这表明：资源安全是国家安全体系的重要组成部分，金属资源安全更是国家资源安全的重要内容之一。城市矿产开发利用是保障国家金属资源安全的重要支柱之一。城市矿产可为工业生产提供替代原生金属资源的再生原料，也可以通过循环再造为社会生活直接提供再生产品。把城市现有的金属资源社会存量加以开发利用，为经济社会可持续发展寻求矿物资源指出了一条新路，比天然形成的真正矿山更具开发价值（黄健柏，2013）。因此，对城市矿产开发利用进行

---

[1]《国家发展改革委 财政部关于开展城市矿产示范基地建设的通知》，https://www.gov.cn/zwgk/2010-05/27/content_1614890.htm[2024-02-21]。

[2]《习近平考察格林美公司："变废为宝"是艺术》，http://news.cntv.cn/2013/07/22/ARTI1374472432323565.shtml[2024-02-21]。

[3]《中央国家安全委员会第一次会议召开 习近平发表重要讲话》，https://www.gov.cn/govweb/xinwen/2014-04/15/content_2659641.htm[2014-04-15]。

深入研究，对缓解我国对海外资源依赖，构建资源节约型社会，提升国家金属资源安全保障能力具有重要的战略意义。

（一）我国金属资源保障能力仍待提高

李克强指出，"中国是拥有 13 亿多人口的最大发展中国家""正处在工业化、城镇化推进过程中"[①]。但是我国金属资源的基本条件决定国内资源的自我保障能力不强，重要金属资源总量保障不足，存在资源结构性矛盾，大宗金属矿产的对外依存度居高不下，同时资源分布与工业布局不匹配问题突出。截至 2020 年，我国已探明储量的 24 种重要金属资源中，仅有 3 种可保证需求，3 种基本可以满足需求，13 种难以满足需求，5 种已经出现短缺。[②]

（二）高度依赖海外资源的路径面临风险

中国金属资源的紧缺性和不安全性，要求我国不得不寻求更广阔的世界资源。21 世纪以来，中国开始从以往的"自给自足"资源安全战略转变为立足国内、资源国际化经营的新战略。尽管充分利用"国内国际两个市场两种资源"的举措在一定程度上缓解了中国金属资源供给短缺瓶颈，但并没有从根本上改善中国金属资源供给的经济性、稳定性和持续性。根据湖北省海外地质事业中心数据整理，目前，我国战略性矿产中超过 2/3 的金属矿种为净进口，镍、钴、钽、铌等资源对外依存度超过 85%，铀、铁、锰、铬、铜、锂、锆、铪等矿产对外依存度超过 50%（崔祖霞，2023）。对海外资源的高度依赖，导致我国金属矿产品国际贸易长期面临"一买就涨，一卖就跌"的窘境。据中国地质科学院测算，扣除正常涨价幅度，2010年以来中国铁、铜和铝资源进口累计损失达 3000 亿~3500 亿美元，市场垄断和基金炒作对资源涨价的贡献率高达 50%~65%。从未来发展形势来看，中国金属资源的主要来源国印度尼西亚、赞比亚、蒙古国、澳大利亚等相继加强了资源控制，中资企业海外矿业项目目前成功率低。跨国矿业公司垄断格局难以打破，美国的"印太战略"等国际贸易规则的重塑，加大了我国稳定获取海外资源的压力。

（三）城市将是未来最大的资源集中地

在自然资源逐渐枯竭的今天，城市矿产却以废弃物形态不断堆积在城市中。

[①]《李克强在博鳌亚洲论坛 2016 年年会开幕式上的演讲（全文）》，https://www.gov.cn/guowuyuan/2016-03/25/content_5057611.htm?cid=303[2024-04-15]。

[②] 数据由国土资源部等六部委于 2016 年 11 月联合发布的《全国矿产资源规划（2016—2020 年）》和《金属对外依存度梳理：提升关键矿产供应链安全水平，紧握优势金属资源》（http://dzj.hubei.gov.cn/hwzx/hwdzxxpt/gjkydt/202312/t20231214_5004817.shtml）整理得来。

目前，我国大宗固废累计堆存量约 600 亿 t，年新增堆存量近 30 亿 t。[①]这些城镇固体废弃物蕴含着丰富的可回收资源，其中金属是主要有价物，与自然矿山相比是高品位城市富矿，如我国金矿品位一般为 3~6g/t，经选矿得到的金精矿约 70g/t，而废弃电脑主板含金量达 250g/t。据预测，到 2030 年再生铜、铁对原生资源替代比例可新增 25% 以上，资源对外依存度可下降约 30%，并于 2050 年替代进口资源成为我国主要供应渠道，最终能将铜和钢铁的对外依存度降低到 10% 以下（温宗国和季晓立，2013）。科学合理开发利用城市矿产将增加金属资源供应，减少原生金属消耗，为保障国家金属资源安全开辟新渠道（王昶等，2017a）。

（四）城市矿产规模化开发条件已趋成熟

城市矿产作为战略性二次资源，已成为高技术矿产的重要来源（王昶等，2017b），发达国家竞相大力开发，截至 2014 年，从城市矿产中提取的再生金属占其总产量的 50% 左右。日本制定了有关城市矿产开发的计划，成为部分金属的"储量大国"。据测算，2009 年日本城市矿产中就已经蕴藏黄金约 6800t，白银约 6 万 t，钽约 4400t，相当于全球黄金储量的 16%、白银储量的 22%、钽储量的 10%（原田幸明他，2009）。2017 年德国用于包装的废旧铝合金的回收利用率已经达到了 99%。美国甚至将废旧汽车挤压成型填充于废弃矿洞中，作为未来战略储备。随着我国工业化、城市化进程加快，城市中大量生产生活使用的金属制品也陆续进入报废的高峰期。资源化利用技术、工艺和装备业已成熟，互联网技术的发展也为高效回收提供了可能，我国的城市矿产进入到规模化开发的新阶段。

二、基本问题

面对当前我国金属资源安全形势的变化，本书从提高国家金属资源安全保障能力的战略目标出发，重点回答以下两大基本问题。

（一）如何科学认识城市矿产开发利用与国家金属资源安全的关系

这是实现将城市矿产纳入到国家金属资源安全保障体系中的理论前提和物质基础，也是研究的立足点。

---

① 《关于"十四五"大宗固体废弃物综合利用的指导意见》，https://www.gov.cn/zhengce/zhengceku/2021-03/25/content_5595566.htm[2024-08-21]。

从构建城市矿产开发利用的物质基础条件出发，首先需要清晰界定城市矿产的内涵及概念体系，对城市矿产进行分类并识别城市矿产的特征；其次需要认清城市矿产成矿作用过程及驱动因素，了解中国城市矿产成矿的演化趋势。研究目的是回答城市矿产是什么，是如何形成的，哪些因素影响了城市矿产成矿，演化趋势是什么等问题。一方面必须认识到城市矿产作为工业化、城市化的产物，它在成矿条件和机理上完全不同于原生矿地质成矿规律，并不是自然发生的过程，而是取决于社会的认知程度和人工的干预水平。因此，需要运用物质流分析的理论方法，从源头上认清城市矿产的成矿规律，重点分析城市矿产中的主要有价金属元素的迁移和转化过程，识别和评价物质流向、规模、强度以及影响因素。另一方面，必须认识到中国城市矿产成矿规律有别于发达国家。一是过去的粗放型经济增长方式使得我国城市矿产成矿速度快于发达国家，如我国每年会产生大量的废建筑钢材。二是早期工业化大量生产使用的含金属产品陆续进入报废的高峰期，我国城市矿产大规模开采条件已基本成熟。我国每年报废的汽车近千万辆，报废的电视机、冰箱、洗衣机、电脑等电器约三千万台，手机上千万部。三是我国人民生活水平不断提高，消费持续升级，我国城市矿产的构成正在发生深刻变化。因此，必须跟踪研究消费升级的动向和产品结构的变化，把握城市矿产主要金属种类、数量和流向的变化，以便准确判断我国城市矿产的成矿机制和演化规律。

从构建城市矿产开发利用的市场实现条件出发，研究城市矿产的开发潜力，研究目的在于回答"中国背景下的城市矿产值不值得开发"的关键问题。一方面，城市矿产开发利用对节能减排目标有显著的支撑作用。2020 年仅铜、铁、铝和铅再生就可以实现源头节能 1.35 亿 t 标准煤，减少二氧化硫排放 185 万 t（相当于对全国二氧化硫减排目标贡献 13.4%）。另一方面，城市矿产中蕴含着丰富的可回收资源，其中金属是主要有价物，与自然矿山相比是高品位城市富矿。因此开发利用城市矿产能带来显著的环境和资源效益，有必要从环境和资源两个角度出发，通过 GREET（the greenhouse gases, regulated emissions, and energy use in transportation, 温室气体管制排放和运输中的能源使用）模型、LIME（life-cycle impact assessment method based on endpoint modeling, 基于端点建模的生命周期影响评价方法）和动态物质流（dynamic material flow）等方法，深入分析城市矿产开发利用所能带来的环境效益和资源效益。

通过对城市矿产开发利用基础条件的分析，将进一步研判城市矿产开发利用对国家金属资源安全的影响趋势。研究目的是在认清城市矿产开发机理的基础上，进一步回答城市矿产开发利用到底对国家金属资源安全有什么样的战略影响等关键问题，这是政策制定的重要依据。我国正处于工业化后期、新型城镇化快速发展期，经济社会对金属资源需求量依然很大，这也导致我国金属资源短缺的困境短时间内难以改善，有必要考虑将城市矿产纳入国家金属资源安全保障体系中。因此，城市矿产开发研究需要重点把握世界金属资源格局和我国金属资源安全态势变化的趋势，进一步研判城市矿产开发利用对国家金属资源供求关系的调节能力，分析其对原生金属资源的替代趋势。

（二）如何有效开发利用城市矿产，提高国家金属资源安全保障能力

这是城市矿产开发研究的重点和落脚点。为解决这个问题，我们认为，需要从以下方面着力。

在实践操作层面上，从优化城市矿产开发利用模式入手，探索城市矿产开发利用的方式和途径。研究目的在于根据中国国情，解决城市矿产主要金属的开发利用模式如何优化、如何规范等难题。日本、德国等国家较早地开始探索城市矿产开发利用并已经形成了各具特色的开发模式，具有代表性，能为我国城市矿产早期的开发利用提供经验借鉴。另外，随着互联网向经济社会各领域的加速渗透，中国的传统回收行业也开始融合创新，出现了"互联网+回收"新业态。因此，对互联网背景下新型城市矿产开发利用模式进行解构，并调查居民对此种新型模式的接受度，提出相应意愿提升策略，将是城市矿产开发利用模式研究的重要内容之一。

在制度保障层面上，从优化促进城市矿产开发利用的政策体系出发，完善城市矿产与原生金属资源"两种资源"（指国内资源和国际资源）统筹开发利用的制度保障体系。研究目的在于解决"两种资源"统筹开发利用总体战略与政策体系如何完善的难题。近年城市矿产开发利用的相关政策出台了不少，但这些政策统筹规划与衔接方面有待提高。以废钢铁的使用为例，由于近年部分财税政策的调整等因素影响，废钢铁作为钢铁企业原料的比重由2008年的20%降到2014年的10%（参见2008年和2014年的《中国钢铁工业年鉴》），废钢铁的应用量出现历史性的负增长。如果钢铁企业利用废钢铁作为原料的比重提高到20%左右，每年能减少进口1.6亿t铁矿石，减少标准煤消耗5600万t，减少碳排放2.24亿t，减少二氧化硫排放约35万t，节水7亿t。因此，政策机制是促进城市矿产开发利用的关键。城市矿产开发研究有必要在借鉴国际经验，完善现行政策的基础上，探讨发挥市场、政府与社会三者间的协同机制，进一步完善"两种资源"统筹使用的总体战略和政策框架，优化促进城市矿产开发利用的分区、分类政策体系。

本书尝试去回答以上问题，但有的问题还待下一步深入探讨。

三、研究价值

（一）城市矿产开发研究具有重大理论价值

城市矿产开发利用研究以城市矿产的物质流路线为依据，一方面，构建城市矿

产概念体系，对城市矿产进行分类并识别城市矿产的特征，揭示中国城市矿产的成矿规律，探究成矿作用过程及驱动因素，了解成矿的演变趋势，解析演变动力和机制。另一方面，从构建城市矿产开发利用的市场实现条件出发，研究城市矿产的开发潜力，分析城市矿产开发利用所能带来的环境效益和资源效益。在此基础上，把握城市矿产开发利用对国家金属资源安全的影响趋势。因此，这项研究对丰富国家金属资源安全理论、拓宽金属资源供给渠道都有着十分重大的理论价值。

（二）城市矿产开发研究具有重要现实意义

城市矿产开发利用研究针对目前我国正处于工业化后期、新型城镇化快速发展时期，面临资源与环境双重约束的难题，围绕将城市矿产开发利用作为未来国家金属资源安全保障重要支柱的战略目标，结合对城市矿产成矿规律的长期研究认识，选取城市矿产中的主要有价物——金属为重点研究对象，按黑色金属（钢铁等）、基本有色金属（铜铝等）、稀贵金属（金银等）分类，构建中国城市矿产主要金属资源基础数据库；进一步对中国整体城市矿产开发利用模式和互联网背景下新型开发利用模式展开研究，既立足于现实操作，提高开发利用水平，防范二次污染，设计发展指引；又着眼于未来，促进"两种资源"统筹开发利用，规划总体战略、发展路径，完善制度保障体系。这使城市矿产开发利用研究有很强的针对性和现实操作性，将有助于明确城市矿产开发利用的重点领域和发展方向，促进我国传统的"资源—产品—废弃物"的线性发展模式向"资源—产品—废弃物—再生资源"的循环经济发展模式转变。这对国家构建资源节约型社会，缓解我国对海外矿产资源依赖，提高国家金属资源安全保障能力有着十分重大的现实意义。

第二节 研究思路

一、研究对象的界定

城市矿产是在工业化、城镇化过程中，伴随着产品的生产、加工制造、使用和废物管理而产生的，具有较高经济价值并可回收利用的二次资源，是相对于蕴藏于地下原生矿产的另一种重要资源。本书将以城市矿产中所含金属为主要研究对象，包括钢铁等黑色金属、铜铝等基本有色金属、金银等稀贵金属，主要原因有两个方面。

（一）研究视角决定了关注的重点对象

缓解我国对海外矿产资源的过度依赖，提高国家金属资源安全保障能力是本书的出发点。本书提出将城市矿产作为未来国家金属资源安全保障的重要支柱，为国家金属资源安全战略路线由传统国际国内两个市场的空间统筹向兼顾城市矿产与原生金属资源"两种资源"的结构统筹转型设计实施方案。因此，重点开发利用城市矿产中所含金属是本书题中应有之义。

（二）城市矿产构成成分决定了研究的重点对象

金属是城市矿产构成的主要有价物。随着工业化、城市化和消费持续升级，中国的家电、汽车、电子产品等逐步进入报废的高峰期，城市矿产所含金属的社会存量也快速增加，使得城市矿产已具备大规模产业化的条件。以铜为例，Zhang 等（2015）研究表明，我国 2012 年的铜人均社会存量在 44kg 至 60kg 之间，并预测到 2030 年将达到 106kg。因此，城市矿产中所含金属自然是本书研究的重点对象。

二、研究的重点内容

（一）城市矿产成矿机理

城市矿产开发利用机理是城市矿产研究的理论基础。成矿是一个系统的过程，成矿机理包括成矿驱动因素、成矿作用过程、成矿演化趋势等（翟裕生，1999）。现有研究主要是对城市矿产物质流动进行描述，以及在测算社会蓄积量（social stocks）时，简要分析影响因素，并没有系统地深入剖析城市矿产成矿的原因、过程及格局。我们认为城市矿产成矿机理研究是要认清城市矿产形成的过程和规律，回答"城市矿产是什么，如何形成的，哪些因素影响了城市矿产成矿，演化趋势是什么"等问题。重点从以下方面开展研究。一是城市矿产的界定。通过文献回顾，明确城市矿产的内涵，构建城市矿产概念体系，对城市矿产进行分类并识别城市矿产的特征。二是城市矿产成矿过程及驱动因素分析。沿"资源开采—生产加工—消费—废弃"的产业链，研究主要金属产品的流动状况，解析城市矿产的形成过程，并分析城市化、工业化进程中人口集聚、产业升级、技术变革、消费升级等因素对城市矿产成矿的影响，揭示各主要因素的作用机理及因素间的互动。三是城市矿产成矿的演化规律。动态分析不同发展阶段城市矿产成矿特征，探寻成矿的演变趋势，解析成矿演变的动力机制。

（二）城市矿产开发利用潜力

城市矿产开发利用潜力评估是城市矿产有序开发利用的前提条件。现有研究对城市矿产的开发利用潜力评估也只停留在特定产业和企业层面，缺乏从国家金属资源安全的角度衡量城市矿产开发利用潜力。金属是城市矿产中蕴含的主要有价物，尤其是其中的高技术矿产，是战略性新兴产业发展的关键原材料。高技术矿产在地球上存量稀少，且通常是主要工业金属如铜、锌、铝开采和加工的副产品，其可供性主要受主产品可供性的制约。近几年主要工业金属矿产陆续进入需求峰值，供应增幅也随之逐步放缓，高技术矿产的供应风险将进一步加大。因此，城市矿产开发利用潜力评估以产业发展，尤其是战略性新兴产业发展的资源保障为出发点，回答哪些城市矿产需要重点开发，哪些城市矿产具有开发潜力，开发城市矿产能带来哪些资源效应和环境效益等问题。重点从以下方面开展研究。一是城市矿产战略性筛选评估。界定城市矿产终端来源的范围，构建"资源—技术—环境"的三维立体评估模型，制定城市矿产重点开发目录。二是城市矿产开发利用的资源效应评估。建立城市矿产开发利用的资源效应评估方法，测算城市矿产社会存量及其高技术矿产含量，并讨论技术、消费、政策等因素对城市矿产成矿种类、品位、规模和速度的影响。三是城市矿产开发利用的环境效益研究。通过对城市矿产开发利用的环境影响和环境效益进行测算，评估城市矿产开发利用所带来的环境效益。

（三）城市矿产开发利用模式

城市矿产开发利用模式是城市矿产能否得到有效利用的关键。现有关于城市矿产开发利用模式的研究主要是从政策法规、管理实践与回收体系等方面对各国的具体做法进行总结，对于城市矿产开发利用的模式尚未形成统一的研究框架，而且也尚未关注到互联网背景下城市矿产开发利用出现的创新模式。我们认为城市矿产开发利用模式研究是要认清城市矿产开发利用有哪些模式、互联网背景下出现了哪些回收模式创新、如何促进创新模式发展等问题。重点在以下方面开展研究。一是城市矿产开发模式的国际比较。通过分析日本、德国的城市矿产开发模式，并进行横向比较，总结出城市矿产开发的国际经验与启示。二是互联网背景下城市矿产开发模式创新。针对中国"互联网+城市矿产回收"利用平台兴起的实际情况，重点分析"互联网+"背景下城市矿产回收利用的创新模式，对不同"互联网+回收"模式进行解构、比较和总结。三是互联网背景下居民参与城市矿产回收的行为研究。针对"互联网+回收"平台发展尚不成熟、效果暂不理想的情况，从居民角度入手，分析居民参与"互联网+城市矿产回收"的意愿及其影响机制。

（四）城市矿产开发政策

产业政策是一个国家的中央或地方政府为了其全局和长远利益而主动干预产

业活动的各种政策的总和。为推动城市矿产产业的发展，各国政府均先后出台了一系列产业政策。但是从研究的对象来看，目前的研究主要集中在报废汽车、电子废物、固体废弃物、建筑废弃物等方面，尚未从城市矿产角度进行系统的研究。从研究内容来看，现有的城市矿产产业政策研究主要是对政策体系进行分析研究，对政策工具的效果进行评价，或从政策顶层设计的视角出发，设计指导政策，力求构建针对性强的政策体系，并未对中国城市矿产政策进行系统量化分析。我们认为城市矿产开发政策研究是要回答"中国的城市矿产政策体系经历了哪些发展阶段，各阶段产业政策呈现出怎样的特征，政策作用机制是什么，政策效果如何，政策应当如何创新才能更加促进产业发展"等问题。重点在以下方面开展研究。一是城市矿产开发的政策机制分析。系统梳理国家城市矿产政策，构建政策数据库，探寻城市矿产政策体系的演变特征及趋势，并揭示城市矿产产业政策的作用机制。二是城市矿产开发的政策效应评估。从政策工具视角，研究税收优惠、财政补贴等政策手段对城市矿产技术创新的影响效应，在此基础上，识别城市矿产产业政策存在的门槛效应。三是城市矿产开发的政策创新设计。立足现实国情，借鉴国际经验，提出城市矿产开发的技术政策和管理政策的创新思路。

三、研究方法

由于本书中研究所涉及问题具有复杂性，且有多学科融合交叉的特点，故将综合采用多种研究方法与分析技术来完成研究任务，重点突出以下几类方法的集成。

（一）文献研究与理论归纳相结合

本书通过网络、学术期刊和学术访问等各种方式查阅和收集最新资料，梳理国内外国家金属资源安全、城市矿产开发利用、循环经济等方面的理论研究和实践成果，融合经济学、管理学、资源环境科学等相关理论与最新成果，依据物质流与价值流互动影响规律，构建城市矿产物质流与价值流循环一体化理论与方法体系。

（二）案例研究与现场调研相结合

本书对广州都市圈、长株潭城市群、武汉城市群等大都市圈，汕头市贵屿镇、株洲市攸县等中小城镇，汨罗、永兴等的园区、城市矿产示范基地开展现场调研；对格林美股份有限公司、湖南万容科技股份有限公司、欧绿保再生资源技术服务（北京）有限公司等城市矿产龙头企业，以及爱回收、易再生等"互联网＋回收"企业进行案例研究。通过问卷调查、深度访谈，分析典型区域城市矿产的规模与分布特征，研究废建筑金属材料、报废汽车及机械设备、废弃电器电子产品、废弃金属容器与包装物等城市矿产主要金属终端来源的开发利用模式，形成研究的基础数据库。

（三）历史研究与国际比较相结合

本书对我国城市矿产开发利用制度的演变背景与过程进行深入分析，对比研究德国、日本等发达国家城市矿产开发利用的主要做法，总结其经验与教训。通过把握城市矿产开发利用规律，预测中国城市矿产开发前景与趋势，明确我国城市矿产开发利用管理的重点难点。

（四）规范分析与实证研究相结合

本书在城市矿产开发利用机理研究上进行了规范分析，找到了城市矿产开发利用的理论依据和政策逻辑。同时，本书采用物质流分析（MFA、SFA）[①]与生命周期评价（life cycle assessment，LCA）相结合的集成分析法，以国家尺度上金属资源物质流的生产、加工制造、使用和回收再生这四个阶段为基本分析框架，对主要金属资源流动方向、流量、数量比等情况进行全面解析；运用自下而上（bottom-up）的金属存量分析法，对我国典型区域的城市矿产社会存量进行计量分析；运用案例研究、结构方程模型等方法研究"互联网＋回收"模式和居民的参与行为；运用内容分析法、社会网络法等方法探寻城市矿产产业政策的演化特征和趋势，并通过面板数据模型、门槛回归模型等方法对城市矿产政策影响效应进行评估。

参 考 文 献

崔祖霞. 2023. 我国战略性矿产资源保供形势分析与思考. 中国矿业，32（7）：10-14.
黄健柏. 2013. 破解金属资源安全保障的"中国难题". 有色冶金节能，29（1）：6-9.
王昶，宋慧玲，左绿水，等. 2017a. 国家金属资源安全研究回顾与展望. 资源科学，39（5）：

---

① 物质流分析方法分为两种：一种称为 SFA（substance flow analysis），主要研究某种特定的物质流，如铁、铜、锌、锰等对国民经济有着重要意义的物质流，以及砷、铅、汞、镉等对环境有较大危害的有毒有害物质流和钢铁、化工、林业等产业部门物质流；另一种称为 MFA（material flow analysis），主要研究国家经济系统的物质流入与流出。前者主要应用于 20 世纪 90 年代，随着可持续发展意识的不断增强以及经济全球化步伐的加快，基于国家经济系统的 MFA 方法在 20 世纪 90 年代中期开始逐渐成为研究和应用的主流。

805-817.

王昶, 左绿水, 孙桥, 等. 2017b. 基于资源—技术—环境的高技术城市矿产战略性筛选. 中国人口·资源与环境, 27 (7): 25-34.

温宗国, 季晓立. 2013. 中国铜资源代谢趋势及减量化措施. 清华大学学报 (自然科学版), (9): 1283-1288.

翟裕生. 1999. 论成矿系统. 地学前缘, (1): 13-27.

原田幸明, 井島清, 島田正典, 他. 2009. 都市鉱山蓄積ポテンシャルの推定. 日本金属学会誌, 73 (3): 151-160.

Zhang L, Yang J M, Cai Z J, et al. 2015. Understanding the spatial and temporal patterns of copper in-use stocks in China[J]. Environmental Science & Technology, 49 (11): 6430-6437.

第二章　城市矿产开发利用理论回顾

近年来，城市矿产的开发利用问题引发了越来越多的国内外学者的关注，城市矿产开发利用研究得到了新的发展。本章内容主要对城市矿产开发利用理论和方法的研究进展进行回顾，回答"城市矿产开发利用研究进展如何，研究中还存在哪些局限，未来研究方向是什么"等问题。首先，本章系统回顾了国家金属资源安全理论研究；其次，回顾了城市矿产开发理论研究和管理研究进展；再次，对城市矿产开发政策研究进行全面梳理；最后，在对现有研究进行回顾总结的基础上，进一步提出了研究启示。

第一节　国家金属资源安全理论研究

本节内容主要从国家金属资源安全内涵与机理、金属资源消耗与国家工业化进程的关系、国家金属资源安全战略与政策研究等三个方面对国家金属资源安全相关理论研究进行系统回顾。

一、国家金属资源安全内涵与机理

（一）国家金属资源安全内涵

现有研究主要集中在对概念范畴较大的资源安全内涵进行定义，谷树忠等（2002）认为资源安全是一个国家或地区可以持续、稳定、及时、足量和经济地获取所需自然资源的状态或能力，包括数量、质量、结构、均衡以及经济或价格安全五种基本含义，主要强调的是资源供应的稳定性。也有学者进一步对矿产资源安全内涵进行了界定，如汪云甲（2003）认为，矿产资源安全是指满足国家生存与发展正常需求的矿产资源供应保障的稳定程度，以及矿产资源开发及使用不应对人类自身的生存与发展环境构成威胁，即供应的稳定性和开发使用上的安全性。针对金属资源安全，国外学者强调了金属资源供应可持续的重要性（Tilton and Lagos，2007）。王昶等（2017）认为，国家金属资源安全是指为满足国家经济发展和产业转型升级的需要，提供可靠的、买得起的、持续稳定的金属资源供应，同时金属资源的开发和利用不以牺牲生态环境可持续发展为代价，主要涵盖供给安全、经济安全和生态安全。国家金属资源安全与经济发展、矿业周期紧密相关，不同发展时期,国家金属资源安全的中心任务、保障重点也不同。当前世界经济增长与矿业周期进入转换期,金属资源供给压力有所缓解,国家金属资源安全保障的中心任务转向避免世界经济繁荣期金属价格快速上涨带来的国家利益损失。随着新一轮科技革命与产业变革的发展,高技术金属矿产成为各国利益争夺的焦点,国家金属资源安全保障重点从大宗金属矿产转向高技术金属矿产。

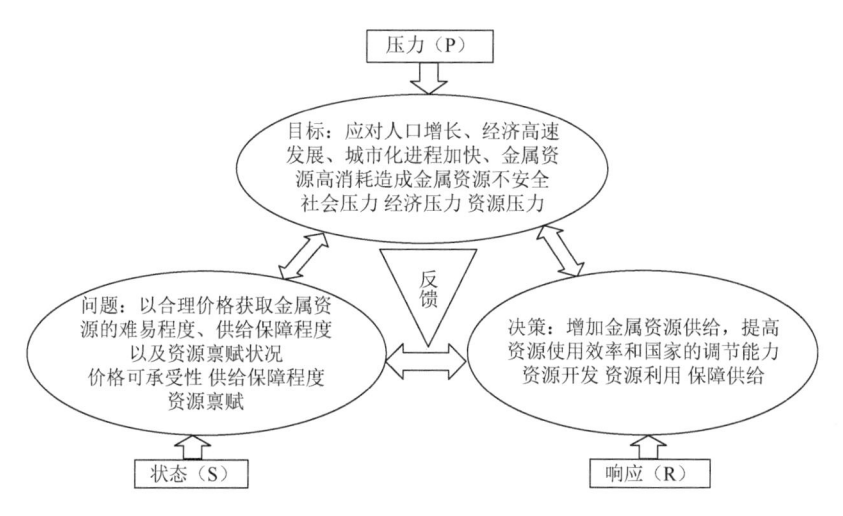

(二)国家金属资源安全机理

国家金属资源安全机理研究的核心是客观描述资源安全影响因素中同类因子内部以及非同类因子之间的耦合关系,解释各因素对国家资源安全的影响过程、结果和调控方式(姚予龙和谷树忠,2002)。谷树忠和姚予龙(2006)运用联合国环境规划署(United Nations Environment Programme,UNEP)和经济合作与发展组织(Organization for Economic Cooperation and Development,OECD)开发的"压力-状态-响应"(pressure-state-response,PSR)模型对资源安全机理进行了解释。Wang等(2013)率先将PSR模型引入国家金属资源安全机理中,以铜为例揭示了国家金属资源安全问题产生的原因、变化过程和对现实的影响(图2-1)。应对人口增长、经济高速发展、城市化进程加快等给金属资源安全带来了巨大的压力(P)。人类耗竭性地取得金属资源,改变了金属资源存量的状态(S),影响到持续、稳定、及时、足量和经济地获取所需要的金属资源的状态和能力。金属资源压力和存在的问题要求社会做出响应(R),采取应对措施,如加大地质勘探投入,增加潜在的金属资源供给;发展科学技术,提高金属回收率;加强资源储备,增强国家对金属资源供给的调节能力等。

图2-1 国家金属资源安全机理框架

二、金属资源消耗与国家工业化进程的关系

(一) 金属资源消费结构阶段性规律

从金属资源消费结构阶段性规律来看，在工业化初期，大量消耗铁矿石、铜等大宗金属资源；到工业化中期，铜、铝等常用金属资源和产品将取代粗钢生铁，作为该时期的主要消费对象，基本有色金属消费增长较快；到工业化中后期和后工业化时期，随着工业转型升级，将进入与战略性新兴产业、军工产业休戚相关的稀有金属"集中作用期"，稀有金属需求逐步扩大，成为现代制造业特别是战略性新兴产业和国防工业的关键原材料（李鹏飞等，2014）。

(二) 金属资源消耗量"S"形规律和消耗强度倒"U"形规律

"S"形规律揭示出工业化过程中人均金属资源消耗量与人均 GDP 之间呈现全周期"S"形变化规律（王安建等，2002）。从农业社会到工业社会，再到后工业化社会，人均金属资源消费与人均 GDP 呈现全周期"S"形变化关系，即农业社会人均金属资源消耗量呈低缓增长趋势，到工业化发展阶段呈快速增长趋势，之后随着经济结构的转变、社会财富积累水平不断提高和基础设施日趋完善，金属资源的人均需求陆续达到顶点，不再增长，并趋于下降。倒"U"形规律是指，金属资源消耗强度在时间尺度和发展程度上随着人均 GDP 的变化呈现倒"U"形变化规律（王安建等，2002）。随着工业化进程的发展，金属资源消费强度逐步上升，并逐渐达到顶点，之后持续下降。不同金属资源由于性质与用途的不同，其消费强度到达顶点的位置（时间）也不同。

(三) 金属资源消费峰期的资源-产业"雁行式"规律

资源-产业"雁行式"演进规律揭示了国家经济发展、产业演进和资源需求的内在联系：在理想状态下，一个国家不同的经济水平，都有与之相对应的产业结构和资源消费形势，对于典型的走工业化发展道路的国家，其产业部门基本遵循建筑—冶金—家电—机械制造—化工与汽车—电力—计算机、电子—航天军工—其他新兴产业等的"雁行式"演进序列，而支撑上述产业发展的金属资源消费峰期也具有相应的"雁行式"演进序列（陈其慎等，2015）。因此，金碚（2008）认为当世界进入工业化中后期，必须对工业生产的技术路线和工业化的资源路线进行重大调整，制度安排、政策方向以及产业组织面临全面变革。

三、国家金属资源安全战略与政策研究

（一）国家金属资源安全战略研究

面对金属资源需求增加与供应紧缩的双重压力，不同国家采取了不同的金属资源安全保障战略。近年来，美国、欧盟、日本、俄罗斯、澳大利亚等相继围绕本国或地区的产业发展需求，对关键原材料进行战略性评估，稀土、铟、镓、铌、钽、铂族金属是各国共同关注的关键金属（European Commission，2014；National Research Cuncil，2008；方晓霞和杨丹辉，2016；Bortnikov et al.，2016；Skirrow et al.，2013）（图 2-2），其中多数为中国优势金属。2016年，国土资源部也将钨、锡、钼、锑、钴、锂、稀土等 14 种金属列入中国战略性矿产。Barteková 和 Kemp（2016）比较研究了中国、美国、澳大利亚、日本、欧盟五个国家和地区的资源安全保障战略，发现尽管各国和地区目标相同，但是保障战略各有不同（图 2-3）。欧盟十分注重与资源富集国的资源外交；而日本侧重于通过研发、回收以及国外供应多元化战略确保本国金属资源安全；澳大利亚比较注重国内供应的多元化和资源外交战略；美国并没有大力开发本国金属资源，而是尤其重视对研发创新战略的使用；中国在采取供应多元化战略的同时，不断加强资源储备和对本国的金属资源保护。"国内国际两个市场两种资源"虽然在一定程度上缓解了中国金属资源供应短缺瓶颈，但当前形势下对我国金属资源供应的经济性、稳定性和持续性提出了更高要求。因此，王昶和黄健柏（2014）提出，应促进金属资源供给战略由以国内供给为主向国内与国外资源配置、原生矿产与城市矿产以及替代材料协调使用转变。

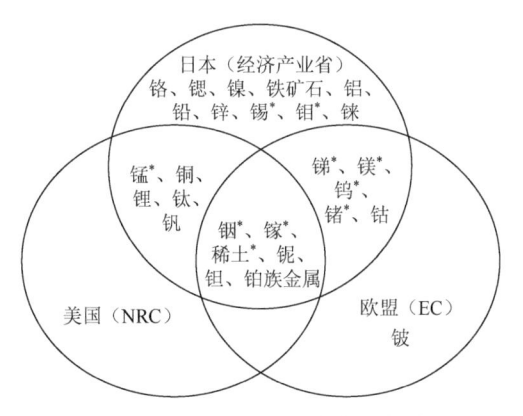

图 2-2 美国、欧盟、日本的关键金属

图中的括号是该地区发布关键金属报告或者政策规划的单位，其中 NRC 即美国国家研究委员会（National Research Council），EC 即欧盟委员会（European Commission）

*表示中国优势金属

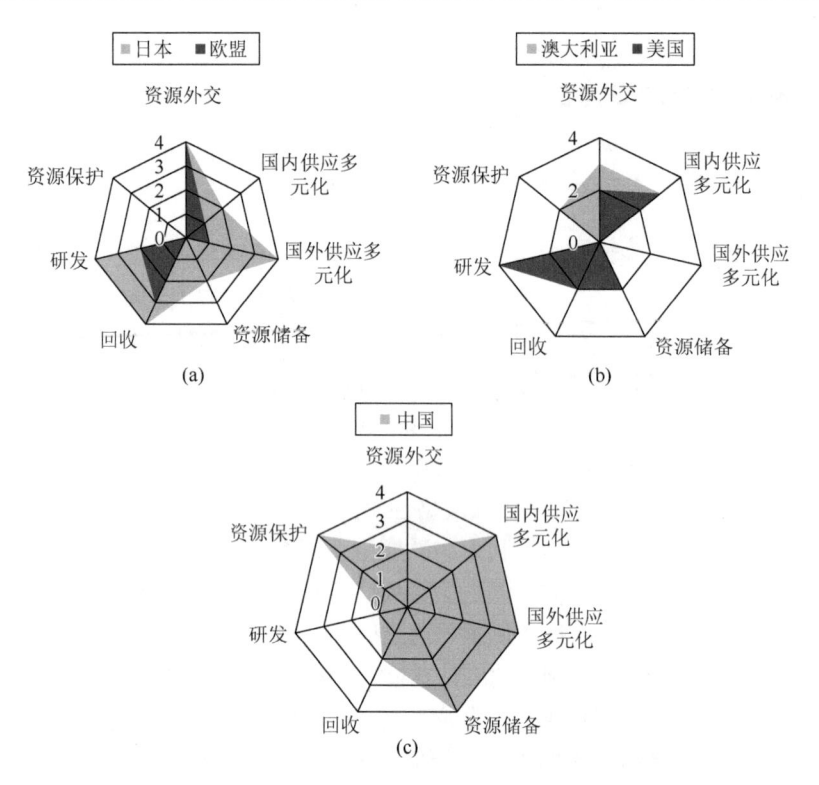

图 2-3　不同国家和地区金属资源安全保障战略比较

（二）国家金属资源安全政策研究

世界各国都根据本国实际情况采取了金属资源安全保障政策，而且金属资源重要性不同，保障措施也不同。借鉴中国社会科学院杨丹辉（2015）的政策分类依据，国家金属资源安全政策主要集中在资源保护、环境保护、产业发展和国际贸易等方面，各项政策工具比较见表 2-1。

表 2-1　金属资源安全政策工具

政策类型	政策工具	工具性质
资源保护政策	总量控制	管制型
	战略储备	管制型
	资质许可	管制型
	矿业权管理	管制型
	矿产资源税费	经济激励型

续表

政策类型	政策工具	工具性质
环境保护政策	环境标准	管制型
	环境税	经济激励型
产业发展政策	技术支持	经济激励型
	行业准入	管制型
	回收补贴	经济激励型
	替代材料研发资助	经济激励型
	投资海外矿产补助金	经济激励型
	推进企业兼并重组	社会型
国际贸易政策	出口关税	经济激励型
	进口补贴	经济激励型
	出口配额	管制型
	最低出口价格	管制型
	出口许可证管理	管制型

多项研究结果表明，政策工具的组合应用在一定程度上有利于保障国家金属资源安全。在紧缺金属管理方面，中国通过投资海外铁矿石项目和促进行业兼并重组重构亚太铁矿石市场。Wilson（2012）研究认为，这在短期内增加了铁矿石供应，但是价格上涨态势并未得到缓和，市场定价能力也没有提升。日本通过采用回收补贴、投资海外矿产补助金等多项政策工具，降低了金属资源供给风险。日本再生铟和再生镓产量分别占日本铟与镓供应总量的78%和55%（Jogmec，2013），正逐步摆脱对中国原生资源的依赖。在优势金属管理方面，澳大利亚成立了联邦科学与工业研究组织，为稀土开发提供技术支持，促进优势金属的可持续利用（Barteková and Kemp，2016）。钟美瑞等（2016）建议，利用资源税替代出口配额与出口关税等政策措施，更合理地提高金属矿产品出口价格，从而有效避免贸易纠纷，保障国家金属资源安全。高天明等（2015）认为，中国优势金属矿产资源管理必须从过去的"管两端"政策，调整为以满足国内需求为基础，以平衡开采总量和选冶能力为重点，以扶持优势深加工产业发展为方向。

第二节　城市矿产开发理论研究

本节内容主要从城市矿产的概念发展、城市矿产成矿理论研究和城市矿产开发价值研究等方面系统梳理城市矿产开发理论相关研究进展。

一、城市矿产的概念发展

"城市矿产"的概念最初来源于 20 世纪 80 年代的日本。当时进入工业化后期的日本国内废旧家电日益增多,为应对金属资源特别是稀贵金属资源匮乏的问题,回收废旧家电中的有价金属成分变得极具资源战略性和环保紧迫性。日本学者南条道夫(1987)从金属资源回收的角度首次定义了"城市矿产"的概念。他提出,把地上积累的工业制品资源看作可再生的资源,可称为"城市矿产"。白鸟寿一和中村崇(2006)提出"人工矿床"(artificial deposits)的设想,把可回收的资源蓄积均视为"矿床"。山末英嗣等(2010)将电器、汽车、建筑物等单独废弃物品称为"城市矿石",并提出从资源高效利用的角度来看,"城市矿石"的概念对于资源贫乏的国家十分关键。从这些概念的定义来看,"城市矿产""城市矿石"等概念更加强调可循环利用的资源本身,而"人工矿床"等概念更强调蓄积资源的场所。在我国,国家发展改革委、财政部于 2010 年下发《关于开展城市矿产示范基地建设的通知》后,"城市矿产"概念得以广泛使用。"'城市矿产'是指工业化和城镇化过程产生和蕴藏在废旧机电设备、电线电缆、通讯工具、汽车、家电、电子产品、金属和塑料包装物以及废料中,可循环利用的钢铁、有色金属、稀贵金属、塑料、橡胶等资源……'城市矿产'是对废弃资源再生利用规模化发展的形象比喻。"随着经济、技术的发展,城市矿产的外延将进一步扩大,因此要更广泛和综合地理解城市矿产。城市矿产概念包含的对象不只是材料,还应该包含能源,如冶炼过程中产生的热能。

二、城市矿产成矿理论研究

(一)城市矿产构成的理论研究

废旧机电设备、电线电缆和塑料包装物中,含有可循环利用的钢铁、有色金属、塑料、橡胶等资源,这类废弃物中含有材料相对单一,成分易确定,而电子废弃物中含有的金属成分种类复杂、价值高、开发难度大。近年来随着电子废弃物增多,电子废弃物中所含金属成分的问题逐渐引起学者关注。据测算,电子废弃物中约含有钢铁 50%、塑料 21% 和有色金属 13%(Widmer et al.,2005),其中有色金属成分中包含大量稀有贵金属。根据日本学者的测算,电子废弃物中含有金、银、钡、硼、铬、铟、镍、铅、锑、锡、锶、锌、锆、铊、铝、铁、锂、钽、铂、稀土等资源,其中,20 世纪初,日本电子废弃物中金和银的储量已经分别达到 6800t 和 60 000t,高于南非等自然资源丰富的国家(原田幸明他,2009)。

（二）城市矿产成矿机制研究

城市矿产成矿机制研究主要探讨的是城市矿产的形成因素、过程、产物、格局等问题。已有研究结合生命周期分析和物质流分析方法从静态、动态角度解析了铁、铜、铝、铅等金属的物质流动过程，并通过社会存量的演变来分析影响成矿类别、成矿速度和成矿量的因素。例如，Chen 和 Graedel（2015）讨论了美国 91 种产品以及 9 个产品组在用存量的历史演变，认为新产品的出现和成长促进了在用产品存量的多样性，产品间的替代则反映了在用产品存量的质量提升。岳强等（2013）认为，金属物质的社会蓄积量与经济产出之间具有一定的关联度，同时产品的使用寿命对金属物质社会蓄积量及回收率都将产生影响。产品销售量、产品社会保有量、废弃产品处置方式、居民消费价格指数、GDP、居民年龄构成、受教育程度、收入情况、家庭结构、物价水平、技术进步等均是城市矿产中废弃电器电子产品形成的原因。

（三）城市矿产的分布特点研究

学者大多运用物质流方法确定城市矿产资源的分布。从地域类型来看，Wallsten 等（2013）的研究结果表明，城市矿产的集中地在城市中心。根据 van Beers 等（2007）的测算，澳大利亚 70%～75%废旧铜和锌来源于城市地区。回收城市矿产的理想地点包括整修中的建筑物、城市的基础设施、交通设施，具体包括家庭中的水管、工业建筑的电力设施、配电变压器、机动车、轻轨设施、电缆等。从国家类型来看，城市矿产在发达国家更为富集。然而，城市矿产在亚洲发展中国家增长最快，尤其是中国和印度。

三、城市矿产开发价值研究

（一）城市矿产开发经济价值理论研究

已有研究表明，城市矿产资源的开发在现阶段的经济性并不乐观。Krook 等（2010）分析了回收瑞典电缆中铜和铝的经济性，结果表明，回收城市地区的电缆成本是 2～5 欧元/m，收益仅为 3～16 欧元/m。农村地区电缆由于含铜量较高，收益可达 5～60 欧元/m，成本与城市地区一致，总体而言在现有价格水平下,对于企业来说回收仍然是不经济的。来自我国重庆的案例研究也表明,回收建筑物中的金属、橡胶等资源在现阶段初始投资巨大,回收面临风险。为了解释这种回收利用不经济的现象,学者对影响回收利用的各种因素进行了探讨。影响城市矿产资源开发经济性的因素主要包括以下几个方面。①回收网络因素。学者将回收利用产业链初步分为回收阶段和加工利用阶段,多名学者指出回收阶段只是废弃物从产生源到加工厂的空间转换,并不创造价值,回收阶段的费用要靠加工利用阶段的利润来补偿,回收阶段费用的降低关键在于建立回收共生网络。共生网络的建立能使参与企业获取集群经济效益、规模经济和范围经济效益进而降低回收成本,使回收有利可图。②经济因素。第一,相关要素的费用影响。案例研究表明,二氧化碳的价格、废物转化效率、电力价格、投资和运营费用都会影响回收的经济性(van Passel et al.,2013)。第二,初始投资的影响。回收工厂的初始投资越大,产品附加值越高,营利性越强,同时环境效益也越好。③政策因素。政策措施将对城市矿产回收的经济性产生很大影响。細田衛士(2007)研究表明,在规范的政治制度框架下市场经济能很好地促进材料循环。van Passel 等(2013)也说明了对城市矿产支持的不同决定了内部回报率的不同。④技术因素。技术水平越高,越能从回收过程中获益。Achillas 等(2013)比较了不同拆解水平下电子废弃物的收益后指出,拆解得越彻底,收益越高。

(二)城市矿产开发的生态价值理论研究

学者普遍使用生命周期评价法来定量评价城市矿产开发的生态价值。已有研究表明,与原生矿开采相比,城市矿产资源的开发利用具有显著的环境效益。日本学者 Yamasue 等(2009)研究得出,与原生矿相比,从笔记本电脑中回收金、银、铜、铁、铝、钽所需要投入的能源及资源更少,仅相当于开发原生矿投入总物质量的 60%,甚至低于尾矿开采的投入物质量。Yahaya 和 Murad(2012)基于电消耗量研究了在电子废弃物中回收金的过程中,压碎和磨碎这道工序对环境的影响,综合考量各种污染因素后发现,传统制粉工序对环境的负面影响为 399pt[①],而回收制粉工序对环境的负面影响仅为 1.8pt。但是,在回收处理过程中的不恰当行为会对环境造成二次污染。城市矿产开发的目的是环保节能,但是不当的开发手段会造成污染,要减少对环境的负面效应,还需要发展合理、科学的回收方法。

---

① 1pt = 0.568 261dm^3。

第三节 城市矿产开发管理研究

本节内容主要从城市矿产社会蓄积量测算方法研究和城市矿产开发模式研究两个方面，总结分析现有城市矿产开发管理方面的研究。

一、城市矿产社会蓄积量测算方法研究

现有文献没有明确界定城市矿产社会蓄积量的具体概念。岳强和陆钟武（2011）认为，城市矿产的社会蓄积量可以概括为，正在使用的建筑、基础设施、交通工具、机械设备、电子产品等物品中包含的金属、塑料等资源。现有社会蓄积量研究使用的方法主要是物质流分析方法：通过对经济活动中物质流动的流量和路径的分析，建立物质投入和产出账户。具体的计算方法又分为"自上而下"计算方法和"自下而上"计算方法。"自上而下"计算方法，是指通过估计流入量与流出量的差来计算社会蓄积量的方法。"自下而上"计算方法，是指先确定某资源的主要用途，通过估计最终产品中资源的含量最后加总确定社会蓄积量。两种方法的比较如表 2-2 所示。

表 2-2 社会蓄积量两种算法比较

方法	"自上而下"计算方法	"自下而上"计算方法
计算公式	$S_t = \sum (\text{Inflow}_t - \text{Outflow}_t) + S_0$	$S = \sum I_i \cdot C_i$
参数含义	S_t 为 t 时间的社会蓄积量；Inflow_t 为某段时间内流入社会的资源量；Outflow_t 为某段时间内流出社会的资源量；S_0 为原有的社会蓄积量	S 为社会蓄积量；I_i 为某种最终产品的数量；C_i 为最终产品中所含的资源数量
方法统计	根据大规模统计数据及估计相关系数估测社会蓄积量，停留在理论上的推演，数据在计算过程中可能发生较大偏差。此外，实际历史上的资源流入量数据有时难以确定	可以具体测算某一地区、某一行业的金属蓄积量，有利于集成开发。但是这种计算会丢失一部分数据。此外，这种方法数据收集工作庞大，且有些部门的数据不易获得

运用以上成熟的计算方法，许多学者都已经测算出本国的某些金属的社会蓄积量。例如，岳强和陆钟武（2011）计算得到了我国 2006～2009 年铝的社会蓄积量变化情况：到 2009 年铝社会蓄积量估测达到了 8890 万 t。van Beers 等（2007）测算出 2007 年澳大利亚每年大约产出废铜 7.2 万 t、废锌 5.7 万 t，且废铜的回收率为 70%，废锌回收率为 40%。

此外，夜间灯光卫星遥感法也开始得到应用。为了详细掌握人类夜间活动所引起的地球表面亮度分布状况，20 世纪 70 年代美国启动了国防气象卫星计划（Defense Meteorological Satellite Program，DMSP）。该计划的部分卫星搭载了线性扫描业务系统（Operational Linescan System，OLS），用于捕获夜间地表微弱的灯光辐射，并生产出一系列年度无云的夜间灯光影像。正是得益于夜间灯光遥感影像在大尺度、长时间序列对地观测的能力，其开放性的数据成果能够有效支撑地表人类活动及城市化进程研究。特别是新一代夜间灯光数据 NPP/VIIRS（National Polar-orbiting Partnership/Visible Infrared Imaging Radiometer Suite）的出现有效地弥补了 DMSP/OLS 夜间灯光数据在空间分辨率、时间分辨率和辐射分辨率等方面的短板，极大地拓展了夜间灯光数据的研究方向和应用领域。Liang 等（2017）通过夜间灯光卫星遥感法分析了城市建筑和基础设施建设中钢的在用存量，进一步印证了夜间灯光卫星遥感法对城市资源政策与管理的贡献。

二、城市矿产开发模式研究

（一）城市矿产回收主体的行为实证研究

城市矿产回收主体主要分为回收企业和居民个体两类，对于不同的回收主体，影响回收行为的主要因素并不一样，学者进行了分类探讨。对于回收企业而言，影响回收的最重要因素是经济性利益。Gottberg 等（2006）的研究表明，回收行为取决于相关费用和可行性。王兆华和尹建华（2008）的研究也证实了电视、冰箱、洗衣机、空调、电脑等之所以比其他产品回收率更高是因为企业能从中获得更大的收益。另外，政策性因素也发挥着重要作用。而且回收法规与环境政策的潜在惩罚性对企业的回收行为具有重要的影响。付小勇等（2011）的研究也表明，当企业构建逆向物流的成本大于收益及基金补贴之和时，政府采取管制策略的概率越大，企业构建逆向物流的可能性也越大。其他影响因素还包括产业链压力、回收配套设施等。

对于居民而言，回收意识是影响回收行为最为重要的关键因素。韩国、德国、瑞典等多个国家城市的案例分析都证明了这一点（Lee and Paik, 2011; Zaman and Lehmann, 2011）。Tonglet 等（2004）认为，除了回收前的态度是影响回收行为的最重要因素之外，其他影响因素还包括物理障碍、先前的回收经验、对社区的关心程度和回收的效果。但是对居民环保意识的培养是一个长期的任务，在一些居民回收意识未建立、回收配套基础设施不完善的国家，回收企业提高服务质量会在短期内促进居民的回收行为，提高回收价格则可以长期激励居民的回收行为。

（二）城市矿产的回收种类研究

学者对于城市矿产回收种类的研究主要集中在对回收物品的经济价值和体积大小上。Fan 等（2013）的研究表明，在欧洲，一台笔记本电脑通过适当的拆解回收产生的回收价值为 1.61 欧元，而目前笔记本电脑更新速度快，报废总量不断增加，因此其回收率较高。Oguchi 等（2011）则从消费者的角度出发，认为物品体积越大，回收率会越高，如人们更倾向于将报废冰箱而不是报废手机提供给回收商，因为报废手机可长期存放于居民家中的抽屉里，但是报废冰箱却不能。

（三）城市矿产的回收网络构建实证研究

构建城市矿产回收网络体系能改善回收利用的经济性。要使多个彼此独立的市场个体形成共生网络，关键在于网络中利益的协调与分配机制。张健等（2009）指出，利润是将电子废弃物回收网络上各个主体凝聚起来的驱动力，能找到新的利润增长点的环节，能成为共生网络核心，当某一环节"独赢"时，共生网络就面临崩溃的风险。由于回收产业中废弃物具有单价低、运输成本高的特点，回收工厂的位置及数量的确定对于回收网络中各企业的利益有重要影响。Fleischmann等（2000）通过对多个案例的总结发现，构建回收网络的中心任务是确定回收工厂的数量及位置，合理的布局有助于配套物流系统的有效运行。此外，政府相关政策也协调着利益的分配。Nnoroma 和 Osibanjo（2008）指出，对于发展中国家而言，政府转变态度、出台恰当的环境法律这些因素的影响作用尤为明显。其他影响因素还包括信息系统的匹配、投资水平和相关技术的发展等。

各国的实践表明，构建回收网络存在诸多不确定性因素。一些废弃物收集者未经正式授权、回收机构缺乏有效的废弃物管理工具及管理人员培训等，这些障碍因素的存在，使得市场对回收的废弃物数量、废弃物中含有的成分以及回收商品的需求等情况缺乏完全信息，导致回收过程存在极大的不确定性。对于回收系统的设计而言，如果不考虑这些不确定性因素的影响，设计的回收体系将没有操作价值。在发展中国家由于快速的城市化、不公平的经济增长、不健全的法律、国际影响等因素的存在，废弃物的管理变得更加复杂。发展中国家大规模发展城市矿产产业的一个重要障碍就在于不正规的废弃物收集者，他们对废弃物的粗放加工造成了城市矿产资源的流失及对环境的巨大污染。通过分析里约热内卢的废物回收实践可以发现，在发展中国家通过加强与废物回收者的合作才是构建稳定回收网络的途径（Tirado-Soto and Zamberlan，2013）。

第四节　城市矿产开发政策研究

本节内容主要从城市矿产开发管理体系、城市矿产管理的政策工具和城市矿产政策应用效应三个方面对城市矿产开发政策相关研究进行回顾。

一、城市矿产开发管理体系研究

当前对于城市矿产开发管理体系的研究主要是通过分析一国城市矿产政策体系的发展现状及存在问题、对比与发达国家政策设计的差距，从而为本国城市矿产产业的发展建言献策。

Chen 等（2010）通过对中国固体废弃物的回顾得出，20 世纪 90 年代中国固体废弃物收集的数量随着经济的发展而增加，焚烧成为处理固体废弃物的主要方式，还讨论了中国固体废弃物行业面临的主要挑战与机遇。Zeng 等（2013）通过分析中国和欧盟电子废弃物的立法得出中国和欧盟具有了从前向物流到逆向物流的立法框架，其中，欧盟的产品生态设计等政策清晰而系统，而中国则涉及了更多的利益相关者，并且中国和欧盟在立法方面的不同可以归结为文化与环境差异。Mallawarachchi 和 Karunasena（2012）以斯里兰卡为例，运用案例研究方法对斯里兰卡的家用电器、信息技术设备以及照明设施等电子设备报废后的管理进行回顾后得出，电子废弃物减量化与处理过程应该得到特别重视；政府的不轻易许诺与效率低下的管理方式成为废弃物管理的关键性问题；废弃物在减量化、收集、运输、拆解，以及进出口等环节的立法框架、协调机制等应该成为国家政策作用的主要方向。此外，Kahhat 等（2008）、Khetriwal 等（2009）分别对美国、瑞士等国家或地区的废弃物管理体系进行了详细介绍。

二、城市矿产管理的政策工具研究

当前许多国家都订立了与城市矿产资源开发相关的法律政策，很多文献集中于研究各国的政策实践，介绍各国废弃物管理政策体系。总结各国实践经验，城市矿产的管理方法主要有生产者责任延伸制、消费者丢弃废弃物时的垃圾收费、消费者预付循环费用等。其中，生产者责任延伸制指导下的政策又包括核定产品回收资质、征收原材料附加税、发放循环补贴以及颁布填埋禁令等。各项政策工具比较如表 2-3 所示。

表 2-3 各项政策工具比较

类型	政策工具	政策对象	对循环利用的影响
非经济政策	禁止私自丢弃及强制性分类回收	消费者	直接影响
	产品回收资质和产品回收率标准	再生资源利用者	直接影响，统一标准，限制企业灵活性
	再生产品的公共采购政策	公共部门	间接影响
	支持回收利用研发活动	公共部门	间接影响
	填埋禁令	垃圾处理者	间接影响
	生产者有责任回收生产产品	产品生产者	直接影响，政策有效性取决于运作方式
经济政策收费	消费者预付循环费用	消费者	直接影响，降低"高废"产品竞争力
	垃圾收费	消费者	直接影响
	押金返还	消费者	直接影响，同时能抑制消费
	原材料附加税	产品生产者	直接影响，使企业寻找再生材料
	填埋税	垃圾处理者	间接影响，但可能导致非法丢弃
经济政策补贴	循环补贴	再生资源回收者或利用者	直接影响
	专项拨款（一次性补贴）	再生资源回收者或利用者	间接影响
	循环利用信贷	再生资源回收者或利用者	间接影响
	税收减免	再生资源回收者或利用者	直接影响

早期各国制定的循环政策主要以行政管制手段为主，通过投入产出约束、技术制约等手段直接干预市场机制。然而随着消费者生态意识日益增强，政策方向也开始调整。van Rossem 等（2006）指出生产者责任延伸概念的出现与普及代表了立法的一些新趋势，包括：优先考虑预防性措施而非最终治理方法、强调全生命周期的思想、由命令式的过程管理转向目标导向管理。

三、城市矿产政策应用效应研究

多个案例及实证结果表明，政策工具能够促进城市矿产的开发。生产者延伸责任制通过规定一个有利于环境的统一标准，促进生产者以及非政府组织在回收利用中形成合理的行为，有助于正式回收市场的形成。但学者的研究也表明，城市矿产的开发不能单纯靠政策推动，今天成功运行的循环工业共生体几乎都是依靠自身发展机制建立起来的。Lehtoranta 等（2011）通过案例分析得出结论，政策工具没能系统地促进经营者的互利共生行为。只有能够降低废弃物交易、转移成本的政策才能真正促进城市矿产资源的开发。

第五节　城市矿产的开发利用理论展望

通过城市矿产的开发利用理论和研究的回顾可以得知，城市矿产的开发利用问题已引起学术界的高度关注，学者已从不同角度对其进行深入研究，但现有研究仍存在不足之处。

一、关于国家金属资源安全战略转型的研究有待加强

为缓解中国城市化进程中金属资源供不应求的矛盾，中国实施了"国内国际两个市场两种资源"的举措，鼓励走出去，从全球配置资源。这在一定程度上缓解了中国金属资源供给短缺瓶颈，但也加深了我国对海外金属资源的依存度。一些资源国民族主义高涨，制约了资源的海外配置，中国企业走出去困难重重，影响了海外基地的建设。这些内外因素的交织变化，使得我国传统金属资源空间统筹的战略路线面临严峻挑战，国家金属资源安全战略亟须深刻转型。现有研究尽管认识到我国金属资源安全态势不容乐观，但基本上是从空间统筹角度对国家金属资源安全保障体系展开研究的，并没有针对新形势的变化给出合适的建议。当前，我国正处在工业化、城市化加速发展时期，对金属资源的需求仍然巨大。中国作为大国，从国家安全出发，金属资源保障不能过度依赖海外。面对自然资源逐渐枯竭的今天，城市矿产社会存量却以废弃物形态不断增加，国家金属资源安全战略有必要转型，突破单纯的国内国际两个市场的空间统筹，转向空间统筹与原生矿与城市矿产"两种资源"结构统筹并重。因此，有必要进一步深入研究如何将城市矿产纳入国家金属资源安全保障体系等一系列战略性问题，实现国家战略上的主动，这对缓解当前资源与环境的双重约束具有重要意义。

二、关于中国情境下的城市矿产开发机理研究有待深化

自工业革命以来，大量工业化利用的矿产资源从地下转移到地上，但真正形成规模并具备经济开采条件却是近二三十年的事情。尽管理论界对原生矿产资源的地质成矿规律和采、选、冶技术有着深入的研究，但对城市矿产成矿规律缺乏深入研究。城市矿产作为工业化、城市化发展到一定阶段的必然产物，它受社会

经济发展水平的高度影响。尽管德、日等发达国家对本国的城市矿产成矿规律已有一定的研究，但是中国的经济社会发展阶段决定了中国城市矿产成矿规律有其特殊性的一面，有待深入挖掘。然而现有研究对中国情境下城市矿产成矿过程、驱动因素、演化趋势等缺乏系统研究，尚未构建起解释中国背景下的城市矿产成矿规律的理论体系。

三、关于城市矿产的开发利用评估研究缺乏足够关注

随着自然资源的生产和消费，大量矿产资源蓄积在产品中，以在用存量或废弃物的形态不断堆积在城市中，形成了丰富的城市矿产。在社会经济代谢视角下，经济增长、产业发展、消费升级等因素会影响到城市矿产成矿规模、结构、速度，即未来城市矿产开发重点会发生变化。因此，有必要对城市矿产进行战略性筛选，并评估其开发潜力，把握城市矿产未来的演化趋势。然而现有文献关于城市矿产战略性筛选的研究还比较少，现有研究主要集中在原材料的关键性评估，重点评估原生矿的供应风险，少有从二次资源的角度考虑如何缓解供应风险，对城市矿产的战略性筛选也只停留在特定产业和企业层面。关于城市矿产的开发潜力研究多从铜、铝等主要工业金属出发，缺乏对供需矛盾突出、社会蓄积量越来越大、种类越来越丰富的高技术城市矿产的开发潜力的评估。

四、关于新时代背景下城市矿产开发模式的研究仍处于探索之中

现有关于城市矿产开发利用模式的研究主要集中于城市矿产开发利用的政策法规、管理实践与回收体系等方面，但还存在以下问题：一是目前国内外学者对于城市矿产开发利用的模式尚未形成统一的研究框架，尤其是我国对城市矿产开发利用的探索尚处于初始阶段，由谁开发、开发什么和怎样开发等问题还未得到有效解决；二是对于回收体系的研究，现有研究主要集中在线下回收体系的构建，对于"互联网+回收"等线上回收平台的研究还非常缺乏。

五、关于促进城市矿产与原生资源统筹开发的政策体系研究有待深入

首先，现有文献仅将城市矿产利用的能耗、减排等数据与原生金属资源开采作简单对比，没有揭示城市矿产开发利用对国家金属资源安全的影响趋势，导致对"两种资源"统筹开发利用政策设计缺乏科学依据。其次，受不同区域工业化

和城市化进程以及居民消费水平等多种因素影响，不同区域的城市矿产在富集程度、构成成分以及分布上都存在较大的差异。因此，不能简单地套用一个模式来开发利用城市矿产，必须依据不同区域的成矿特征和经济社会发展水平，分类研究城市矿产开发利用的模式，并编制其发展指引。最后，城市矿产具有载能性、循环性、战略性的二次资源属性，它的开发利用并不是单纯的市场经济活动，离不开政府与社会的参与。因此，需要研究市场、政府和社会的边界与作用，这是完善城市矿产开发利用政策体系的关键。此外，现行政策设计主要依据的是经验判断，缺乏数据支撑和效果预判。因此，有必要进一步运用政策仿真方法，分析其可能产生的效果，提高政策设计水平。

参 考 文 献

陈其慎，于汶加，张艳飞，等. 2015. 资源-产业"雁行式"演进规律. 资源科学, 37（5）：871-882.
方晓霞，杨丹辉. 2016. 中日在稀有金属领域的战略博弈：兼评中国稀土产业政策效果. 日本问题研究, 30（5）：1-7.
付小勇，朱庆华，窦一杰. 2011. 中国版 WEEE 法规实施中政府和电子企业演化博弈分析. 管理评论, 23（10）：171-176.
高天明，于汶加，沈镭. 2015. 中国优势矿产资源管理政策新导向. 资源科学, 37（5）：908-914.
谷树忠，姚予龙. 2006. 国家资源安全及其系统分析. 中国人口·资源与环境, 16（6）：142-148.
谷树忠，姚予龙，沈镭，等. 2002. 资源安全及其基本属性与研究框架. 自然资源学报, 17（3）：280-285.
金碚. 2008. 中国工业化的资源路线与资源供求. 中国工业经济, （2）：5-19.
李鹏飞，杨丹辉，渠慎宁，等. 2014. 稀有矿产资源的战略性评估：基于战略性新兴产业发展的视角. 中国工业经济, （7）：44-57.
汪云甲. 2003. 论我国矿产资源安全问题. 科技导报, （2）：58-61.
王安建，王高尚，张建华，等. 2002. 矿产资源与国家经济发展. 北京：地震出版社.
王昶，黄健柏. 2014. 中国金属资源战略形势变化及其产业政策调整研究. 中国人口·资源与环境, （S3）：391-394.
王昶，宋慧玲，左绿水，等. 2017. 国家金属资源安全研究回顾与展望. 资源科学, 39（5）：805-817.
王兆华，尹建华. 2008. 我国家电企业电子废弃物回收行为影响因素及特征分析. 管理世界, （4）：175-176.
杨丹辉. 2015. 中国稀土产业发展与政策研究. 北京：中国社会科学出版社.
姚予龙，谷树忠. 2002. 资源安全机理及其经济学解释. 资源科学, 24（5）：46-51.
岳强，侯丽敏，王鹤鸣，等. 2013. 金属物质社会蓄积量与经济产出关联分析. 东北大学学报（自然科学版）, 34（2）：257-260.
岳强，陆钟武. 2011. 我国铝的社会蓄积量分析. 东北大学学报（自然科学版）, 32（7）：944-947.
张健，徐峰，葛新权. 2009. WEEE 资源化共生网络收益分析. 生态经济, （7）：75-77, 138.
钟美瑞，曾安琪，黄健柏，等. 2016. 国家资源安全战略视角下金属资源税改革的影响. 中国人口·资源与环境, 26（6）：130-138.

白鳥寿一, 中村崇. 2006. 人工鉱床構想: Reserve to Stock の考え方とその運用に関する提案. 資源と素材, (122): 325-329.

南条道夫. 1987. 都市鉱山開発-包括的資源観によるリサイクルシステムの位置付け. 東北大学選鉱製錬研究所い報, 43 (2): 239-251.

山末英嗣, 南埜良太, 沼田健, 他. 2010. 都市鉱山に含まれる元素・素材の関与物質総量を用いたリサイクル性評価手法の開発: 都市鉱石 TMR の枠組み構築. 日本金属学会誌, 74 (11): 718-723.

細田衛士. 2007. 廃棄物の処理と素材リサイクルの経済学的基礎. Journal of MMIJ, 123 (12): 582-590.

原田幸明, 井島清, 島田正典, 他. 2009. 都市鉱山蓄積ポテンシャルの推定. 日本金属学会誌, 73 (3): 151-160.

Achillas C, Aidonis D, Vlachokostas C, et al. 2013. Depth of manual dismantling analysis: a cost-benefit approach. Waste Management, 33 (4): 948-956.

Barteková E, Kemp R. 2016. National strategies for securing a stable supply of rare earths in different world regions. Resources Policy, 49: 153-164.

Bortnikov N S, Volkov A V, Galyamov A L, et al. 2016. Mineral resources of high-tech metals in Russia: state of the art and outlook. Geology of Ore Deposits, 58 (2): 83-103.

Chen W Q, Graedel T E. 2015. In-use product stocks link manufactured capital to natural capital. Proceedings of the National Academy of Sciences of the United States of America, 112 (20): 6265-6270.

Chen X D, Geng Y, Fujita T. 2010. An overview of municipal solid waste management in China. Waste Management, 30 (4): 716-724.

European Commission. 2014. Report on critical raw materials for the EU: report of the Ad hoc working group on defining critical raw materials. Brussels: European Commission.

Fan S S, Fan C H, Yang J, et al. 2013. Disassembly and recycling cost analysis of waste notebook and the efficiency improvement by re-design process. Journal of Cleaner Production, 39: 209-219.

Fleischmann M, Krikke H R, Dekker R, et al. 2000. A characterisation of logistics networks for product recovery. Omega, 28 (6): 653-666.

Gottberg A, Morris J, Pollard S, et al. 2006. Producer responsibility, waste minimisation and the WEEE Directive: case studies in eco-design from the European lighting sector. Science of the Total Environment, 359 (1/2/3): 38-56.

He K T, Li L, Ding W Y. 2008. Research on recovery logistics network of Waste electronic and Electrical Equipment in China//2008 3rd IEEE Conference on Industrial Electronics and Applications Industrial Electronics and Applications. Singapore: IEEE.

JOGMEC. 2013. 鉱物資源マテリアルフロー 2013. https://mric.jogmec.go.jp/search/?categories%5B%5D=&keyword=%E9%89%B1%E7%89%A9%E8%B3%87%E6%BA%90%E3%83%9E%E3%83%86%E3%83%AA%E3%82%A2%E3%83%AB%E3%83%95%E3%83%AD%E3%83%BC+2013[2024-03-25].

Kahhat R, Kim J, Xu M, et al. 2008. Exploring e-waste management systems in the United States.

Resources, Conservation and Recycling, 52 (7): 955-964.

Khetriwal D S, Kraeuchi P, Widmer R. 2009. Producer responsibility for e-waste management: key issues for consideration-learning from the Swiss experience. Journal of Environmental Management, 90 (1): 153-165.

Kojima M, Yoshida A, Sasaki S. 2009. Difficulties in applying extended producer responsibility policies in developing countries: case studies in e-waste recycling in China and Thailand. Journal of Material Cycles and Waste Management, 11 (3): 263-269.

Krook J, Eklund M, Carlsson A, et al. 2010. Urban mining: prospecting for metals in the invisible city//14th European Roundtable on Sustainable Consumption and Production (ERSCP) conference and the 6th Environmental Management for Sustainable Universities (EMSU) conference. Delft: Delft University of Technology.

Lee S, Paik H S. 2011. Korean household waste management and recycling behavior. Building and Environment, 46: 1159-1166.

Lehtoranta S, Nissinen A, Mattila T, et al. 2011. Industrial symbiosis and the policy instruments of sustainable consumption and production. Journal of Cleaner Production, 19 (16): 1865-1875.

Liang H W, Dong L, Tanikawa H, et al. 2017. Feasibility of a new-generation nighttime light data for estimating in-use steel stock of buildings and civil engineering infrastructures. Resources, Conservation and Recycling, 123: 11-23.

Mallawarachchi H, Karunasena G. 2012. Electronic and electrical waste management in Sri Lanka: suggestions for national policy enhancements. Resources, Conservation and Recycling, 68: 44-53.

National Research Council. 2008. Minerals, Critical Minerals and the U.S. Economy. Washington DC: National Academies Press.

Nnoroma I C, Osibanjo O. 2008. Overview of electronic waste (e-waste) management practices and legislations, and their poor applications in the developing countries. Resources, Conservation and Recycling, 52 (6): 843-858.

Oguchi M, Murakami S, Sakanakura H, et al. 2011. A preliminary categorization of end-of-life electrical and electronic equipment as secondary metal resources. Waste Management, 31 (9/10): 2150-2160.

Sepúlveda A, Schluep M, Renaud F G, et al. 2010. A review of the environmental fate and effects of hazardous substances released from electrical and electronic equipments during recycling: examples from China and India. Environmental Impact Assessment Review, 30 (1): 28-41.

Skirrow R, Huston D L, Mernagh T P, et al. 2013. Critical commodities for a high-tech world: Australia's potential to supply global demand. Canberra: Geoscience Australia.

Tilton J E, Lagos G. 2007. Assessing the long-run availability of copper. Resources Policy, 32 (1/2): 19-23.

Tirado-Soto M M, Zamberlan F L. 2013. Networks of recyclable material waste-picker's cooperatives: an alternative for the solid waste management in the city of Rio de Janeiro. Waste Management, 33 (4): 1004-1012.

Tonglet M, Phillips P S, Read A D. 2004. Using the Theory of Planned Behaviour to investigate the determinants of recycling behaviour: a case study from Brixworth, UK. Resources, Conservation and Recycling, 41 (3): 191-214.

van Beers D V, Kapur A, Graedel T E. 2007. Copper and zinc recycling in Australia: potential quantities and policy options. Journal of Cleaner Production, 15 (8/9): 862-877.

van Passel S, Dubois M, Eyckmans J, et al. 2013. The economics of enhanced landfill mining: private and societal performance drivers. Journal of Cleaner Production, 55: 92-102.

van Rossem C, Tojo N, Lindhqvist T. 2006. Extended producer responsibility: an examination of its impact on innovation and greening products. Lund: Greenpeace International.

Wallsten B, Carlsson A, Frändegård P, et al. 2013. To prospect an urban mine-assessing the metal recovery potential of infrastructure "cold spots" in Norrköping, Sweden. Journal of Cleaner Production, 55: 103-111.

Wang C, Zuo L S, Hu P J, et al. 2013. Evaluation and simulation analysis of China's copper security evolution trajectory. Transactions of Nonferrous Metals Society of China, 23 (8): 2465-2474.

Widmer R, Oswald-Krapf H, Sinha-Khetriwal D, et al. 2005. Global perspectives on e-waste. Environmental Impact Assessment Review, 25 (5): 436-458.

Wilson J D. 2012. Chinese resource security policies and the restructuring of the Asia-Pacific iron ore market. Resources Policy, 37 (3): 331-339.

Yahaya N R, Murad M. 2012. Environmental impact of electricity consumption in crushing and grinding processes of traditional and urban gold mining by using life cycle assessment (LCA). Iranica Journal of Energy & Environment, 3: 66-73.

Yamasue E, Minamino R, Numata T, et al. 2009. Novel evaluation method of elemental recyclability from urban mine. The Japan Institute of Metals, 50 (6): 1536-1540.

Zaman A U, Lehmann S. 2011. Urban growth and waste management optimization towards 'zero waste city'. City' Culture and Society, 2 (4): 177-187.

Zeng X L, Li J H, Stevels A L N, et al. 2013. Perspective of electronic waste management in China based on a legislation comparison between China and the EU. Journal of Cleaner Production, 51: 80-87.

Zhang L, Guo Q, Zhang J B, et al. 2015. Did China's rare earth export policies work?——empirical evidence from USA and Japan. Resources Policy, 43: 82-90.

第三章　城市矿产开发利用的机理研究

充分认识城市矿产开发利用的机理，科学揭示城市矿产成矿规律，可为后续城市矿产开发管理与政策设计提供坚实的理论基础。本章研究目的是清晰界定城市矿产的概念体系，揭示城市矿产开发利用的机理，回答"城市矿产是什么，城市矿产如何形成以及成矿规律是什么"的问题，这是本章的理论基础和逻辑起点，也是重点内容之一。首先，本章清晰界定了城市矿产的内涵及概念体系与分类和特征；其次，本章分析了城市矿产的成矿过程和驱动因素；最后，本章进一步总结出了城市矿产成矿的四种演化趋势。

第一节　城市矿产的界定

清晰界定城市矿产的概念体系，正本清源，是科学开展城市矿产开发利用相关研究的第一步。本节内容首先界定了城市矿产的定义，其次构建了城市矿产概念体系，最后对城市矿产的分类和特征进行了详细分析。

一、城市矿产的内涵及概念体系

（一）城市矿产的定义

城市矿产是在工业化、城镇化过程中，伴随着产品的生产、加工制造、使用和废物管理而产生的。在不同国家和不同研究领域，城市矿产具有不同的定义，被赋予了不同的内涵。

美国城市规划学家 Jacobs（1961）提出"城市是未来的矿山"的设想，城市与矿山的概念被结合在一起，随后各国政府与学术界围绕城市矿产均有不同的提法。日本率先提出都市矿山（urban mine）（也称城市矿产）的概念。日本国土面积狭窄，矿产资源贫乏，但是经济高速增长，科学技术也突飞猛进，极大地推动了工业化与城市化进程。到 20 世纪 80 年代左右，日本已进入稳定的城市化阶段，许多已逐步达到报废年限的工业制品蓄积于城市当中，因此日本从蓄积场所的角度提出都市矿山的概念（南条道夫，1987），并在此基础上衍生出人工矿床的概念，即物品转化为自然资源的中间过程的储存场所（Nakamura and Halada, 2015）。瑞典、奥地利等欧洲国家则偏爱用城市采矿（urban mining）的提法。与原生矿产采矿的概念类似，城市采矿强调城市矿产勘探、回收、拆解、利用等过程（Klinglmair and Fellner，2010；Johansson et al.，2013），关注利用物质流分析或其他方法勘探城市矿产、回收网络的建设、回收主体的行为、拆解技术等。瑞典环境保护署最早提出生产者责任延伸的概念，随后欧盟也开始推行，该理念强调生产者不仅要承担产品质量和性能等经济责任，还要承担产品报废后的环境责任和社会责任。因此，欧洲国家提出城市采矿，侧重从工程技术角度考虑回收和拆解城市矿产以落实生产者责任。

中国政府与学者多采用"城市矿产"的提法。李克强指出，"中国是拥有13亿多人口的最大发展中国家"[①]"正处于工业化、城镇化快速发展阶段"[②]，但是国内矿产资源不足，重要矿产资源对外依存度越来越高，开发利用城市矿产可以缓解中国资源与环境双重约束。在国家资源安全和生态文明建设背景下，中国从资源的角度提出了"城市矿产"概念。2010年，国家发展改革委、财政部发布《关于开展城市矿产示范基地建设的通知》，提出"'城市矿产'是指工业化和城镇化过程产生和蕴藏在废旧机电设备、电线电缆、通讯工具、汽车、家电、电子产品、金属和塑料包装物以及废料中，可循环利用的钢铁、有色金属、稀贵金属、塑料、橡胶等资源，其利用量相当于原生矿产资源"。此后，城市矿产的概念在中国得以广泛使用。

各国由于国情存在差异，产生了不同的城市矿产常用概念，但这些概念之间并不矛盾，只是强调城市矿产的不同维度。本节认为，城市矿产是指蕴藏于城市中具有较高经济价值并可回收利用的二次资源，是相对于蕴藏在地下的原生矿产的另一种重要资源（王昶等，2017），其内涵包括三个方面。

（1）成矿场所。"城市"表明城市矿产是人类社会经济活动的产物，其产生地和蓄积地主要是城市。

（2）成矿成因。城市矿产在成矿条件和机理上完全不同于原生矿地质成矿规律，并不是自然发生的过程，而是取决于经济社会的发展水平、技术水平和居民的消费行为等。

（3）产生环节。从广义上来说，城市矿产有生产端和消费端两类产生环节，其中消费端是最主要的产生环节。

（二）城市矿产概念体系

类似于原生矿产包括矿物、矿石、矿体、矿床、矿田等概念，我们认为，城市矿产也是由一组相关概念构成，具有相互逻辑关系（王昶等，2014）。因此，借

[①]《李克强在博鳌亚洲论坛2016年年会开幕式上的演讲（全文）》，https://www.gov.cn/guowuyuan/2016-03/25/content_5057611.htm?cid=303[2024-04-15]。

[②]《李克强：保护生态环境 促进结构调整》，http://china.cnr.cn/news/200911/t20091111_505608534.shtml[2024-04-16]。

鉴原生矿产学科的术语体系，本节构建了包括城市矿物、城市矿石、城市矿体、城市矿床、城市矿山、城市采矿等一组相关概念体系（图3-1）。

图 3-1　城市矿产概念体系

如表 3-1 所示，城市矿物是指蕴藏于耐用品、建筑、基础设施等产品元器件和部件当中的，由人工制成，处于相对稳定的有价组元，如电脑印刷电路板中含有的铁、铝、镁、铜等金属；城市矿石是城市矿物的集合体，如电池、内存条、硬盘、线路板、显示器、键盘、外框等报废电脑零部件；城市矿体是由各种城市矿石组成的，已达到开采利用条件的产品终端或设施，如报废笔记本电脑等；城市矿床是指城市中某一特定的具有明显区域界线的功能分区，这些功能区内富集的矿体种类是不同的（Ongondo et al.，2015），如高校城市矿床中主要含有废弃电器电子产品、废纸等城市矿体，而居民区则以报废家电居多；城市矿山是指城市矿产蓄积与开发利用的场所，包括回收、拆解与处理设施、运输通道和其他辅助设施；城市采矿是指对城市矿山中的城市矿产进行回收利用的一系列活动与过程（Gutberlet，2015）。

表 3-1　城市矿产概念体系及举例

概念	定义	举例
城市矿物	蕴藏于耐用品、建筑、基础设施等产品元器件和部件当中的，由人工制成，处于相对稳定的有价组元	电脑印刷电路板中含有的铁、铝、镁、铜等金属
城市矿石	城市矿物的集合体	电池、内存条、硬盘、线路板、显示器、键盘、外框等报废电脑零部件
城市矿体	由各种城市矿石组成的，已达到开采利用条件的产品终端或设施	报废笔记本电脑、报废汽车等产品或设施
城市矿床	城市中某一特定的具有明显区域界限的功能分区	高校、居民区、政府、医院等功能分区
城市矿山	城市矿产蓄积与开发利用的场所，包括回收、拆解与处理设施、运输通道和其他辅助设施	北京、上海、长沙等城市
城市采矿	对城市矿山中的城市矿产进行回收利用的一系列活动与过程	回收与分类、拆解与物理分离、处理等流程

二、城市矿产的分类和特征

（一）城市矿产的分类

1. 一般分类

广义的城市矿产通常包含两类：一类是指进入现代社会领域生命周期终结后的各种制品（如废旧机电设备、电线电缆、通信工具、汽车、家电、电子产品等）；另一类是指城市生产及建设过程中产生的各种含有较高利用价值的各种物料。这两类城市矿产资源中含有可循环利用的钢铁、有色金属、稀贵金属、塑料、橡胶等资源。狭义的城市矿产主要指城市居民生活中产生的废弃金属及其他有价资源（王昶等，2017）。

2. 存量分类

城市矿产存量分为在用存量、隐伏存量、耗散存量、填埋/焚烧存量、实际处理存量（图3-2），可以分类进行测算。在用存量也称为城市矿产的社会蓄积量，主要是指社会经济系统中正处于使用状态的产品或者材料（Chen and Graedel, 2015）。随着产品与材料的更新换代或生命周期的结束，有的继续留在原有位置，如地底下废弃的电缆、居民家中抽屉里的闲置手机或柜子上已被淘汰的电视机（Krook et al., 2011；村上進亮他，2009；Milovantseva and Saphores, 2013），这些产品与材料称为隐伏存量。有的已经不具备原有使用功能的产品和材料则在报废后进入资源化利用阶段，历经回收、拆解、处理等一系列过程，这一阶段中产品或材料

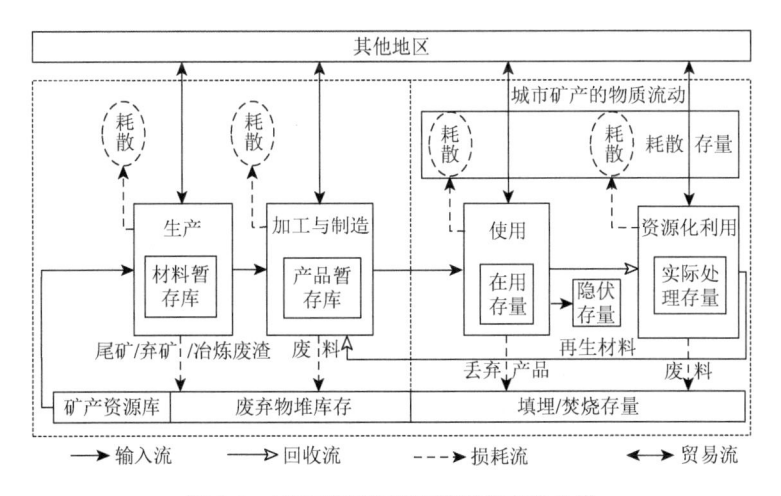

图3-2 城市矿产物流模型及存量分类

即为实际处理存量。物质流动的各个阶段都不可避免地会出现材料的耗散（Brunner，2007），如铜管的腐蚀等，这些耗散到大气、土壤、水等环境中的材料与物质即为耗散存量。此外，尽管大部分城市废弃物已经被回收利用，但仍有部分报废材料或产品进入了垃圾填埋场或者被焚烧，因此在使用过程与资源化利用过程中进入垃圾填埋场或被焚烧的但还有利用价值的产品与材料形成了填埋/焚烧存量（Kollikkathara et al.，2009）。

（二）城市矿产的特征

1. 城市矿产的蓄积特征

城市矿产的蓄积特征主要体现在数量大、品位高、构成复杂、形态多样。与日渐枯竭的原生矿相比，城市矿产蓄积量大且不断增加，而且大多是高品位的富矿。据估算，20世纪初，世界范围内每年从地下转移到地上的物质材料已达57亿t（Douglas and Lawson，2000），铜的地上蓄积量已和地壳中的查明储量相当（Kapur and Graedel，2006）。随着技术进步和消费升级，产品设计中所用到的矿物种类不断增加，城市矿石中蓄积的矿物快速增加，构成复杂且具有多种形态，尤其是电子废弃物中含有的金属成分种类复杂、价值高、开发难度大。

2. 城市矿产的回收特征

城市矿产的回收特征主要体现在回收种类的偏好性、回收时间的周期性、回收距离的约束性、回收体系的网络性。城市矿产回收种类的偏好性主要体现在回收物品的经济价值和体积大小上。对于回收商而言，更加偏好于经济价值大的城市矿产，而对于用户而言，偏好于将体积大的报废产品进行回收。回收时间的周期性主要是因为城市矿产回收时间与产品更迭周期紧密相关。以电视机为例，自20世纪80年代兴起的阴极射线管（cathode ray tube，CRT）显像管电视到21世纪初已逐渐退出市场，2015年左右正是大规模报废和回收的高峰期。当时占市场主导地位的平板电视和三维（3D）电视则在未来10年进入报废和回收期。受物流渠道、成本等因素影响，城市矿产的回收距离会限制在一定的半径范围内，如中国的电子废弃物的回收半径为300km左右，因此呈现出回收距离的约束性。由于城市矿产分布于千家万户，其分布天然地具有网络性，主要包括物理网络和虚拟网络。物理网络是由回收网点、回收中心、集散交易市场的数量、位置以及网络流量所构建的线下回收网络。虚拟网络主要是指随着互联网时代的兴起，出现了大量的城市矿产线上回收平台，这种线上的回收网络建立在数字化平台基础上，突破时空限制，将消费者和回收商通过虚拟网络联系起来，有效地解决了信息不对称的问题。

3. 城市矿产的处理特征

城市矿产的处理最大的特征是技术依赖性及垄断性。根据物质守恒定律，城市矿产中的有价元素被完全提取出来，形成闭环循环的过程是客观存在的，这些有价物的提取与恢复程度则主要依赖于技术水平。此外，因为城市矿产的开发利用是一项专业性强、技术含量高的工作，正规且集中处理不仅有利于形成规模经济效应，提高资源利用率，而且有利于污染物的集中处理，减少二次污染。因此，当前城市矿产的正规处理一般都是由具有资质的正规处理企业承担，具有垄断性特征。但并不是所有的城市矿产开发利用都具有经济性。因此，政府会对具备资质的企业进行补贴以提高其开发利用的经济意义，如中国的废弃电器电子产品处理基金，这种基金的补贴资质具有稀缺性，成为行业兼并购的首要诱因，进而形成区域垄断。

第二节 城市矿产成矿机理

城市矿产的成矿过程不同于原生矿的自然地质成矿过程，它与人类社会生产生活密切相关，受各种复杂因素的影响。本节运用物质流方法全面刻画了城市矿产的成矿过程，并对城市矿产成矿的驱动因素进行了深入分析。

一、城市矿产的成矿过程

城市矿产中有价物的流动和储存可以基本显示城市矿产的成矿过程。如图3-3所示，城市矿产的产生和流动包括生产、加工与制造、使用、资源化利用四个过程。其中生产、加工与制造和使用都属于城市矿产的成矿过程，资源化利用属于城市矿产的开发利用过程。原生矿产通过采矿、选矿、冶炼的过程由矿产资源库进入产品暂存库，消费者对产品的需求带动含有价物产品进入社会累积库，当产品进入报废年限后转为城市矿产，城市矿产得以产生，因此社会累积库也就是城市矿产的蓄积场所。城市矿产经由回收、拆解、分离、深加工等工序形成再生产品，重新进入产品暂存库，并开始新的一轮城市矿产产生与利用循环。这个循环过程中，产生的废渣、无法利用的废旧产品会进入废弃物堆存库并被焚烧或填埋。

二、城市矿产成矿的驱动因素

城市矿产成矿的驱动因素主要包括直接因素和间接因素，资源消费量、产品使用寿命、处置方式等因素直接决定城市矿产的成矿规模、速度和结构，而经济因素、人的因素、技术因素等都是通过影响社会消费量、产品使用寿命等直接因素，进而影响到城市矿产的成矿规模、速度和结构等。

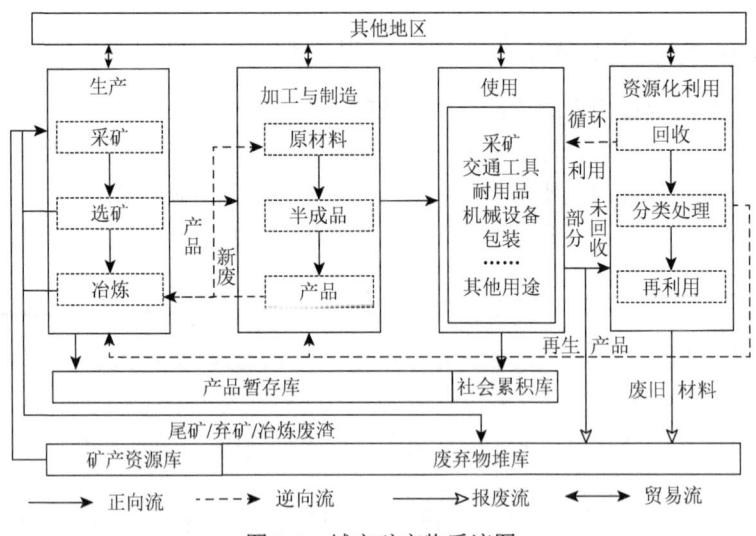

图 3-3 城市矿产物质流图

（一）资源消费量因素

资源消费量及变化直接决定了城市矿产的成矿规模和速度。某一国家、某个阶段的金属消费量可以区分为保持不变、线性变化、指数变化等三种情形。研究表明，金属消费量增长愈快，社会蓄积量增长也愈快，在金属消费量呈指数增长时，城市矿产社会蓄积量比线性增长时更多一些（岳强等，2012）。

（二）产品使用寿命因素

产品使用寿命对城市矿产成矿规模和速度也有着重要影响。当产品的使用寿命趋近于上限值，即使用寿命大于平均使用寿命时，更多的金属资源存在于社会蓄积量中并创造经济价值（岳强等，2012）。随着信息技术的快速发展，产品的更新换代速度加快，产品实际使用寿命与理论寿命会出现较大偏差，将对城市矿产成矿的规模和速度造成不确定的影响（郭学益等，2017）。如果仅是简单假设产品使用的理论寿命，对预测结果的影响较大。

（三）经济因素

作为工业化的产物，城市矿产的成矿规律与经济发展是密切相关的。在工业化初级阶段，经济的发展需要大量的物质投入，在经济快速增长的同时，城市矿产存量和流量也在快速增加。当经济增速大于城市矿产增速时，两者之间呈现"扩张性复钩"状态。随着工业化的推进，经济发展水平在不断提高，城市矿产存量和流量也在增加，但增速低于经济发展增速。此时，两者已慢慢开始实现"相对脱钩"的状态。到了工业化后期阶段，经济依然在增长，但城市矿产物质存量和流量已慢慢减少，可见经济的发展已经不依赖于资源存量和流量的增长，两者达到了"绝对脱钩"状态。当然，如果经济处于衰退期，但城市矿产存量和流量减少的速度快于经济衰退的速度，两者则处于"衰退性脱钩"的状态，但这种脱钩状态并不是真正意义上的经济增长与城市矿产物质存量和流量的脱钩（Zhang et al.，2017）。

（四）技术因素

技术进步在节约、替代、应用拓展等方面对城市矿产成矿的结构、速度和规模产生重要影响（王昶等，2017）。一方面部分技术进步会创造新的生产和生活方式，不断丰富城市矿产的种类。例如，随着技术发展，富集在城市矿产中的高技术矿产种类越来越丰富。以电脑产品为例，从20世纪80年代到21世纪初，电脑台式机从简单到高级不断演变，英特尔（Intel）电脑芯片所用元素种类也在不断丰富。在20世纪80年代左右，只含有11种元素。到20世纪90年代，元素种类达到了15种，在21世纪初时其元素种类已经超过60种（Johnson et al.，2007）。另一方面技术进步通过循环回收利用及产品更新换代等方式对城市矿产成矿速度和规模产生重要影响。根据耶鲁大学的研究，随着人类技术水平的提升，在其研究的56种元素中，可回收利用比例低于90%的资源类型仅有锌、铥、镱、镥、铋等8种元素（Ciacci et al.，2015），金属元素的循环性使得城市矿产的成矿规模和速度迅速扩大和加快。新的技术平台推出的时间越来越快，从而导致上一代技术平台的产品被淘汰，而且淘汰的速度同样也越来越快，加速了城市矿产的成矿速度（Chen and Graedel，2015）。

（五）人的因素

人口增长、城市化进程的推进对城市矿产的成矿规模和速度有着重要影响。人口增长、城市化进程要求大规模的城市基础设施、住房、交通运输体系建设，需要消耗大量的金属资源，这些金属资源最终以城市矿产的形式堆积在城市中。以北京、上海、天津三个城市的基础设施存量为例，20世纪70年代末至21世纪初，中国人口数量增加了2倍，GDP增长了32倍，三个城市基础设施存量增长了约8倍，从1978年的4亿t增大到2013年的31亿t（Huang et al.，2017）。同时，随着人民生活水平的提高，生活方式也发生了重要转变，消费需求不断升级，不断影响着城市矿产的成矿结构。例如，随着彩色电视、平板电视的问世，黑白电视逐渐从人们的生活消费领域中退出，相关产品存量急速下降，而彩色电视和平板电视的存量却处于持续上升阶段（Chen and Graedel，2015）。

(六)政策因素

国家出台的城市矿产相关政策也对城市矿产成矿产生了重要影响。一方面,近年来,我国先后出台一系列宏观政策来推动城市矿产产业的发展,这将加速城市矿产的成矿过程。另一方面,国家政策对产品使用寿命也会产生重要影响。例如,《家用和类似用途电器的安全使用年限和再生利用通则》对各类家用电器的建议报废年限做出了规定,但家电"以旧换新"政策极大地缩短了 CRT 电视机的使用周期,曾经 CRT 电视机废弃数量的激增,使其实际使用年限随着时间的推移逐渐缩短。

第三节 城市矿产成矿的演化趋势

伴随着产业转型升级、战略性新兴产业快速发展,新的产业、产品迅速累积,形成新的城市矿产品类和成矿演化模式。本节选取我国五大类(新能源技术、通信设备、交通工具、电池、电器电子产品)27 种产品作为研究对象,充分考虑未来经济增长、产业发展、技术进步以及消费升级情景,运用物质流方法和双参数韦布尔分布模型,测算其 2015~2050 年的在用存量、报废量和社会存量总量,总结城市矿产成矿的演化趋势。

一、持续增长型

研究表明,12 种城市矿产产品存量是持续增长的(图 3-4~图 3-15)。持续增长的城市矿产未来演化趋势主要发生在以下三种情景中。

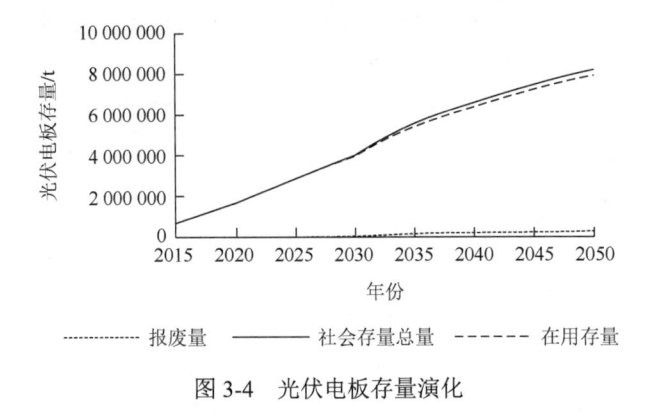

图 3-4 光伏电板存量演化

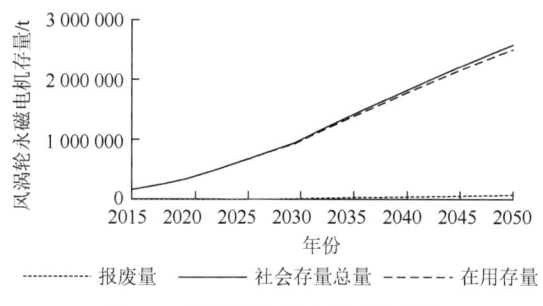

图 3-5　风涡轮永磁电机存量演化

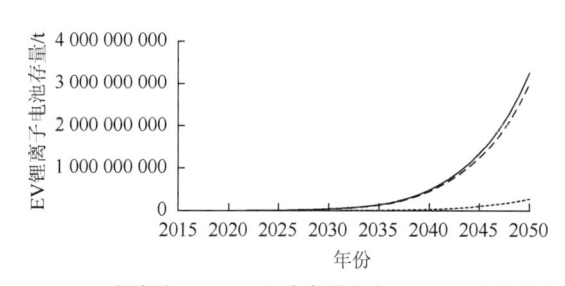

图 3-6　EV 锂离子电池存量演化

EV 英文全称为 electric vehicle，译为纯电动汽车

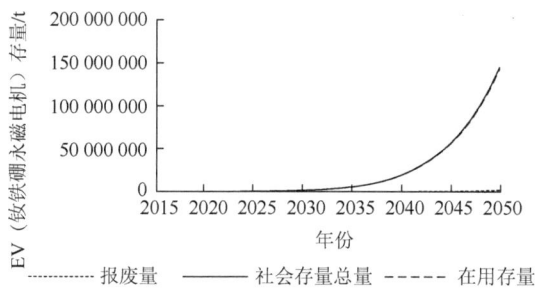

图 3-7　EV（钕铁硼永磁电机）存量演化

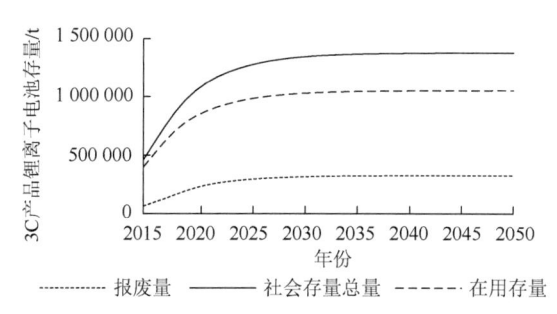

图 3-8　3C 产品锂离子电池存量演化

3C 产品指 computer（计算机）、communication（通信）、consumer electronics（消费类电子产品），合称信息家电

图 3-9　智能手机存量演化

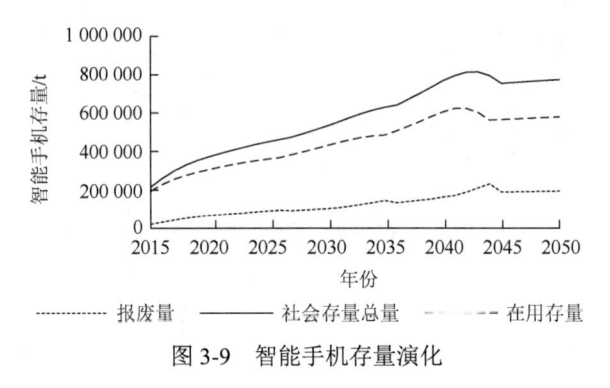

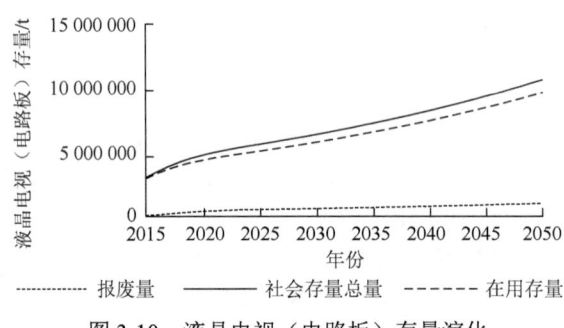

图 3-10　液晶电视（电路板）存量演化

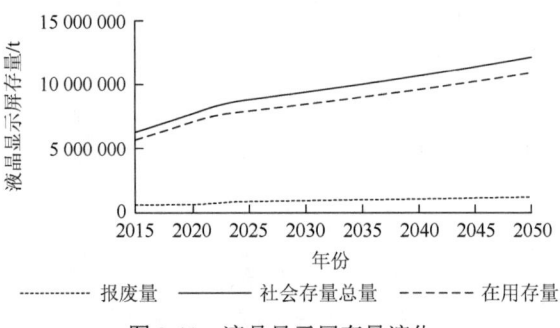

图 3-11　液晶显示屏存量演化

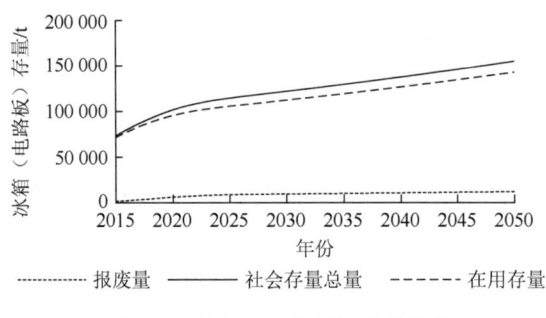

图 3-12　冰箱（电路板）存量演化

图 3-13 空调（电路板）存量演化

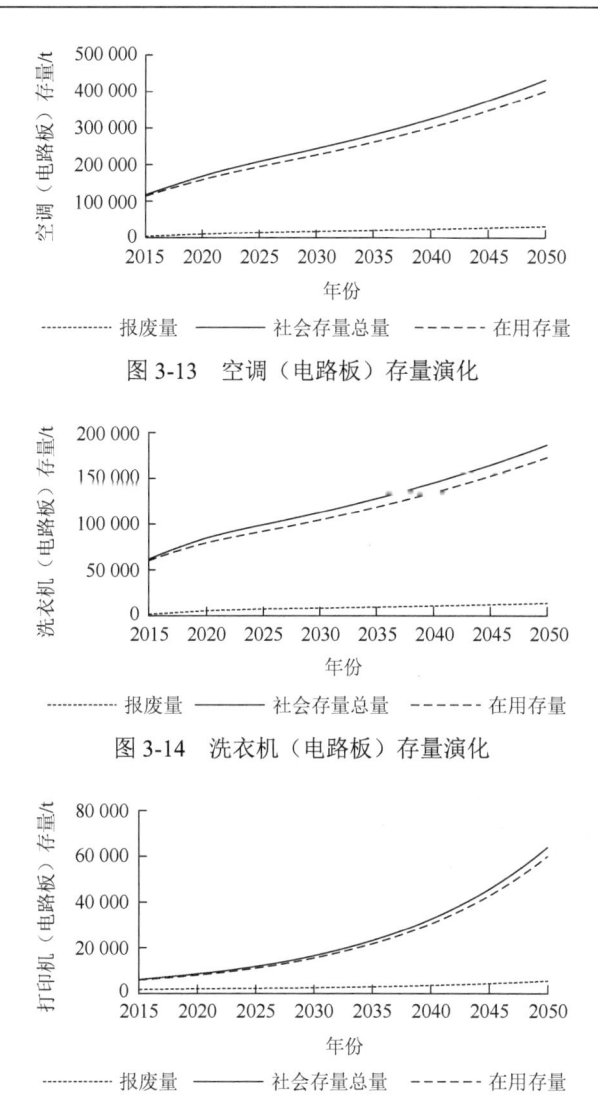

图 3-14 洗衣机（电路板）存量演化

图 3-15 打印机（电路板）存量演化

第一，产品进入市场不久，为人类提供新的或更优的服务和功能，其存量在未来会持续增长，如在资源节约、环境保护驱动下对新能源的急切需求使得光伏电板、风涡轮永磁电机、EV 锂离子电池等新能源技术设备的存量在未来将保持快速增长；同时 EV 等新能源利用产品存量也将持续增长。

第二，产品已经发展成熟，但人类对其性能和服务的持续追求使得其存量未来还将持续增长，如历经更新换代，通信设备中的智能手机、电视机中的液晶电视的存量在未来将保持持续增长的趋势。

第三，产品已逐渐成为人们生活必需品，但目前在城乡居民中存量差距比较大，未来随着城市化的进一步发展，农村存量水平的提高，整体存量将持续增长。以空调为例，据国家统计局数据，2023 年城镇居民每百户年末空调拥有量为 171.7 台，农村为 105.7 台。

二、先增后减型

研究表明，有 7 种城市矿产产品存量在未来呈现出先增长后减少的演化趋势，如图 3-16 至图 3-22 所示。先增后减型的城市矿产未来演化趋势主要发生在以下两种情景中。

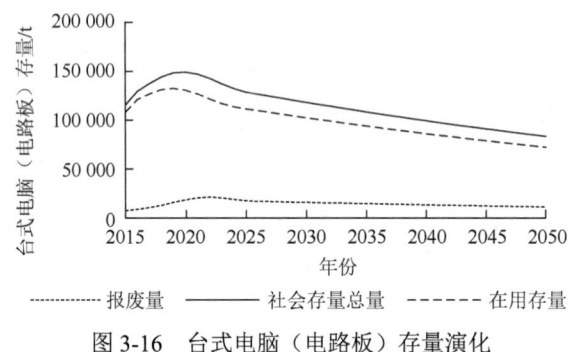

图 3-16　台式电脑（电路板）存量演化

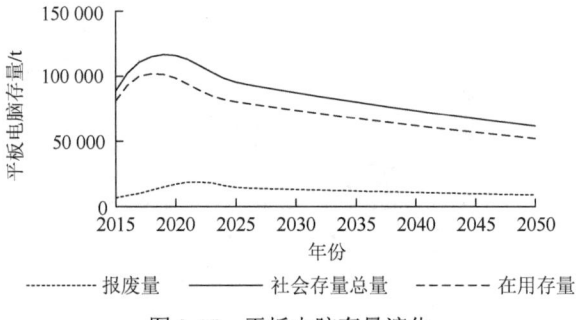

图 3-17　平板电脑存量演化

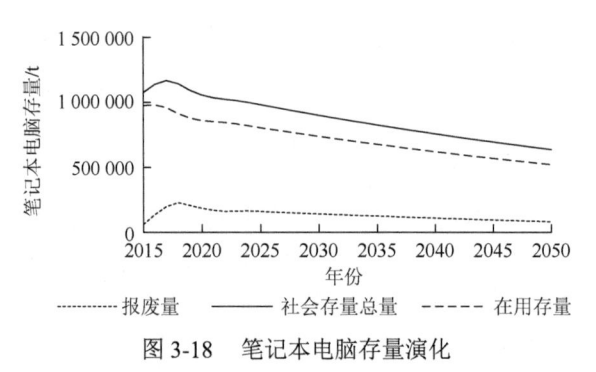

图 3-18　笔记本电脑存量演化

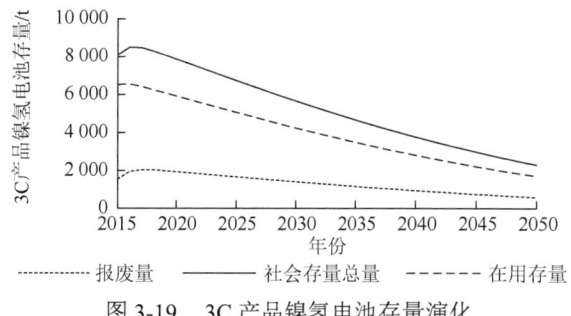

图 3-19 3C 产品镍氢电池存量演化

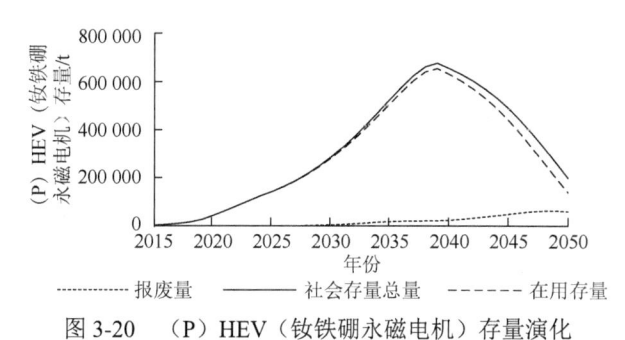

图 3-20 （P）HEV（钕铁硼永磁电机）存量演化

（P）HEV 指 HEV 或 PHEV。HEV 英文全称为 hyopbrid electric vehicle，译为混合动力汽车。PHEV 英文全称为 plug-in hybrid electric vehicle，译为插电式混合动力汽车

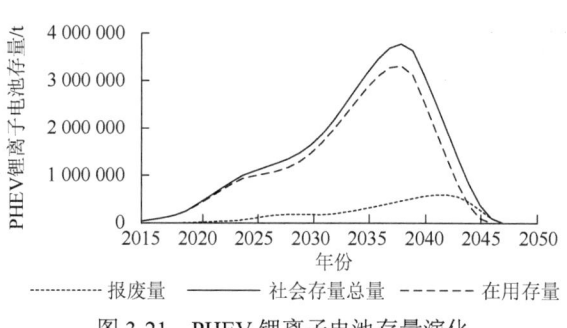

图 3-21 PHEV 锂离子电池存量演化

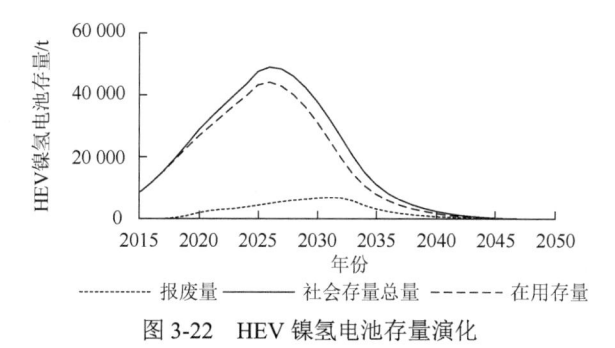

图 3-22 HEV 镍氢电池存量演化

第一，产品属于成熟产业，产品属性逐渐细分，承担的部分功能被分流，其存量在延续历史增长的趋势下将逐渐转为下行。例如，2012 年以来我国微型计算机制造行业进入调整期，台式机、笔记本电脑所承载的娱乐休闲功能被智能手机等新型智能终端分流，电脑多集中于办公属性，其存量将随着需求降低而逐步减少。

第二，产品属于新兴产业，目前正在快速增长，但根据技术发展趋势，未来产业内部更迭，其会被其他同类型产品替代。以新能源汽车为例，目前 PHEV、HEV 和 EV 是市场上几大主流新能源汽车车型，其存量在快速增长。PHEV 在使用方便性上更优，但其工程设计复杂、成本高昂、需要配置双动力总成，从长远角度看，纯电动车对用户的吸引力更大。因此，未来 EV 将逐步成为市场主导产品，而 PHEV 和 HEV 将被逐步取代。

三、持续下降型

研究表明，有 3 种城市矿产产品存量在未来呈现出持续下降的演化趋势（图 3-23～图 3-25）。持续下降型的城市矿产未来演化趋势主要发生在以下两种情景中。

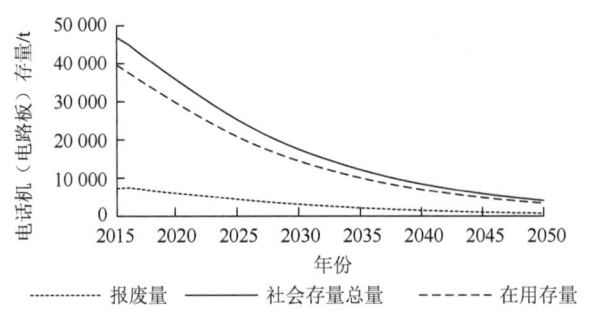

图 3-23 电话（电路板）存量演化

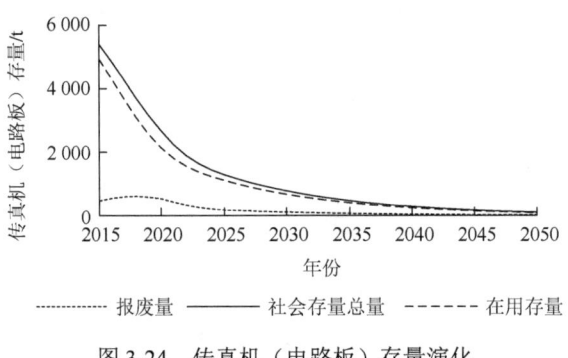

图 3-24 传真机（电路板）存量演化

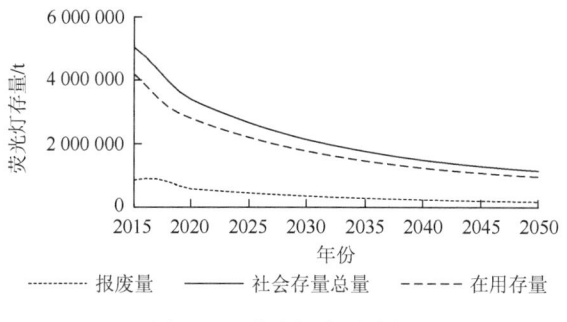

图 3-25 荧光灯存量演化

第一，产品市场经过多年快速成长后，市场基本饱和，需求逐渐减少，并且在新的技术驱动或性能需求下，产品在市场中被逐步替代，未来只服务于特定场景。例如，移动电话已经成为个人通信主流设备，电话单机主要应用于商业和公共服务场景。传真机市场也在萎缩，据国家统计局数据，2020 年产量为 63.7 万部，仅为 2006 年的 5%。随着网络的发展成熟，由专业传真软件加专业传真语音卡构建而成的无纸化传真服务器将成为主流，未来传真机的产品存量将持续下降。

第二，产品作为新产品在近年快速发展，但随之被新一轮技术冲击，存量下降。例如，自 2008 年国家发展改革委和财政部组织的财政补贴高效照明产品推广任务开始实施，紧凑型荧光灯和直管荧光灯都得到了长足的发展。但受市场上 LED 照明产品性价比不断提升的冲击，2012 年起荧光灯产品已度过其黄金时期，进入逐年下降的通道，未来其产品存量将进一步下降。

四、退出市场型

研究表明，5 种城市矿产产品存量未来呈现出逐步退出市场的演化趋势（图 3-26～图 3-30）。退出市场型的城市矿产未来演化趋势主要发生在以下两种情景中。

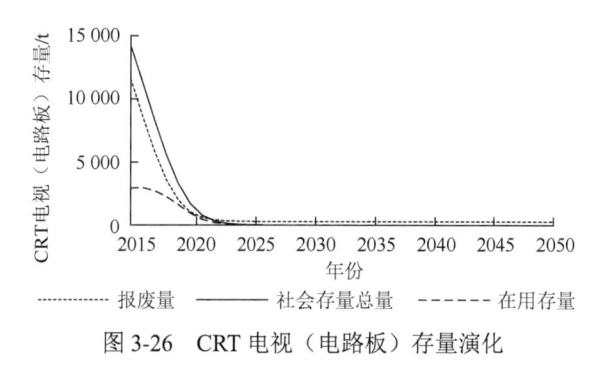

图 3-26 CRT 电视（电路板）存量演化

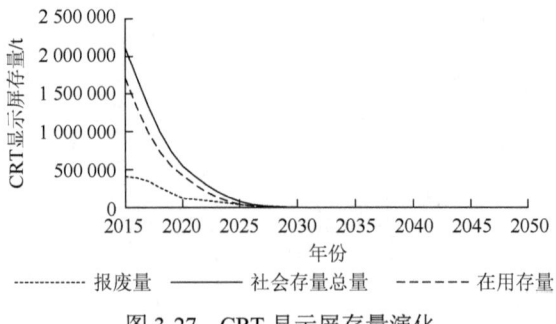

图 3-27 CRT 显示屏存量演化

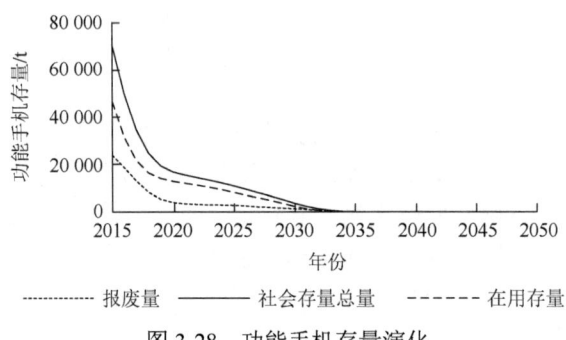

图 3-28 功能手机存量演化

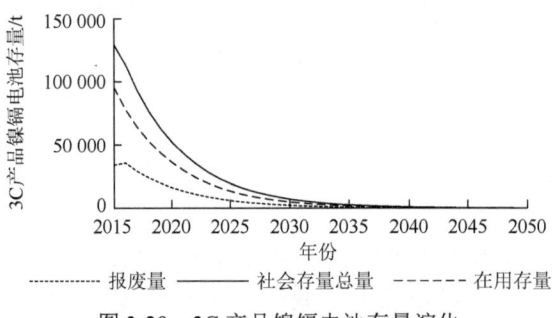

图 3-29 3C 产品镍镉电池存量演化

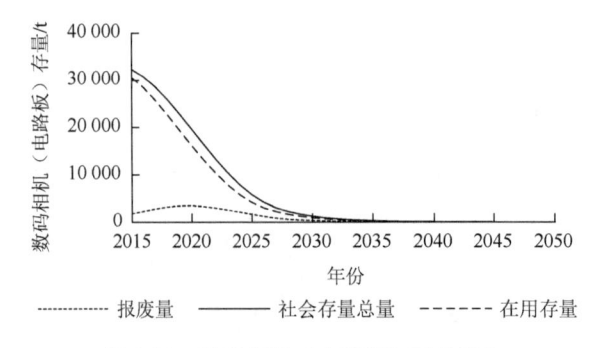

图 3-30 数码相机（电路板）存量演化

第一，产品在市场上已逐渐被提供更优功能的同类产品替代。例如，屏幕显示技术由 CRT 向液晶发展，液晶电视和显示屏凭借其优越的服务性能获得了快速发展，其产品使用存量快速增长，而 CRT 电视、CRT 显示屏已在逐步退出市场；智能手机快速发展，功能手机客户群萎缩为老人市场，并将被淘汰出市场；镍镉电池被性能更优、更环保的锂离子电池替代。

第二，单一功能的产品被集成功能产品替代。例如，随着智能手机的普及，手机的拍照功能越来越强大，变焦、微距、广角等数码相机的优势功能都在智能手机上得到了实现，同时智能手机还能借助其搭载的各种应用软件实现数码相机不具备的图片编辑、实时分享等社交功能。数码相机被智能手机取代成为未来趋势。

由此可见，随着技术进步、产品更新换代和消费升级，城市矿产具有开发价值的矿种是不断变化的，有着内在的发展规律和演化趋势。因此，城市矿产开发的重点需要随之调整和优化，并应前瞻性地做好开发技术的储备。

参 考 文 献

郭学益，张婧熙，严康，等. 2017. 中国废旧电脑产生量及其金属存量分析研究. 中国环境科学，37（9）：3464-3472.

王昶，孙桥，左绿水. 2017. 城市矿产研究的理论与方法探析. 中国人口·资源与环境，27（12）：117-125.

王昶，徐尖，姚海琳. 2014. 城市矿产理论研究综述. 资源科学，（8）：1618-1625.

岳强，王鹤鸣，陆钟武. 2012. 金属物质社会蓄积量理论分析模型. 东北大学学报（自然科学版），33（2）：239-242.

村上進亮，大杉仁，村上（鈴木）理映，他. 2009. 携帯電話の寿命及び退蔵動向の調査とストック量の推定. 日本 LCA 学会誌，5（1）：138-144.

南条道夫. 1987. 都市鉱山開発-包括的資源観による：リサイクルシステムの位置付け. 東北大学選鉱製錬研究所彙報，43（2）：239-251.

Brunner P H. 2007. Reshaping urban metabolism. Journal of Industrial Ecology，11（2）：11-13.

Chen W Q，Graedel T E. 2015. In-use product stocks link manufactured capital to natural capital. Proceedings of the National Academy of Sciences of the United States of America，112（20）：6265-6270.

Ciacci L，Reck B K，Nassar N T，et al. 2015. Lost by design. Environmental Science & Technology，49（16）：9443-9451.

Douglas I，Lawson N. 2000. The human dimensions of geomorphological work in Britain. Journal of Industrial Ecology，4（2）：9-33.

Gutberlet J. 2015. Cooperative urban mining in Brazil：collective practices in selective household waste collection and recycling. Waste Management，45：22-31.

Huang C，Han J，Chen W Q. 2017. Changing patterns and determinants of infrastructures' material stocks in Chinese cities. Resources，Conservation and Recycling，123：47-53.

Jacobs J. 1961. The Death and Life of Great American Cities. New York：Vintage.

Johansson N, Krook J, Eklund M, et al. 2013. An integrated review of concepts and initiatives for mining the technosphere: towards a new taxonomy. Journal of Cleaner Production, 55: 35-44.

Johnson J, Harper E M, Lifset R, et al. 2007. Dining at the periodic table: metals concentrations as they relate to recycling. Environmental Science & Technology, 41 (5): 1759-1765.

Kapur A, Graedel T E. 2006. Copper mines above and below the ground. Environmental Science & Technology, 40 (10): 3135-3141.

Klinglmair M, Fellner J. 2010. Urban mining in times of raw material shortage. Journal of Industrial Ecology, 14 (4): 666-679.

Kollikkathara N, Feng H, Stern E. 2009. A purview of waste management evolution: special emphasis on USA. Waste Management, 29 (2): 974-985.

Krook J, Carlsson A, Eklund M, et al. 2011. Urban mining: hibernating copper stocks in local power grids. Journal of Cleaner Production, 19 (9/10): 1052-1056.

Milovantseva N, Saphores J D. 2013. Time bomb or hidden treasure? Characteristics of junk TVs and of the US households who store them. Waste Management, 33 (3): 519-529.

Nakamura T, Halada K. 2015. Urban Mining Systems. Berlin: Springer.

Ongondo F O, Williams I D, Whitlock G. 2015. Distinct urban mines: exploiting secondary resources in unique anthropogenic spaces. Waste Management, 45: 4-9.

Zhang C, Chen W Q, Liu G, et al. 2017. Economic growth and the evolution of material cycles: an analytical framework integrating material flow and stock indicators. Ecological Economics, 140: 265-274.

第二篇 管 理 篇

第四章　城市矿产开发利用的潜力评估

城市矿产具有较高的资源价值和环境效益，开发利用城市矿产对摆脱资源与环境的双重约束具有重要战略意义。因此，有必要科学评估城市矿产开发利用的潜力，摸清家底，为城市矿产开发利用模式创新以及政策设计提供数据支撑和科学依据。本章将对城市矿产开发利用潜力进行评估，主要回答"城市矿产优先开发什么，资源效应有多大，环境效益如何"等问题。首先，本章构建了城市矿产战略性筛选模型，对城市矿产战略性进行评估，筛选出需要优先开发的城市矿产；其次，分析了我国城市矿产的区域分布差异，并提取了导致区域差异的主导因素；再次，本章探究了城市矿产开发利用的资源效应评估，并对城市矿产开发利用的前景进行了分析；最后，本章进一步对城市矿产开发利用的环境效益进行了评估。

第一节　城市矿产的战略性筛选

当前，中国正大力发展战略性新兴产业，而城市矿产可为其发展提供关键原材料——高技术矿产。因此，本节将立足于中国国情，从"资源—技术—环境"三个维度构建城市矿产战略性筛选指标体系，并对五大类27种富含高技术矿产的城市矿产进行战略性筛选，为国家高技术城市矿产开发利用的战略和政策设计提供科学依据。

一、城市矿产战略性筛选模型的构建

（一）城市矿产战略性筛选理论基础

1. 城市矿产全生命周期管理理论

生命周期评价与管理最早源于环境领域的研究。生命周期评价是汇总和评价一个产品、过程（或服务）体系在其整个生命周期的投入及产出对环境已造成的和潜在的影响的方法。生命周期评价对产品或服务"从摇篮到坟墓"的全过程中涉及的环境问题进行定性或定量的分析或评价，是为产品研发、工艺选择、决策制定等方面提供支持的一种重要的环境管理工具（Wong et al.，2007）。生命周期管理（life cycle management，LCM）是基于生命周期评价原则与框架的一种环境管理手段或环境

管理体系（黄和平，2017），在生命周期评价结果的基础之上对生命周期各阶段或环节的环境最优决策提出管理方法，它是面向可持续生产和消费，对产品（组合）工艺或（和）服务的全生命周期环境影响进行的综合管理。

但在实际运用过程当中，生命周期评价与管理已不仅仅是环境管理手段，而是拓展到"从生到死"的全过程管理，包括环境、资源、经济影响等。产品生命周期管理（product lifecycle management，PLM），就是指从人们对产品的需求开始，到产品淘汰报废的全部生命历程。

城市矿产全生命周期管理实质是产品生命周期管理的延伸，将物质资源由"生产—使用—报废"的直线模式延伸至"生产—使用—报废—再利用"的闭环模式（Chen and Graedel，2015）（图4-1）。在城市矿产全生命周期的每一个环节当中，既包含着物质资源在上下游之间的转换，如资源从矿床中经采、选、冶、制造到使用当中，再经报废、回收，重新回到生产过程当中；同时在每一个环节中，社会生产活动与自然环境之间也在不断进行着的物质、能量的交换，在消耗资源的同时，不断有污染物排放到环境当中，这就意味着城市矿产开发利用活动本身就会对环境造成影响。但是与原生资源开采利用相比，城市矿产回收利用具有载能性，其开发利用产生的环境影响远远小于原生资源开采（王昶等，2017a）。

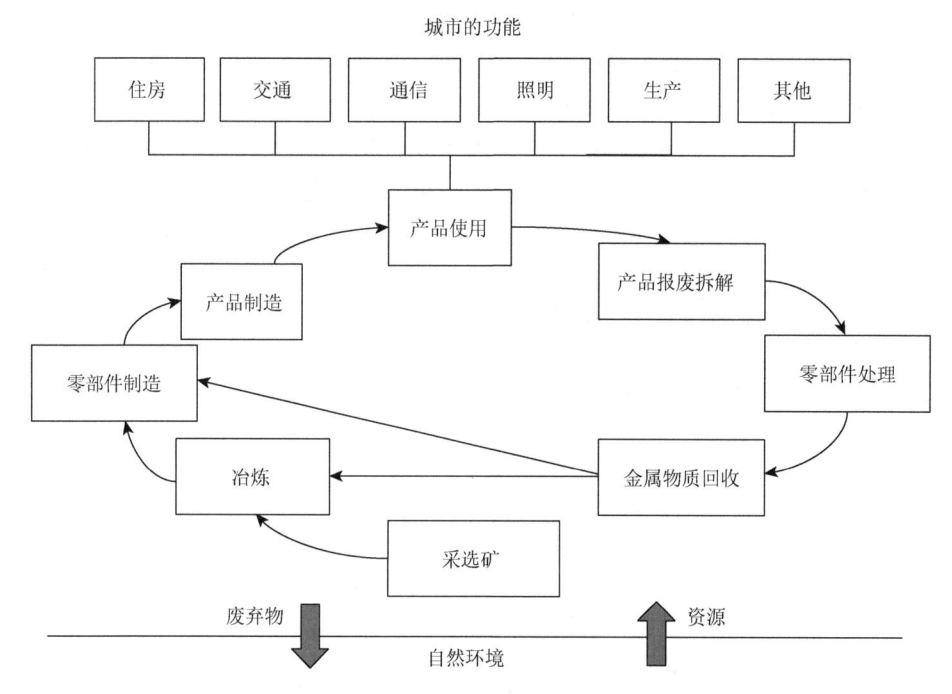

图 4-1　城市矿产全生命周期管理模型

资料来源：根据 Chen 和 Graedel（2015）改进

2. 物质流动规律

从物质流动的角度来看,城市矿产的形成是由资源经生产、加工、制造、使用后废弃,而蓄积到社会当中的过程。这就意味着,城市矿产天然地就含有丰富的资源,尤其是金属有价物,而元素的循环性使得城市矿产对资源供给具有重要的乘数效应。因此,城市矿产的自然属性就决定着其具有资源价值。对城市矿产进行科学评估,首要考虑的就是其资源价值。

同时,城市矿产作为人类活动的产物,其循环利用也依赖于人类技术的发展。从理论上看,物质可以无限循环,但由于技术的限制,往往只能实现部分循环利用。耶鲁大学的研究表明,产品中的金属元素,一部分在使用过程中就消散了,一部分具有回收的潜力,一部分由于技术限制当前无法实现回收(Ciacci et al.,2015)。因此,技术是实现城市矿产有效回收的一个决定性因素。

此外,城市矿产形式上是废弃后的产品,这就表明,一方面,如果城市矿产被有效回收,其将转换为有价资源,同时产生环境效益,相比于原生矿开采,开发城市矿产将大大降低能源消耗,实现节能减排(King and Gutberlet,2013),如钢铁企业如果将原料中废钢铁的比重提高至 20%左右,每年能减少标准煤消耗 5600t,减少碳排放 2.24 亿 t,减少二氧化硫排放量约 35 万 t,节水 7 亿 t。同时,可以减少城市固体废弃物,缓解垃圾围城困境。但另一方面,当城市矿产由于深埋在地下等客观原因隐伏在社会中,没有得到有效回收,或者由于经济效益不高、居民回收意识或意愿不强等主观原因被废弃在社会中时,城市矿产就又会转变为城市固废,带来环境压力。因此,环境因素也是在进行城市矿产开发时必须要考虑的因素。

(二)筛选指标体系构建

通过上述理论分析,我们能够发现城市矿产的成矿过程和特性。

首先,城市矿产的本质是资源,其内含丰富的金属元素,具有可循环利用的特性。美国耶鲁大学的研究表明,随着人类技术水平的提升,其研究的 56 种以金属为主的元素中,可回收利用比例低于 90%的资源类型仅有锌、砷、硒、铥、镱、镥、汞和铋 8 种元素(Ciacci et al., 2015)。因此,资源是城市矿产战略性筛选的首要指标。

其次,根据物质不灭定律,城市矿产中的元素是可以永远循环的,但作为人类活动的产物,其实际回收主要取决于技术水平。因此,技术是城市矿产战略性筛选的重要指标。

最后,城市矿产的社会属性决定了其开发利用具有环境效益,一方面可以减少城市固体废弃物,缓解垃圾围城困境,另一方面相对于原生矿开采,城市矿产开发利用可以大大降低能源消耗，实现节能减排。因此，环境是城市矿产战略性筛选的重要指标。

基于此，本节构建了城市矿产战略性开发评估 RI-TI-EI[①]模型，如图 4-2 所示。

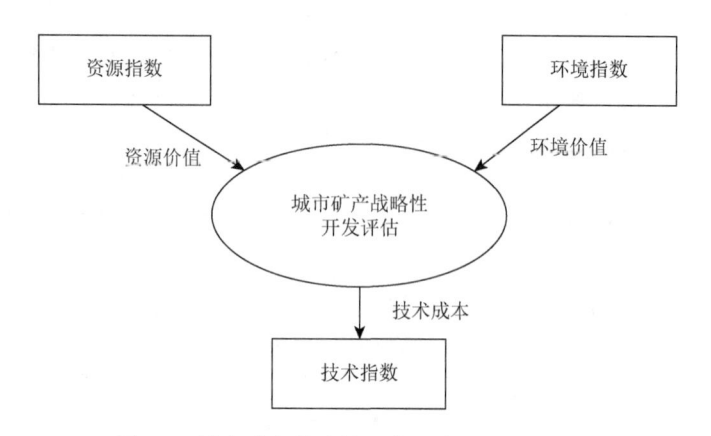

图 4-2 城市矿产战略性开发评估 RI-TI-EI 模型

（1）资源指数构建。耶鲁大学产业生态中心（Center for Industrial Ecology）的研究认为，对资源的关键性考察要从供应风险或经济重要性（脆弱性）两方面来进行。其中供应风险从地质性和技术性及经济性因素、社会发展水平与监管政策因素、地缘政治因素等三个方面来衡量。经济重要性（脆弱性）从经济重要性、可替代性、对供应受限的敏感性等方面来衡量。具体测量指标包括可开采年限、进口依赖、社会发展水平、回收潜力、经济重要性、原材料价值等。城市矿产开发利用还必须考虑到社会存量的问题，考量是否具有回收规模。据此，本节将从经济重要性、供应风险和回收潜力三个维度来构建资源指数。

（2）技术指数构建。荷兰学者 Sun 等（2016）认为，废弃物中金属的回收主要是基于提炼技术和每种废弃物针对性的过程设计，且这些处理过程必须具备经济可行性和工业应用性。废弃物处理产生的成本和回收资源产生的收入两大因素决定了社会对这些废弃物回收利用的研究和投资数量，一旦处理成本远高于经济价值时，技术产业化的时间就会推迟，从而影响到资源的回收。技术成本可以从三个方面来衡量，一是废弃物资源回收的技术可获得性，即在当前技术水平下资源的回收率；二是物理处理成本，也就是将废弃物从原始尺寸拆解破碎成可进行冶炼的碎片的成本；三是冶炼成本，也就是将目标金属从废弃物中提取出来的成本。据此，本节将从回收率、拆解技术成本和回收技术成本等三个维度来构建技术指数。

---

① RI 的英文全称为 resources index，译为资源指数；EI 的英文全称为 environment index，译为环境指数；TI 的英文全称为 technology index，译为技术指数。

(3) 环境指数构建。中国社会科学院工业经济研究所的研究认为，对于中国这样的稀有矿产品生产消费大国而言，如果把评估稀有矿产资源的战略性仅限于供应风险和经济影响两个维度，而忽视资源开采利用对生态环境的影响，很可能会得出误导性的结论，难以为中国保护不可再生的稀有矿产资源提供支撑，而城市矿产的评估正是基于其内含的高技术矿产开发利用而言的，原生矿开采对生态环境的影响正是城市矿产开发利用所能产生的环境效益。因此，本节将从资源全生命周期环境影响来衡量城市矿产的环境效益。

基于此，本节最终确定了包含 11 个测量指标的高技术城市矿产"资源—技术—环境"战略性筛选指标体系（图 4-3）。

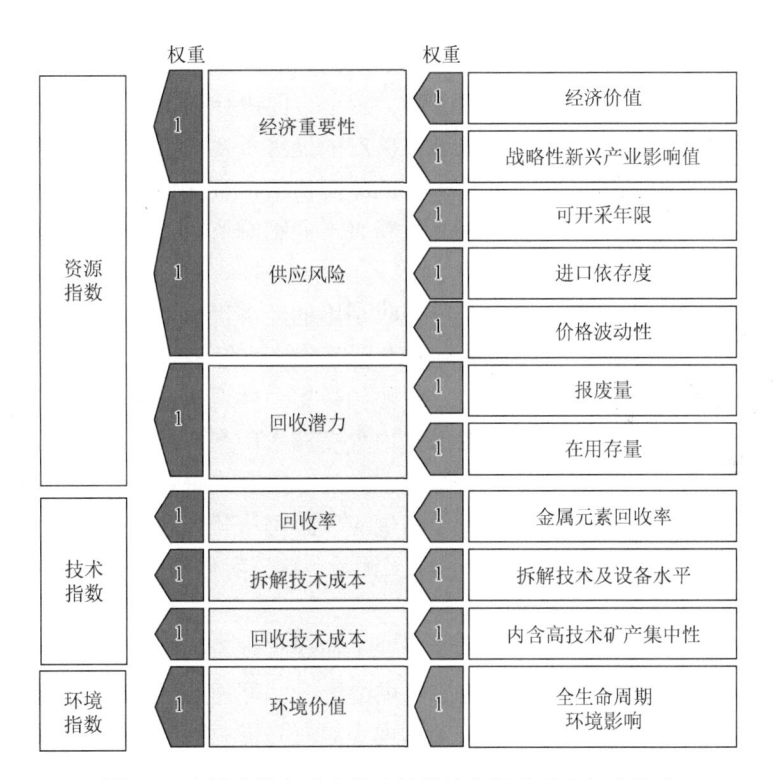

一级指标	权重	二级指标	权重	三级指标
资源指数	1	经济重要性	1	经济价值
			1	战略性新兴产业影响值
	1	供应风险	1	可开采年限
			1	进口依存度
			1	价格波动性
	1	回收潜力	1	报废量
			1	在用存量
技术指数		回收率	1	金属元素回收率
		拆解技术成本	1	拆解技术及设备水平
		回收技术成本	1	内含高技术矿产集中性
环境指数	1	环境价值	1	全生命周期环境影响

图 4-3　高技术城市矿产战略性筛选指标体系及权重构成

（三）指标测量与数据获取

研究数据来源首先选择公开出版的文献、报告以及政府或行业协会统计数据，其次选择行业专家意见、产品说明、生产标准等，个别数据无法直接获取则通过其他相关数据进行推算。具体来看，城市矿产内高技术矿产含量数据主要来源于文献及政府研究报告，高技术矿产资源产量、储量、价格等数据主要来源于中国自然资源部、美国地质调查局、亚洲金属网、中国有色金属工业网、Wind 经济数据库、《中国有色金属工业年鉴》等，城市矿产报废量及在用存量数据主要来源于中国家用电器研究院、光伏等各行业协会官网、主要生产商官网、研究报告、统计年鉴等。本节在系统回顾多种描述城市矿产战略性评估、原材料关键性评估的模型和方法的基础上（European Commission，2014；U.S. Department of Energy，2010；Buchert and Schüler，2009；Jaffe and Price，2010），对指标进行定义和测量，指标的详细描述和测量如下。

1. 资源指数

资源指数衡量某一城市矿产的资源价值，评估城市矿产经济重要性以及未来回收潜力。资源指数值越高，表示城市矿产回收利用产生的经济效益越高。资源指数从经济重要性、供应风险、回收潜力三个方面进行测量。

（1）经济重要性。某一高技术城市矿产的经济重要性可从两个方面来衡量，一是城市矿产回收提炼出的高技术矿产的经济价值，直接体现了其所能产生的经济效益；二是高技术矿产创造的战略性新兴产业影响值，体现了城市矿产对国家未来产业发展的支持。

在经济价值方面，某一城市矿产回收利用的经济价值是由其内含高技术矿产的市场价格决定的，矿产价格越高，且含量越丰富，经济价值越大。

在战略性新兴产业影响值方面，资源指数集中体现了城市矿产中高技术矿产在战略性新兴产业中的应用，主要由其内含高技术矿产的战略性新兴产业影响值决定，创造的战略性新兴产业影响值越大，其对国家产业升级的支持越大。

（2）供应风险。高技术城市矿产的供应风险可从其内含矿产资源的可开采年限、进口依存度、价格波动性三个方面来衡量。这三者分别体现了国内供应风险、海外供应风险以及供应价格风险。

在可开采年限方面，可开采年限反映了在现有规模生产条件下，剩余储量可以支撑的年限，体现了我国资源的国内供给情况，可开采年限越长，风险越小。

在进口依存度方面，进口依存度体现了对海外资源的依赖程度，依赖程度越高，则当海外资源供给出现问题时，带来的风险越大。

在价格波动性方面，价格波动性体现了以合理价格稳定获得资源的风险，波动性越大，风险越大。

（3）回收潜力。高技术城市矿产的回收潜力可从两个方面来衡量，一是报废量，二是在用存量。报废量体现了当前的回收潜力，在用存量体现了未来回收潜力。

2. 技术指数

技术指数衡量某一城市矿产回收利用的技术难度，即评估回收利用某一城市矿产的技术成本有多大。技术指数值越高，表示当前技术越成熟，城市矿产开发利用所需投入的技术开发成本越低。本节从回收率、拆解技术成本、回收技术成本三个方面构建技术指数。

（1）回收率。回收率指标衡量特定城市矿产中高技术矿产全部得到回收的潜力，一般基于矿产提取难度以及元素的回收率。

（2）拆解技术成本。拆解技术成本可用当前的拆解技术、设备以及研究水平来衡量。拆解技术越成熟、设备越完善，则所需的技术攻关难度越小，用于拆解技术的成本投入越小，拆解技术成本指标值越高。

（3）回收技术成本。可用城市矿产内含元素的集中性和复杂程度来评估回收技术成本，内含元素种类越多，分布越散，则回收技术成本越高。

3. 环境指数

环境指数衡量某一城市矿产回收利用创造的环境效益，即通过城市矿产回收利用减少的原生矿开采产生的环境影响的程度。环境指数越高，表示城市矿产开发利用所减少的环境污染越多，创造的环境效益越高。

（四）筛选方法

本节借鉴欧盟委员会联合研究中心的做法（European Commission，2014），采用不聚合的方法进行战略性筛选，突出资源、技术、环境各指数的特点和影响，并结合美国国家研究委员会的关键性矩阵表达形式（National Research Council，2008），首先分别构建了"资源—技术""资源—环境"的两维度筛选矩阵，其次构建了城市矿产"资源—技术—环境"三维立体筛选模型（图4-4）。

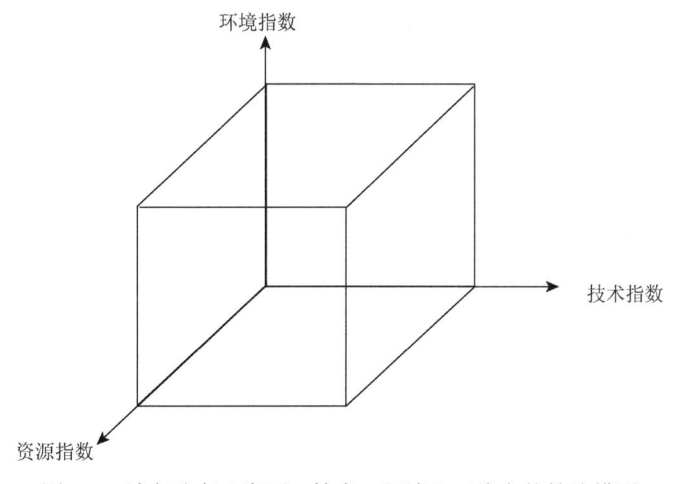

图4-4 城市矿产"资源—技术—环境"三维立体筛选模型

（五）筛选范围

城市矿产中不仅含有丰富的铁、铝、铜等大宗金属，还含有锂、钴、铌、铟、镓、锗、钒、钨、稀土等对风力发电、太阳能光伏、电动汽车、3D打印（三维打印）、电子信息等高新技术产业具有关键性作用的矿产。本节研究主要关注面向高新技术应用的城市矿产，即富含高技术矿产的城市矿产。这类城市矿产主要有两方面的来源：一方面是传统产业产品，但富含高技术矿产，如电器电子产品等，该类城市矿产已经到了成矿成熟期，有一定的回收规模；另一方面是战略性新兴产业产品，未来将大规模消耗高技术矿产，如风涡轮永磁电机、光伏电板、电动汽车等，该类产品当前还处于成矿初期，但已形成较大的在用存量规模，且在快速增长。

在详细分析比较现有文献的基础上，借鉴欧盟、美国能源部、麻省理工学院、联合国环境规划署等机构对高技术矿产主要应用领域的分析和界定（European Commission，2014；U.S. Department of Energy，2010；Buchert and Schüler，2009；Jaffe and Price，2010；Moss et al.，2013；National Research Council，2008），国内关于城市矿产、再生资源等行业政策和报告，如《中国再生资源回收行业发展报告（2015）》《国家发展改革委 财政部关于开展城市矿产示范基地建设的通知》《循环经济发展战略及近期行动计划》《"十二五"资源综合利用指导意见》《废弃电器电子产品处理目录（2014年版）》等，并咨询相关产业和矿产资源领域专家，结合中国国情最终界定了五大类27种富含高技术矿产的城市矿产（表4-1）。

表 4-1 高技术城市矿产范围界定

城市矿产类别		编码	内含主要高技术矿产
新能源技术	风涡轮永磁电机*	G1	镝、钕
	光伏电板	G2	镉、镓、铟、钼、硒、碲
	荧光灯	G3	铕、铽、钇
通信设备	功能手机	C1	钴、钯
	智能手机	C2	钕、镨、铍、钴、锑、铂、钯
	电话（电路板）	C3	钡、铬、锑
交通工具	（P）HEV*	V1	镝、钕
	EV*	V2	镝、钕
电池	EV 锂离子电池	B1	钴、锂
	EV 镍氢电池	B2	钴

续表

城市矿产类别		编码	内含主要高技术矿产
电池	3C产品镍镉电池	B3	镉、钴
	3C产品镍氢电池	B4	铈、镧、钕、镨、镉、钴、钛
	3C产品锂离子电池	B5	钴、锂
电器电子产品	笔记本电脑	E1	铈、镝、铕、钆、镧、钕、镨、铽、钇、钡、钴、铬、镓、铟、钼、锑、铂、钯
	CRT电视	E2	镉、铬、锑
	液晶电视	E3	铈、铕、钆、镧、镨、铽、钇、镓、铟、锑、钯
	CRT显示屏	E4	钇、钡、钒
	液晶显示屏	E5	铈、铕、钆、镧、镨、铽、钇、镓、铟、钼、钛、钨、钯
	硬盘	E6	镝、钕、镨、钯
	平板电脑	E7	铈、镝、铕、钆、镧、钕、镨、铽、钇、钡、钴、铬、镓、铟、钼、锑、钯
	冰箱（电路板）	E8	钡、镉、铬、锑
	洗衣机（电路板）	E9	钡、铬、锑
	空调（电路板）	E10	钡、镉、铬、锑
	台式电脑（电路板）	E11	钡、镉、钴、镓、钛
	传真机（电路板）	E12	钡、镓、钛
	打印机（电路板）	E13	钡、镓、钛
	数码相机（电路板）	E14	钡、镉、钴、镓、钛

（P）HEV 指 HEV 或 PHEV
*表示稀土永磁电机

二、城市矿产战略性筛选结果

（一）研究结果描述性统计分析

按照图 4-1 设计的"资源—技术—环境"指标体系，测算结果如表 4-2 所示。

表 4-2 高技术城市矿产"资源—技术—环境"战略性筛选结果描述性统计分析

项目	总体			新能源技术			通信设备		
指数	资源指数	技术指数	环境指数	资源指数	技术指数	环境指数	资源指数	技术指数	环境指数
极大值	100.00	100.00	100.00	28.88	18.24	74.72	71.34	67.28	90.20
极小值	0.00	0.00	0.00	3.58	0.00	0.00	23.10	23.51	65.55

续表

项目	总体			新能源技术			通信设备		
指数	资源指数	技术指数	环境指数	资源指数	技术指数	环境指数	资源指数	技术指数	环境指数
均值	28.76	30.75	56.52	16.45	9.33	46.74	53.39	52.30	80.86
标准差	31.97	28.85	25.70	12.65	9.13	40.74	26.38	24.94	13.37

项目	交通工具			电池			电器电子产品		
指数	资源指数	技术指数	环境指数	资源指数	技术指数	环境指数	资源指数	技术指数	环境指数
极大值	21.58	18.99	65.81	100.00	100.00	100.00	13.67	23.62	59.93
极小值	18.76	18.99	62.52	48.78	56.10	78.34	0.00	13.55	16.71
均值	20.17	18.99	64.17	81.82	79.76	89.23	8.41	14.90	40.63
标准差	2.00	0.00	2.33	24.36	19.77	8.61	3.85	2.59	12.79

从三个维度来看，资源指数平均得分为 28.76，标准差为 31.97；技术指数平均得分为 30.75，标准差为 28.85；环境指数平均得分为 56.52，标准差为 25.70。可以看出，三个指数中环境指数平均值最高，且波动最小，资源指数平均值最低，波动最大；这说明高技术城市矿产回收利用均能产生比较好的环境效益，但资源效益差异大，且需提高拆解处理技术水平。

从各类高技术城市矿产来看，新能源技术资源指数均值为 16.45，技术指数均值为 9.33，环境指数均值为 46.74；通信设备资源指数均值为 53.39，技术指数均值为 52.30，环境指数均值为 80.86；交通工具资源指数均值为 20.17，技术指数均值为 18.99，环境指数均值为 64.17；电池资源指数均值为 81.82，技术指数均值为 79.76，环境指数均值为 89.23；电器电子产品资源指数均值为 8.41，技术指数均值为 14.90，环境指数均值为 40.63。由此可见，电池的资源指数、技术指数和环境指数均值均是最高的，这表明电池将是高技术城市矿产重点开发的对象。

（二）"资源—技术"两维度筛选结果

"资源—技术"两维度结果如图 4-5 所示。其中，3C 产品镍氢电池（B4）、3C 产品镍镉电池（B3）及 3C 产品锂离子电池（B5）的资源指数值和技术指数值均高于 90；EV 锂离子电池（B1）、EV 镍氢电池（B2）资源指数值和技术指数值均在 50 上下的中等水平。数据表明 3C 产品电池回收能够提供大量的高技术矿产，且技术相对成熟，EV 电池资源指数值较低，但未来潜力大。2012～2014 年，中国累计生产镍镉电池 10.43 亿只、镍氢电池 23.33 亿只、锂离子电池 90.3 亿只，这些电池几乎已全部投入市场，根据 HEV 电池包平均 6～9 年的寿命分布，该批电池会在 2020～2023 年进入报废高峰。

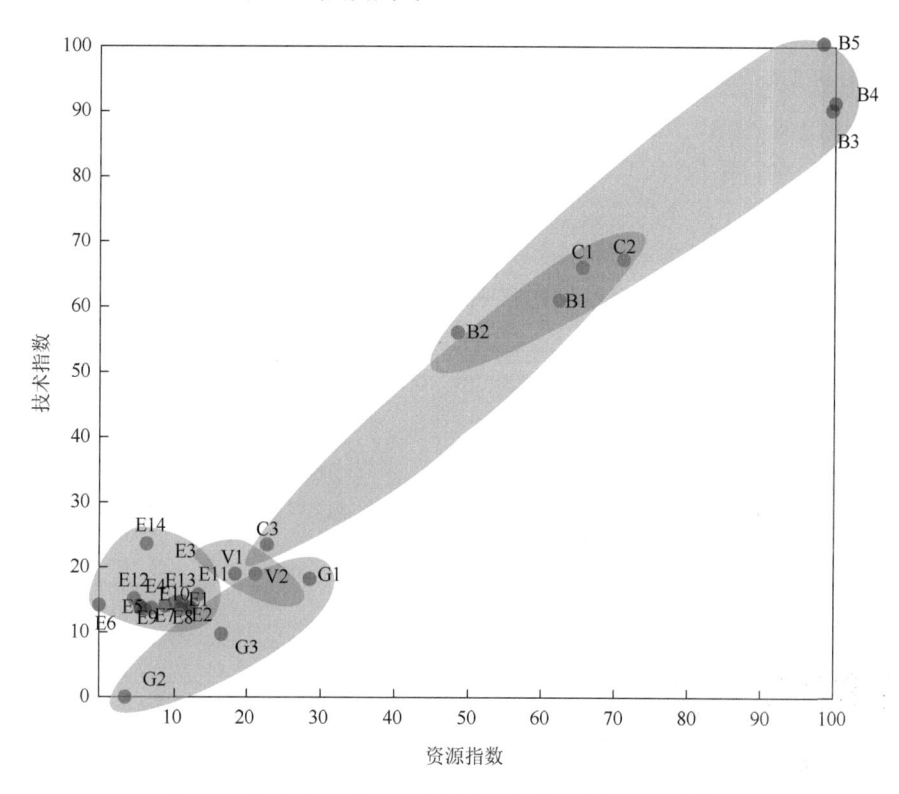

图 4-5 高技术城市矿产"资源—技术"两维度筛选结果

通信设备中手机（C1、C2）的资源指数值和技术指数值在 65～75 的较高水平，资源指数较高，拆解处理技术也相对成熟。但存在的现实问题是，目前手机的拆解回收还有相当大的一部分是手工作坊式，粗糙提取其中的贵金属，而对内含的其他高技术矿产关注较少。

新能源技术（G1、G2、G3）、交通工具（V1、V2）以及电器电子产品（E1～E14）的资源指数值和技术指数值都相对较低，在 0～30 的范围内分布。新能源技术以及交通工具资源指数和技术指数偏低，主要是由于风涡轮永磁电机、荧光灯以及 EV 永磁电机中含有的主要高技术矿产"稀土"是我国的优势矿产，其资源储量在全球领先，供应风险小，从而导致资源指数较低。同时，由于新能源技术和电动汽车均是近些年才开始快速发展，尚未进入报废高峰，还未吸引市场对拆解回收技术、设备的研发投入，因此技术指数也较低。电器电子产品拆解技术和设备已经比较成熟，但由于内含元素的复杂性，对元素进行全部提取有一定困难，这也是未来要突破的重点。

（三）"资源—环境"两维度筛选结果

"资源—环境"两维度结果如图4-6所示。其中，3C产品镍氢电池（B4）、3C产品镍镉电池（B3）及3C产品锂离子电池（B5）的资源指数值和环境指数值均高于或等于90；手机（C1、C2）的资源指数在70左右，环境指数大于85。数据表明：电池以及手机不仅回收资源潜力比较大，环境效益也大。其中，镍镉电池中含有将近15%的有毒金属镉，不进行无害化回收处理将会对环境和人体健康造成巨大危害。因此，镍镉电池的回收利用能产生很大的环境效益。

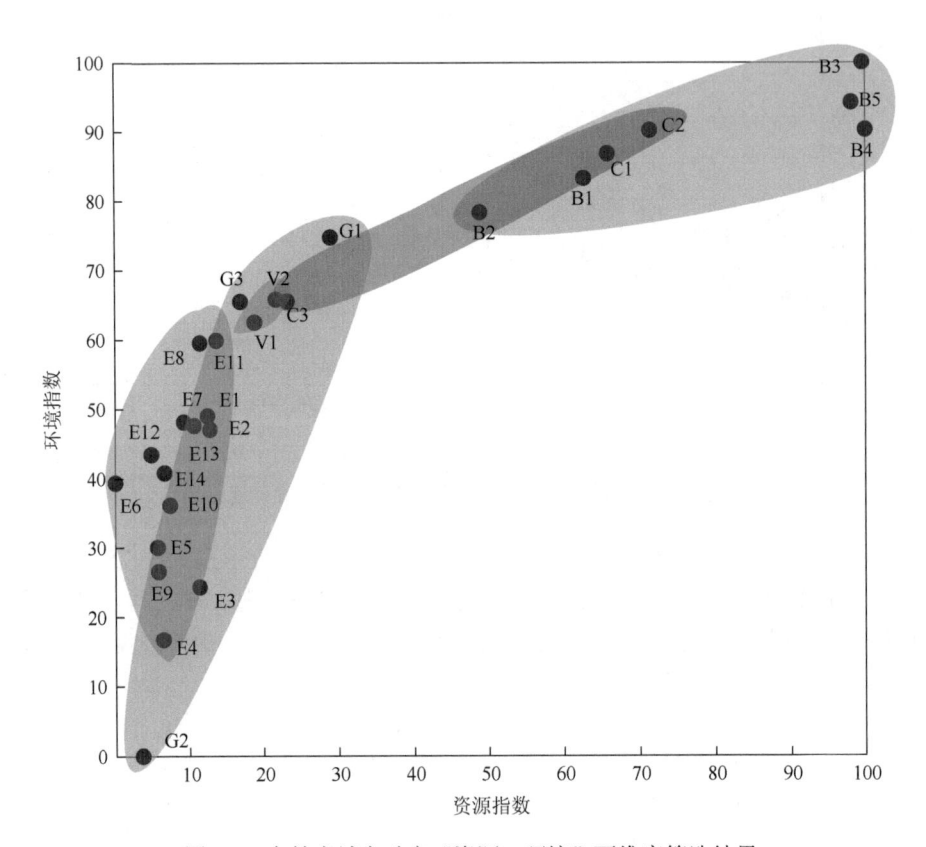

图4-6 高技术城市矿产"资源—环境"两维度筛选结果

新能源技术（G1、G3）、交通工具（V1、V2）以及电话（电路板）（C3）的资源指数值在15~30的低水平，但环境指数在60~75的较高水平。这表明风涡轮永磁电机和电动汽车中的永磁电机回收虽然目前来看资源价值相对较低，但能创造较高的环境效益。

相比较而言，电器电子产品的环境指数值偏低，但绝大多数都接近或高于50，尤其是在当前电器电子产品已经进入大规模报废阶段，不进行回收处理，将严重危害生态环境。

从数据结果分析来看，为解决环境污染问题，目前应该把电器电子产品作为回收处理重点。但从长远来看，电池的社会蓄积量增多，应成为拆解处置重点。

（四）"资源—技术—环境"三维度筛选结果

从资源—技术—环境三维度筛选结果来看，27种高技术城市矿产可以分为以下四个梯队（图4-7）。

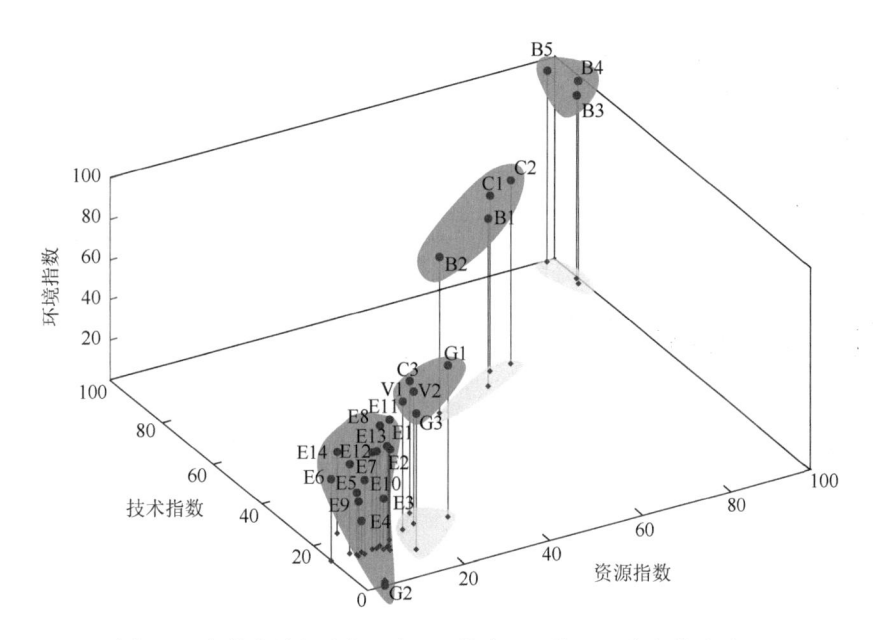

图4-7 高技术城市矿产"资源—技术—环境"三维度筛选结果

第一梯队特点是"三高"：高资源指数、高技术指数、高环境指数，包括3C产品镍氢电池（B4）、3C产品镍镉电池（B3）、3C产品锂离子电池（B5）。位于第一梯队的高技术城市矿产是我们首要关注重点，3C产品各类电池内含高技术矿产的品位高，含量合计占比达10%～30%，远高于其他类型城市矿产。当前该梯队高技术城市矿产尚未进入成矿高峰，还不具备大规模开发利用的条件，但未来一旦进入大规模报废阶段，将是一座高技术矿产富矿，需提前做好技术储备和回收布局。

第二梯队特点是"三中高"：中高资源指数、中高技术指数、中高环境指数，包括手机（C1、C2）和 EV 电池（B1、B2）。位于第二梯队的高技术城市矿产有两类，一类是已进入大规模报废阶段的手机，一类是正在快速发展的电动汽车电池。手机已纳入《废弃电器电子产品处理目录（2014 版）》，得到了政策支持，同时市场针对手机的"互联网＋"回收平台也正在构建和完善。电动汽车电池回收则刚刚起步，虽然分别在 2017 年 12 月 1 日和 2018 年 2 月 1 日，中国的新能源汽车动力电池回收国家标准——《车用动力电池回收利用 拆解规范》和《车用动力电池回收利用 余能检测》实施，中国动力电池回收标准化、规范化大幕拉开，但在回收体系构建、技术攻关方面还需进一步提升，以应对未来的报废高峰。

第三梯队特点是"二低一中高"：低资源指数、低技术指数、中高环境指数，包括新能源技术（G1、G3）、交通工具（V1、V2）、电话（电路板）（C3）。位于第三梯队的高技术城市矿产需重点关注其未来潜力和环境影响。风涡轮永磁电机、电动汽车的永磁电机是稀土的主要应用终端，由于当前中国稀土资源储量丰富、供应风险小，稀土的战略价值没有得到很好的体现。但从长远来看，随着国内对稀土资源的高强度开采，以及对稀土金属需求的快速增长，未来稀土金属的供应风险将逐步加大，而新能源技术、EV 汽车也将进入报废高峰，其资源效益将逐步增大，需要提前关注和布局回收。荧光灯因含汞而被列入《国家危险废物名录》，但却没有相应的法规配套和监督，废旧荧光灯的处理量远跟不上报废量。完善回收体系，突破无害化资源化处理关键技术是废旧荧光灯回收处理的重点。

第四梯队特点是"三低"：资源指数、技术指数、环境指数都相对较低，包括电器电子产品（E1~E14）和光伏电板（G2）。位于第四梯队的高技术城市矿产和其他类别相比，资源指数、技术指数和环境指数都偏低，但不可忽视。电器电子产品当前正处于大规模报废的阶段，同时随着产品升级的加快、消费水平的提升，电器电子产品的实际使用时间远低于理论可使用寿命，产品生命周期大幅度缩短，将持续维持较高的报废量和在用存量水平，电器电子产品回收利用将是目前的重点。中国太阳能光伏产业从 2007 年之后逐渐进入产业化发展阶段，以光伏电板平均寿命 20 年计算，首批规模报废将在 2027 年之后。我国目前光伏电板部署还在高速增长，据国家能源局的统计，截至 2023 年上半年，全国光伏发电装机容量达到 4.7 亿 kW，其中分布式光伏 1.98 亿 kW，未来光伏电板回收资源潜力巨大。

本节筛选是基于我国城市矿产目前的在用存量、报废量进行的静态分析，随着时间的推移，筛选结果会发生动态变化，如电动汽车、风涡轮永磁电机、光伏电板等目前大规模消费的战略性新兴产业产品未来将进入首轮报废高峰，其资源指数将大幅度提升；而 CRT 电视机等传统电器电子产品将逐渐退出市场，社会存量将逐步减小。因此高技术城市矿产的战略性筛选是一个持续动态的评估过程,需要建立与之相适应的"开发一批、储备一批、谋划一批"的动态管理系统(表4-3)。

表 4-3 高技术城市矿产梯队管理

梯队	特点	城市矿产种类	策略
第一梯队	"三高":高资源指数、高技术指数、高环境指数	3C产品镍氢电池(B4)、3C产品镍镉电池(B3)、3C产品锂离子电池(B5)	针对未进入报废高峰的城市矿产采取储备策略,重点提升技术、做好回收布局
第二梯队	"三中高":中高资源指数、中高技术指数、中高环境指数	功能手机(C1)、智能手机(C2)、EV锂离子电池(B1)、EV镍氢电池(B2)	1. 针对已进入报废高峰的城市矿产采取重点开发策略,完善正规回收处理体系 2. 针对未进入报废高峰的城市矿产采取储备策略,重点提升技术、做好回收布局
第三梯队	"二低一中高":低资源指数、低技术指数、中高环境指数	电话(电路板)(C3)、风涡轮永磁电机(G1)、荧光灯(G3)、(P)HEV(V1)、EV(V2)	1. 针对已进入报废高峰的城市矿产采取开发策略,主要突破无害化资源化处理技术、构建回收渠道 2. 针对未进入报废高峰的城市矿产做好谋划,储备技术
第四梯队	"三低":资源指数、技术指数、环境指数都较低	电器电子产品(E1~E14)、光伏电板(G2)	1. 针对已进入报废高峰的城市矿产采取开发策略,主要完善市场秩序,构建好"互联网+"回收处理系统 2. 针对未进入报废高峰的城市矿产做好谋划,储备技术

三、城市矿产战略性筛选的国际比较

(一)中国、欧盟、澳大利亚城市矿产战略性筛选比较

通过比较不同国家或地区的城市矿产战略性筛选,能够发现其城市矿产开发利用的特征差异。在本节,研究团队选择了欧盟、澳大利亚两个地区/国家和中国进行比较。中国、欧盟、澳大利亚代表了三种不同的典型区域。中国是高技术矿产生产大国和出口大国,同时也是消费大国;欧盟资源匮乏,是高技术矿产的净进口地区;澳大利亚部分金属矿产储量丰富,并主要用来出口。

Sun等(2016)构建了一个两维度模型"资源指数—技术指数"对欧盟地区的城市矿产进行了评估,以明确各种废弃物流的关键性及其金属回收潜力。该研究中采用的方法和本节研究团队采用的方法的最大差异是对环境影响的处理。在Sun等(2016)的研究中,环境影响是技术指数下的一个决定因素,而在我们的研究中,环境指数是与资源指数、技术指数平行的第三个独立维度。这主要是因为中国还是一个发展中国家,工业化进程中环境损害问题相对突出,需要更加关注环境问题。

中国、欧盟的城市矿产战略性筛选结果比较如图4-8所示。

(a) 中国"资源—环境"筛选结果

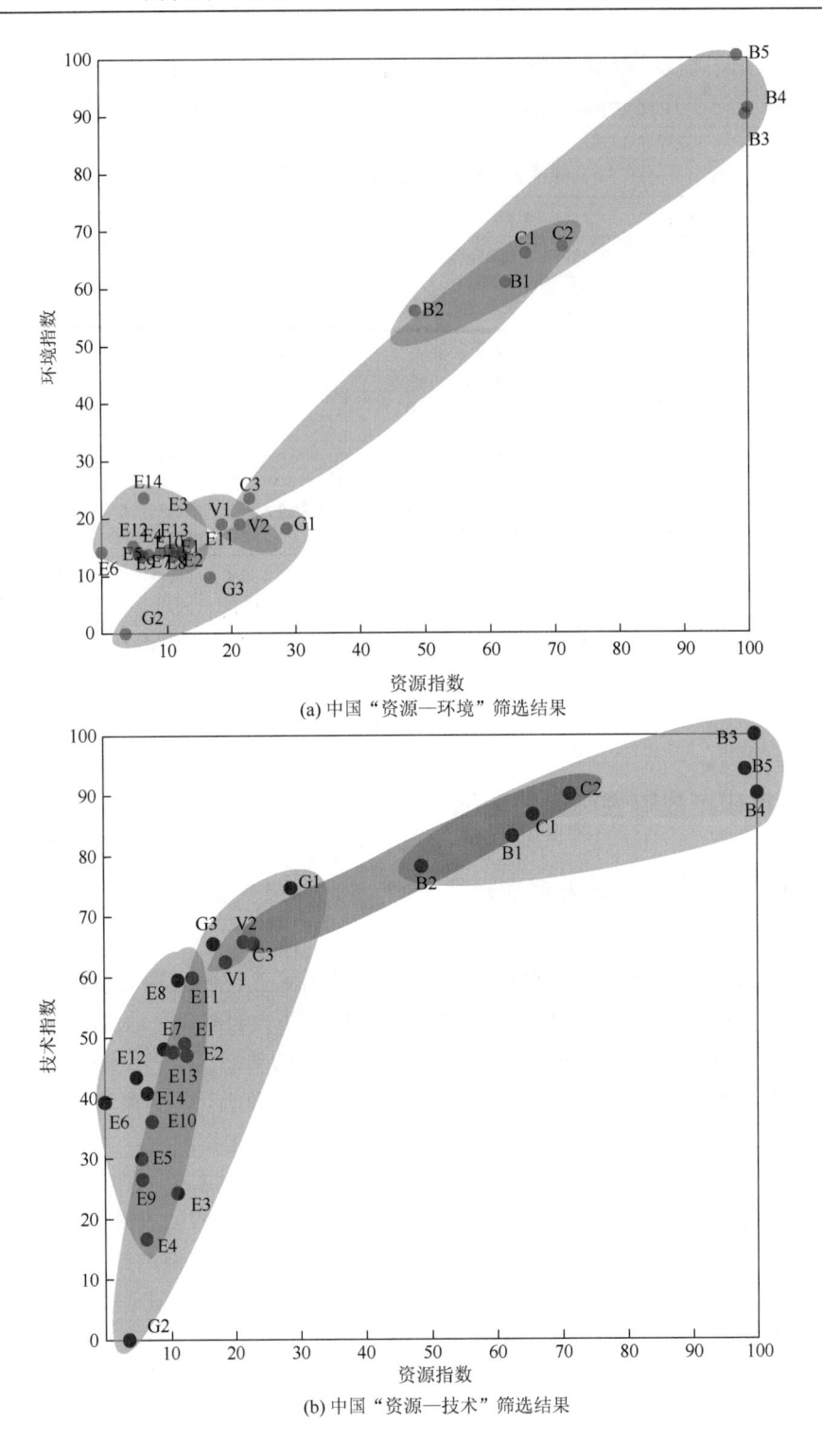

(b) 中国"资源—技术"筛选结果

(c) 欧盟"资源—技术—环境"筛选结果

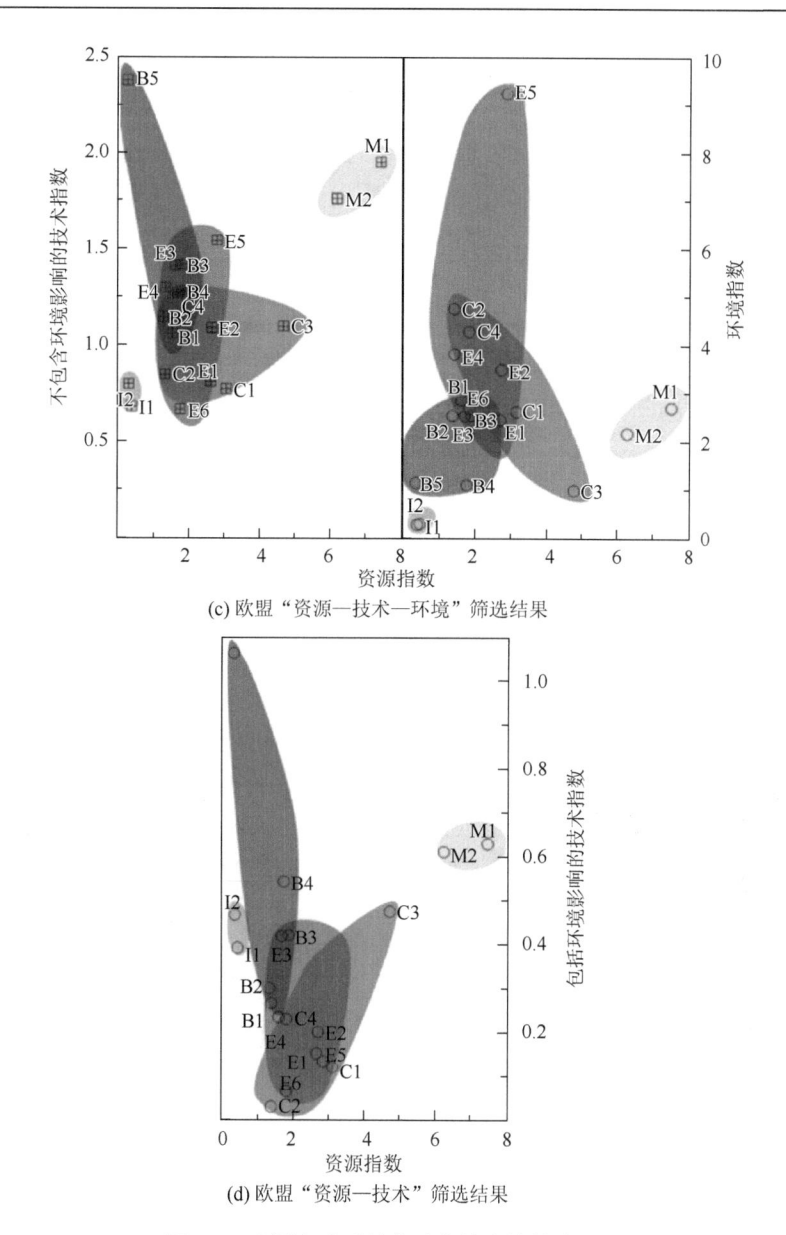

(d) 欧盟"资源—技术"筛选结果

图 4-8　中国和欧盟城市矿产战略性筛选比较

资料来源：Sun 等（2016）

图（a）（b）的字母编号含义与表 4-1 相同。图（c）（d）中，E1 为手机废料，E2 为印刷电路板废料，E3 为电子电气设备废料（小于 0.25mm）、电视柜碎片，E4 为便携式音频设备废料，E5 为电子废弃物：ICT 废物（小于 8mm），E6 为切碎的废弃电子电气设备（小于 0.25mm）；B1 为废电池：笔记本电脑电池废料，B2 手机电池废料，B3 为镍铬电池废料，B4 为碱性电池粉，B5 为铅酸电池；C1 为废催化剂：石油催化剂废料，C2 为加氢处理催化剂废料，C3 为汽车催化剂废料，C4 为催化剂粉末；I1 为生活垃圾底灰，I2 为生活垃圾焚烧残渣：垃圾焚烧飞灰；M1 为废弃永磁材料：磁体废弃物（混合物），M2 为钕铁硼永磁废弃物中欧高技术城市矿产战略性筛选结果有其共性。首先，环境指数对评估结果有重要影响。在图 4-8 中国的筛选结果中能够看出，各种城市矿产在环境指数上有着更明显的区分度。在对欧盟的研究中，是否考虑环境影响，筛选结果明显发生了变动。另外，如果考虑到环境影响之后，电视柜碎片会替代 ICT 废弃物成为电子废弃物中技术指数最高的废弃物流。其次，电子废弃物、废弃电池以及废弃永磁材料同为中国和欧盟的三个主要的二次高技术矿产来源。

中国和欧盟的城市矿产战略性筛选还有两个显著差异。首先，筛选范围的不同。除了共同的电子废弃物、废弃电池和永磁材料之外，废弃催化剂和城市固废是欧盟的主要金属回收废弃物流，光伏面板和荧光灯则是中国的高技术矿产回收源。其次，欧盟和中国城市矿产的资源价值、处理成本以及环境影响的差别。在中国，废弃电池资源价值最高，其次是通信设备，而新能源技术设备、汽车以及电子废弃物资源指数相对较低。在欧盟，永磁材料的资源指数最高，其次是废弃催化剂、电子废弃物和废弃电池，城市固废焚烧残余物资源指数最低。这些差别主要来源于中欧产业发展的差异，我们将在下个部分进行重点讨论。

目前并没有澳大利亚城市矿产战略性评估的针对性研究，但是能够从其他研究中得到澳大利亚城市矿产开发现状，从而进行比较。2013 年，由澳大利亚联邦科学与工业研究组织资助进行的"变废为宝"（wealth from waste）项目深入研究了澳大利亚城市建筑、工业产品以及消费品中的金属蓄积情况。Golev 和 Corder（2016）对澳大利亚金属回收类型进行了研究，从规模、产品复杂性以及内含金属丰富性几个角度提出了回收战略，划分了四个回收象限，如图 4-9 所示。研究表

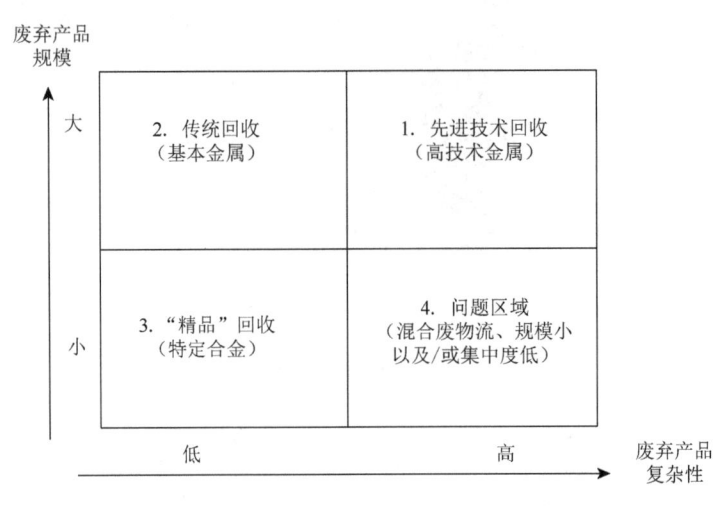

图 4-9　澳大利亚废弃物金属回收的主要战略

资料来源：Golev 和 Corder（2016），有改动

明，高技术金属规模大、终端产品复杂，需要采取先进技术进行回收（第一象限）。此外，第四象限的问题区域中，包括了废弃家用电池、手机、电视机、电脑等，其均含有丰富的高技术金属。研究显示，小通信设备、屏幕和显示器等是高技术金属和贵金属的主要回收来源（图4-10）。

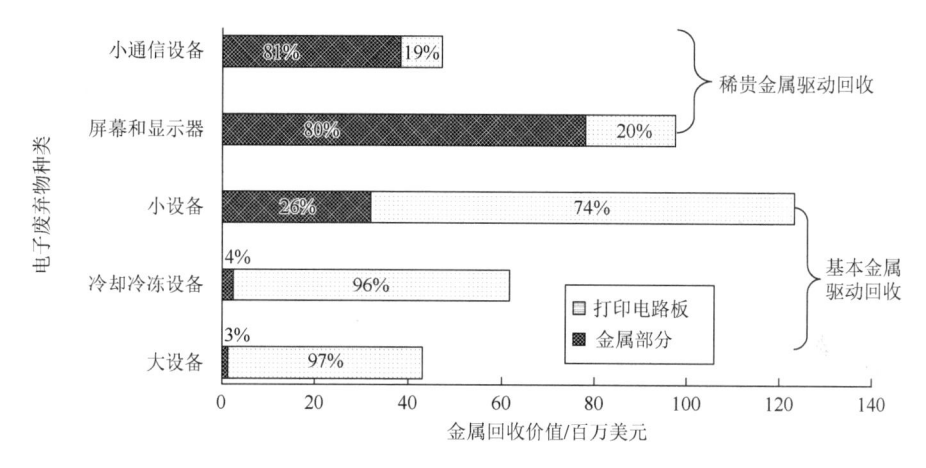

图4-10 澳大利亚电子废弃物中的金属价值

资料来源：Golev 和 Corder（2016）

（二）城市矿产战略性筛选国际比较差异关键驱动因素

资源禀赋在很大程度上决定了一个国家或者地区的资源战略。中国政府采取了"国内国际两个市场两种资源"的举措，同时通过回收利用开发二次资源来应对国内资源安全局势。这是因为中国虽然有相对丰富的资源，尤其是一些高技术金属，如稀土等，但过度开采让一些优势金属不再有优势。欧盟资源贫乏，重点利用资源外交和回收战略来保障区域内资源安全供应。作为一个矿产资源丰富的国家，澳大利亚则重点关注国内资源供应，回收战略也是在近年才开始实施。

中国、欧盟、澳大利亚城市矿产战略性评估结果的不同主要有以下驱动因素。

（1）新兴产业发展差异。催化剂的广泛运用显示，欧盟节能减排产业发展成熟，这也就导致催化剂成为高技术金属回收的重要废弃物来源。中国的新能源产业正在高速发展，中国已经建成了世界上最大的光伏电站，使得新能源设备成为未来高技术金属回收的重要来源。在澳大利亚，自2000年以来，电子电器产品销量显著增长，电子废弃物产生量急剧增长，成为高技术金属社会存量的主要蓄积池。

（2）城市矿产产业发展成熟度。欧盟城市矿产产业已经发展得比较成熟，中国的城市矿产产业正从环境保护向环境保护、资源回收转变。以城市固废为例，在中国城市固废还在被当作垃圾处理时，欧盟已经从城市固废焚烧残余中回收金属。在澳大利亚，废弃物则主要出口国外，国内处理量从 2000 年的 67%下降到 2010 年早期的 41%。图 4-11 显示出了中国、欧盟、澳大利亚电子废弃物的去向。欧盟的电子废弃物回收率为 76%，澳大利亚为 65%，而中国的废弃手机回收率仅为 21.2%。

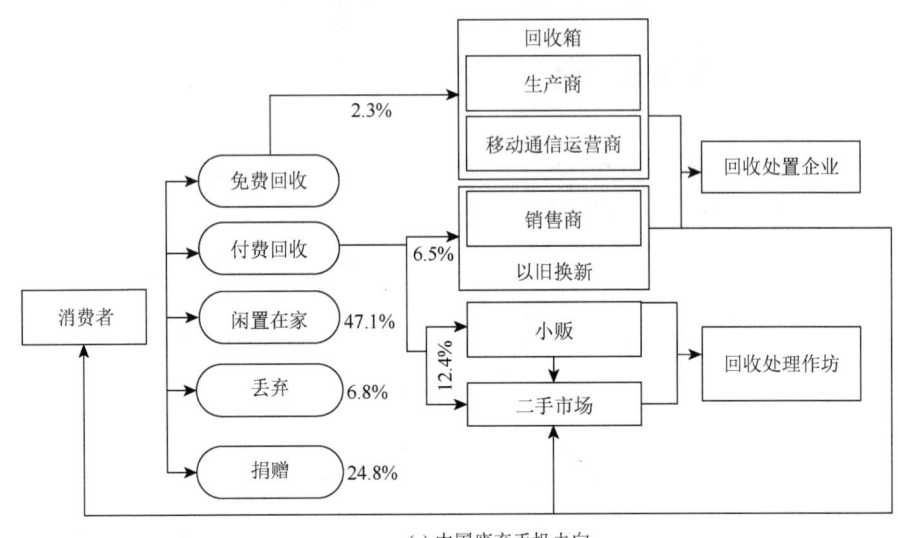

(a) 中国废弃手机去向

(b) 欧盟电子废弃物去向

(c) 澳大利亚电子废弃物去向

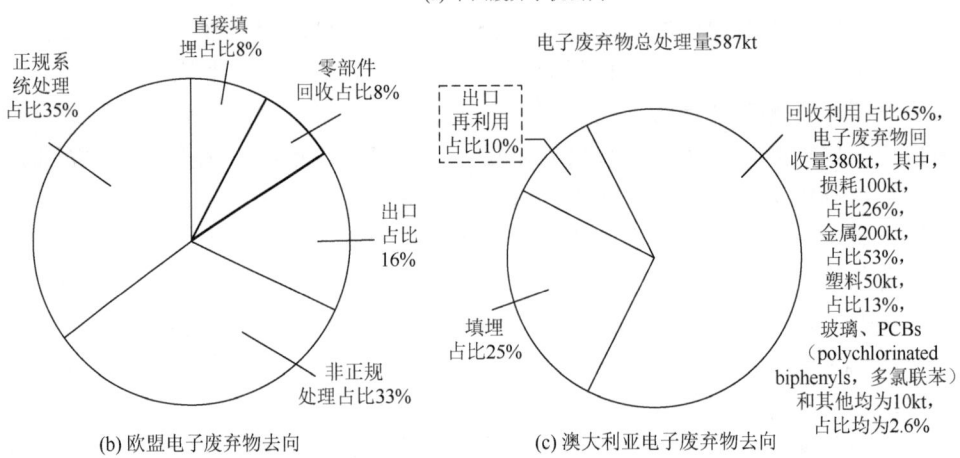

图 4-11　中国、欧盟、澳大利亚电子废弃物去向

资料来源：Huisman 等（2015），Yin 等（2014），Golev 和 Corder（2016）
图中数据进行过修约，存在合计不等于 100%的情况

四、研究结论

本节运用城市矿产战略性筛选模型对当前中国五大类 27 种城市矿产进行了评估，并进一步选取欧盟、澳大利亚两个典型地区和国家与中国进行比较。

中国城市矿产战略性筛选结果表明以下内容。

（1）从资源—技术两维度看，3C 产品电池资源指数高，且技术相对成熟；电动汽车电池资源指数值略低，但未来开发潜力大。从资源—环境两维度看，镍镉电池是拆解处置重点。

（2）从资源—技术—环境三维度来看，城市矿产可以分为四个梯队：高资源指数、高技术指数、高环境指数的"三高"梯队，包括 3C 产品镍氢电池、3C 产品镍镉电池、3C 产品锂离子电池；中高资源指数、中高技术指数、中高环境指数的"三中高"梯队，包括手机和 EV 电池；低资源指数、低技术指数、中高环境指数的"二低一中高"梯队，包括风涡轮永磁电机、荧光灯、交通工具和电话（电路板）；资源指数、技术指数、环境指数都相对较低的"三低"梯队，包括电器电子产品和光伏电板。

（3）城市矿产战略性筛选的国际比较结果显示：①在各国研究中，环境指数均对评估结果产生重要影响；②电子废弃物、废弃电池以及废弃永磁材料是三个国家和地区共同的高技术矿产重要来源；③新兴产业发展差异以及城市矿产发展成熟度的不同是造成中国、欧盟、澳大利亚城市矿产战略性开发评估结果差异的两个主要驱动因素。

第二节　城市矿产战略性开发的区域分异研究

中国从 2005 年开始循环经济试点，2006 年开始再生资源回收体系建设试点，2010 年开始"城市矿产"示范基地建设。截至 2024 年，国家发展改革委会同有关部门已经累计确定并验收通过了七批 124 个园区循环化改造示范试点、六批 37 个国家"城市矿产"示范基地和五批 100 个餐厨废弃物资源化利用和无害化处理试点城市（区）。这些政策的实施虽然取得了一定的效果，但是我国城市矿产开发利用的总体水平与发达国家仍存在一定差距。我国城市矿产回收利用效率不高的一个重要原因就是缺乏对城市矿产区域分布的准确判断。鉴于此，本节将主要采用综合评估法、变异系数、ArcGIS[①]、自然断点法和地理探测器等研究方法对中国 31 个省区市（不包括香港、澳门和台湾）城市矿产的区域分布进行研究。利用变异系数测度 31 个省区市的 27 种城市矿产的区域分布状况，并运用地理探测器提取全国层面 27 种城市矿产区域差异的主导因素。

---

① 此处代指地理信息数据系统方法。

一、研究区概况与数据来源

（一）研究区概况

本节以中国为研究区，包含北京、天津、河北、山西、内蒙古、辽宁、吉林、黑龙江、上海、江苏、浙江、江西、安徽、福建、山东、河南、湖北、湖南、广东、广西、海南、重庆、四川、贵州、云南、西藏、陕西、甘肃、青海、宁夏、新疆等 31 个省区市。31 个省区市的自然条件、人口规模、经济发展水平、产业结构都有很大差异。从 2015 年的统计数据看，人均地区生产总值最高的地区为天津（10.8 万元），最低的地区为甘肃（2.6 万元）；人口最多的地区为广东（10 849 万人），最少的地区为西藏（324 万人）；城市化水平最高的地区为上海（87.6%），最低的为西藏（27.7%）；工业产值占地区生产总值比重最高的地区为内蒙古（50.5%），最低的为北京（19.7%）。同时，31 个省区市的城市矿产开发利用产业发展和基础设施建设情况也有很大差异。以国家"城市矿产"示范基地和城市矿产相关上市公司为例，其分布呈现出东高西低的格局。

（二）数据来源

本节以 2015 年 31 个省区市的数据为基础进行城市矿产战略性开发评估。其中，城市矿产内高技术矿产含量数据主要来源于文献及政府研究报告；高技术矿产资源产量、储量、价格等数据主要来源于中国自然资源部、美国地质调查局、亚洲金属网、中国有色金属工业网、Wind 经济数据库、《中国有色金属工业年鉴》等；各省区市各类城市矿产存量数据主要来源于国家统计局、各省区市经济统计年鉴、国家能源局、中国家用电器研究院等公布的报告和数据（表 4-4）；各省区市人均地区生产总值（元）、人口总数（万人）、城镇人口占总人口比重、工业产值占地区生产总值比重、居民消费水平（元/人）来源于国家统计局。

表 4-4 空间分异的高技术城市矿产范围界定

面向高新技术应用的城市矿产分类			内含主要高技术矿产
新能源技术	风涡轮永磁电机*	G1	镝、钕
	光伏电板	G2	镉、镓、铟、钼、硒、碲
	荧光灯	G3	铕、铽、钇

续表

面向高新技术应用的城市矿产分类			内含主要高技术矿产
通信设备	功能手机	C1	钴、钯
	智能手机	C2	钕、镨、铍、钴、锑、铂、钯
	电话（电路板）	C3	钡、铬、锑
交通工具	（P）HEV*	V1	镝、钕
	EV*	V2	镝、钕
电池	PHEV 锂离子电池	B1	钴、锂
	EV 锂离子电池	B2	钴、锂
	HEV 镍氢电池	B3	铈、镧、钕、镨、钴
	3C 产品镍镉电池	B4	镉、钴
	3C 产品镍氢电池	B5	铈、镧、钕、镨、钴、钛
	3C 产品锂离子电池	B6	钴、锂
电器电子产品	笔记本电脑	E1	铈、镝、铕、钆、镧、钕、镨、铽、钇、钡、钴、铬、镓、铟、钼、锑、铂、钯
	CRT 电视（电路板）	E2	镉、铬、锑
	液晶电视（电路板）	E3	铈、铕、钆、镧、镨、铽、钇、镓、铟、锑、钯
	CRT 显示屏	E4	钇、钡、钒
	液晶显示屏	E5	铈、铕、钆、镧、镨、铽、钇、镓、铟、钼、钛、钨、钯
	平板电脑	E6	铈、镝、铕、钆、镧、钕、镨、铽、钇、钡、钴、铬、铟、钼、锑、钯
	冰箱（电路板）	E7	钡、镉、铬、锑
	洗衣机（电路板）	E8	钡、铬、锑
	空调（电路板）	E9	钡、镉、铬、锑
	台式电脑（电路板）	E10	钡、镉、钴、镓、钛
	传真机（电路板）	E11	钡、镓、钛
	打印机（电路板）	E12	钡、镓、钛
	数码相机（电路板）	E13	钡、镉、钴、镓、钛

*表示钕铁硼永磁电机

二、研究方法

（一）空间分异分析方法

运用变异系数测度各省区市城市矿产的区域差异状况及其程度，并以中国分省图为底图建立全国城市矿产空间数据库，利用 ArcGIS 10.2 对 2015 年全国城市矿产区域分布进行空间分析，绘制出各类城市矿产在省域尺度上的分级图。

(二) 影响因素分析方法

运用地理探测器方法来分析影响城市矿产区域分布差异的关键因素。

地理探测器是探测空间分异性，以及揭示其背后驱动力的一种统计学方法，其核心思想是基于这样的假设：如果某个自变量对某个因变量有重要影响，那么自变量和因变量的空间分布应该具有相似性。近年来，地理探测器作为一种探测某种要素空间格局成因和机理的重要方法逐渐被广泛应用于社会、经济、自然等相关问题的研究中。地理探测器主要包括分异及因子探测、交互作用探测、风险区探测和生态探测等四个探测器。其中，分异及因子探测可以在不需要接受同方差性和正态性等较多假设条件的制约的情况下，检测某种因素是否是形成某个指标值空间分异的原因，即比较该指标在不同类别分区上的总方差与该指标在整个研究区域上的总方差。这个方法的优点在于可较好表征同一区域内的相似性及不同区域间的差异性，该模型主要基于统计学原理的空间方差分析，通过分析层内方差与层间方差的异同来定量表达研究对象的空间分层一致性。可以用 q 值来度量，q 的值域为 $[0,1]$，q 值越大表示自变量 X 对属性 Y 的解释力越强，反之则越弱。极端情况下，q 值为 1 表明因子 X 完全控制了 Y 的空间分布，q 值为 0 则表明因子 X 与 Y 没有任何关系，q 值表示 X 解释了 $100 \times q\%$ 的 Y。

在进行地理探测器分析时，先对自变量数据均取对数处理，并采用自然断点法进行区域量化分级得分，从低分到高分在 1~3 取值。

学界对城市矿产社会蓄积量的影响因素主要归结为经济产出、人口规模、城市化水平、产业结构、消费水平。因此，本节遵照已有文献研究成果和数据可获得性原则，遴选出 5 个因子，如表 4-5 所示，旨在从经济产出、人口规模、城市化水平、产业结构和消费水平等因素的共同作用影响下，探测不同类别城市矿产的地域分异机制。

表 4-5 城市矿产区域差异探测因子体系

影响因素	探测因子	指标解释
经济产出	人均地区生产总值 (f1)	人均地区生产总值/元
人口规模	总人口 (f2)	人口总数/万人
城市化水平	城镇化率 (f3)	城镇人口占总人口比重
产业结构	工业占地区生产总值比重 (f4)	工业产值占地区生产总值比重
消费水平	居民消费水平 (f5)	居民消费水平/(元/人)

三、研究结果与讨论

(一) 城市矿产区域分异

1. 总体区域分布情况

经计算得到 2015 年中国各省区市城市矿产战略性开发评估区域分布结果,如表 4-6、表 4-7 所示。

表 4-6 中国城市矿产战略性开发区域分布结果（2015 年）

省区市	G1	G2	G3	C1	C2	C3	V1	V2	B1	B2	B3	B4	B5	B6
北京	28.75	8.92	67.02	68.51	75.32	43.88	27.50	31.34	68.91	76.87	71.73	80.23	52.48	42.70
天津	33.82	10.34	65.22	65.95	75.16	36.78	20.98	27.16	63.74	73.15	66.11	78.17	48.16	39.81
河北	66.49	41.03	76.06	76.03	79.07	51.78	29.55	33.64	70.53	79.09	73.30	84.37	62.43	52.39
山西	63.79	36.46	72.29	72.43	77.22	46.40	22.06	28.76	64.71	73.57	67.43	81.20	55.64	45.01
内蒙古	71.54	45.32	69.81	70.76	76.90	36.46	21.17	27.86	63.65	73.04	65.78	79.78	51.80	42.94
辽宁	64.42	13.51	74.67	74.44	78.13	50.89	24.24	30.02	65.81	74.16	69.41	81.94	58.02	47.06
吉林	61.38	12.91	71.21	72.12	77.35	41.04	17.35	22.64	59.76	70.75	60.03	80.88	54.06	44.62
黑龙江	62.81	5.37	74.54	74.81	78.85	45.69	16.50	21.03	58.44	69.83	58.58	81.61	56.22	46.40
上海	43.74	9.52	71.31	72.23	77.69	49.34	24.54	30.82	65.78	73.87	69.02	81.72	56.42	46.92
江苏	62.17	44.35	78.95	78.01	80.01	60.33	35.57	39.81	72.66	82.63	76.32	86.99	65.91	57.73
浙江	50.02	28.49	78.06	77.28	79.70	56.90	35.80	40.34	72.92	82.58	76.23	84.79	64.43	54.33
安徽	53.39	36.30	78.37	77.07	79.86	55.91	24.52	31.17	64.47	73.27	68.24	84.30	64.97	53.62
福建	56.43	11.47	75.77	77.12	79.79	53.62	27.33	33.29	66.53	74.56	70.99	83.76	64.18	52.15
江西	46.93	20.81	77.24	77.21	79.91	49.73	22.39	28.21	62.80	72.48	66.13	83.83	63.21	51.46
山东	68.71	36.82	80.14	79.12	81.11	59.41	39.24	44.41	73.87	84.49	77.73	90.48	68.55	59.97
河南	50.65	19.50	80.10	78.91	81.08	56.37	33.11	37.40	70.01	77.39	73.38	89.09	67.87	58.56
湖北	55.09	30.02	78.66	77.94	80.62	54.84	27.65	34.16	66.11	74.64	70.50	86.00	66.34	55.16
湖南	57.44	0.09	79.35	77.71	80.87	54.88	30.51	35.99	68.22	76.24	73.07	86.62	66.99	56.02
广东	60.55	15.69	81.30	79.16	82.26	66.62	43.58	49.47	77.28	87.32	80.95	94.99	70.72	62.06
广西	43.47	13.60	78.20	76.35	80.85	51.28	29.15	35.32	67.23	75.20	72.35	85.46	65.98	53.51
海南	40.58	22.42	69.16	63.11	75.11	36.23	16.42	19.41	53.85	64.60	57.97	77.36	48.06	40.43
重庆	38.65	0.14	74.82	71.26	79.29	48.84	21.67	26.58	61.16	71.33	64.59	83.18	59.54	48.79
四川	48.61	28.21	80.27	74.77	81.37	58.14	30.51	36.17	68.16	75.99	73.12	88.09	67.61	57.04
贵州	61.97	11.91	76.16	71.84	79.55	45.48	21.27	26.05	60.86	71.10	64.33	83.25	60.00	48.95
云南	63.86	33.80	78.65	73.86	80.82	46.93	31.36	36.55	68.75	76.47	73.49	84.87	65.11	52.20
西藏	15.81	21.51	62.98	51.46	64.12	30.29	12.19	14.37	44.15	56.98	48.54	72.59	35.20	27.19
陕西	57.50	39.57	77.05	73.22	80.36	51.25	23.11	28.47	62.35	72.31	66.29	84.46	63.98	51.39

续表

省区市	G1	G2	G3	C1	C2	C3	V1	V2	B1	B2	B3	B4	B5	B6
甘肃	71.57	51.74	74.55	70.27	78.86	44.45	18.00	21.51	57.17	67.19	61.53	81.73	57.39	47.08
青海	44.62	51.15	68.45	57.41	72.78	35.14	12.09	14.27	43.98	56.58	48.72	75.55	43.10	34.89
宁夏	70.09	47.03	69.07	59.06	73.79	33.32	15.60	18.16	51.57	62.89	56.42	76.38	45.97	37.92
新疆	72.76	51.32	74.18	69.25	78.43	46.74	20.69	25.19	60.34	70.85	64.33	80.87	55.88	45.82

省区市	E1	E2	E3	E4	E5	E6	E7	E8	E9	E10	E11	E12	E13
北京	65.21	10.41	55.28	0.58	68.80	50.43	36.99	18.40	31.93	59.80	37.82	30.42	67.14
天津	63.54	6.78	52.99	0.51	66.70	46.12	35.00	15.54	27.03	56.08	33.88	26.95	63.53
河北	68.25	38.91	61.98	6.17	74.79	57.88	50.80	27.17	37.63	64.46	44.45	38.04	67.35
山西	65.46	35.70	57.39	5.04	71.15	49.58	39.59	21.98	22.72	59.85	40.96	33.81	63.67
内蒙古	63.08	31.79	55.40	4.25	68.97	44.70	38.93	20.13	11.48	55.45	40.48	32.97	61.30
辽宁	68.40	23.87	59.42	2.52	72.75	54.31	45.34	23.69	22.99	62.67	43.14	37.14	68.29
吉林	65.87	22.85	57.03	2.34	70.20	47.79	39.39	20.99	11.91	58.29	41.33	34.68	63.15
黑龙江	67.47	31.15	59.00	4.13	72.14	50.68	43.46	23.72	12.28	60.55	42.93	36.64	65.27
上海	70.88	31.13	60.73	3.92	72.67	58.21	41.51	21.44	38.48	66.12	41.09	35.28	72.25
江苏	74.99	51.75	66.81	11.68	77.20	66.56	55.24	30.51	48.95	71.45	47.00	42.88	74.61
浙江	74.81	50.23	66.50	10.42	76.21	65.70	53.27	27.51	47.12	70.88	46.02	41.66	73.84
安徽	72.80	56.72	65.37	15.55	74.87	59.21	53.09	27.29	42.56	67.69	45.15	41.29	69.75
福建	73.69	30.52	64.23	4.23	74.00	61.08	49.18	25.81	43.68	69.02	43.26	38.54	70.53
江西	72.43	53.53	64.57	14.32	74.19	57.04	49.32	24.77	37.96	66.33	43.46	38.89	68.40
山东	76.96	52.50	68.28	13.82	77.14	68.69	59.26	33.48	46.26	72.59	50.69	48.05	75.04
河南	75.95	51.50	68.46	12.95	77.11	66.44	57.66	33.64	46.88	71.02	49.22	46.23	70.75
湖北	75.00	49.88	65.99	11.33	75.10	62.70	54.40	28.57	44.32	69.78	46.06	42.32	69.25
湖南	74.78	52.64	66.62	13.75	75.61	61.85	55.53	29.40	43.98	69.40	46.66	43.11	67.88
广东	78.28	43.10	69.67	8.05	78.55	71.76	60.18	34.13	55.55	75.12	50.68	48.61	74.65
广西	74.36	48.07	65.03	9.83	74.31	59.87	49.89	25.42	38.03	68.37	43.68	40.21	66.92
海南	60.63	27.45	53.12	3.68	66.25	41.11	29.99	9.95	23.21	51.00	30.76	28.85	47.42
重庆	72.97	35.48	62.66	5.69	73.00	55.78	46.48	24.52	38.52	64.96	42.55	39.05	63.78
四川	75.93	59.48	68.93	18.12	77.55	64.23	58.35	32.02	44.28	70.85	48.48	47.22	68.21
贵州	71.04	32.99	62.87	5.10	73.53	52.21	45.21	25.37	19.57	62.34	42.70	39.50	60.13
云南	73.41	39.67	65.88	7.81	75.62	56.45	47.40	27.35	9.91	66.16	44.61	41.39	66.19
西藏	44.03	28.54	45.46	4.91	62.79	25.49	22.33	6.14	4.54	36.07	22.52	23.84	40.41
陕西	74.79	44.46	64.80	9.62	75.21	59.59	47.76	27.04	36.22	68.25	44.11	41.36	66.30
甘肃	70.24	45.21	61.93	9.96	73.81	51.00	41.63	24.35	9.46	61.41	39.79	38.34	57.06
青海	54.76	23.74	50.25	3.66	66.71	35.92	30.43	11.95	4.63	46.38	29.28	28.15	46.05
宁夏	59.47	32.97	52.04	6.13	67.69	39.83	30.79	12.95	7.00	49.74	30.42	29.82	46.18
新疆	70.88	54.69	61.61	15.34	74.13	51.50	44.59	23.85	15.06	62.12	39.84	38.86	58.71

表 4-7 城市矿产区域分布描述性统计分析（2015 年）

统计指标	G1	G2	G3	C1	C2	C3	V1	V2	B1	B2	B3	B4	B5	B6
极大值	72.76	51.74	81.30	79.16	82.26	66.62	43.58	49.47	77.28	87.32	80.95	94.99	70.72	62.06
极小值	15.81	0.09	62.98	51.46	64.12	30.29	12.09	14.27	43.98	56.58	48.54	72.59	35.20	27.19
均值	54.44	25.78	74.63	72.22	78.27	48.35	25.02	29.99	63.73	73.27	67.31	83.05	58.91	48.84
标准差	13.62	15.91	4.83	6.74	3.52	8.76	7.67	8.28	7.74	6.82	7.76	4.55	8.49	7.79
变异系数	0.25	0.62	0.06	0.09	0.04	0.18	0.31	0.28	0.12	0.09	0.12	0.05	0.14	0.16

统计指标	E1	E2	E3	E4	E5	E6	E7	E8	E9	E10	E11	E12	E13
极大值	78.28	59.48	69.67	18.12	78.55	71.76	60.18	34.13	55.55	75.12	50.69	48.61	75.04
极小值	44.03	6.78	45.46	0.51	62.79	25.49	22.33	6.14	4.54	36.07	22.52	23.84	40.41
均值	69.37	38.64	61.30	7.92	72.86	54.64	45.58	23.84	29.81	63.04	41.73	37.87	64.32
标准差	7.37	13.48	6.14	4.81	3.88	10.26	9.58	6.89	15.59	8.59	6.49	6.28	8.83
变异系数	0.11	0.35	0.10	0.61	0.05	0.19	0.21	0.29	0.52	0.14	0.16	0.17	0.14

从所评估的 27 种城市矿产来看，因其不同的产业特性，呈现出不同的分布特点。从变异系数分析可发现，光伏电板（光伏产业）、风涡轮永磁电机（风电产业）等对地理位置、自然条件有要求的生产性战略性新兴产业区域分布差异明显，变异系数比较大；PHEV、EV、HEV 等新能源汽车产业尚属于发展初级阶段，空间差异还不明显，正在示范推广，地域间存在差异；而手机等成熟的传统消费型产业地区差异较小。

2. 各大类城市矿产区域分布

1）新能源技术类

风涡轮永磁电机（G1）均值为 54.44，变异系数为 0.25，区域分布差异大，呈现出西北、北部、西南、南部省份偏高，东部沿海、中部偏低的态势。新疆、甘肃、内蒙古、宁夏、山东、河北、辽宁、云南、山西、黑龙江、江苏、贵州、吉林、广东 14 个省区风涡轮永磁电机的战略性开发价值在中高水平；西藏最低，为 15.81，位于低水平；重庆、天津、北京 3 市位于中低水平；其他省份位于中等水平[①]。

光伏电板（G2）整体战略性开发价值低于风涡轮永磁电机，均值为 25.78，但同样区域分布差异大，变异系数为 0.62，呈现出北高南低的趋势。只有甘肃、新疆、青海、宁夏、内蒙古、江苏、河北 7 个省区的战略性开发价值位于中等水平，其他省份在中低和低水平。

---

① 低水平是指战略性开发价值为 0~20（含），中低水平是指战略性开发价值为 20~40（含），中等水平是指战略性开发价值为 40~60（含），中高水平是指战略性开发价值为 60~80（含）。

荧光灯（G3）整体战略性开发价值比较高，均值为74.63，区域分布差异不大，变异系数为0.06。广东、四川、山东、河南4省的战略性开发价值位于高水平[①]，其他省份均位于中高水平。

2）通信设备类

功能手机（C1）整体战略性开发价值处于中等及中高水平，均值为72.22，区域差异不大，变异系数为0.09。除了西藏、青海、宁夏3省区的战略性开发价值位于中等水平之外，其余各省份战略性开发价值均位于中高水平，广东最高。

智能手机（C2）整体战略性开发价值高于功能手机，均值为78.27，全体处于中高及以上水平，虽呈现出中高四周低的特点，但区域间差异不明显，变异系数为0.04。广东、四川、山东、河南、湖南、广西、云南、湖北、陕西、江苏等10个省区的战略性开发价值位于高水平，其余省份为中高水平。

电话（电路板）（C3）整体战略性开发价值比较低，均值为48.35，且区域分布不平衡，变异系数为0.18，呈南高北低趋势。广东、江苏2省战略性开发价值位于中高水平，西藏、宁夏、青海、海南、内蒙古、天津6省区市位于中低水平，其余省区市均位于中等水平。

3）交通工具类

（P）HEV（V1）和EV（V2）当前战略性开发价值均比较低，均值分别为25.02和29.99，区域差异比较明显，变异系数分别为0.31和0.28。（P）HEV战略性开发价值中，只有广东位于中等水平，其余各省份均位于中低及低水平。

EV战略性开发价值中，只有广东、山东、浙江3省位于中等水平，其余各省份均位于中低及低水平。

4）电池类

PHEV锂离子电池（B1）整体战略性开发价值处于中等及中高水平，均值为63.73，地区间存在差异，变异系数为0.12。青海、西藏、宁夏、海南、甘肃、黑龙江、吉林等7个省区的战略性开发价值位于中等水平，其余24个省区市均位于中高水平。

EV锂离子电池（B2）整体战略性开发价值水平略高于PHEV锂离子电池（B1），均值为73.27，区域分异不大，变异系数为0.09，但呈现出东南向西北递减的趋势。其中，广东、山东、浙江、江苏等4省战略性开发价值位于高等水平，西藏、青海等2省区战略性开发价值位于中等水平，其余25个省区市战略性开发价值位于中高水平。

HEV镍氢电池（B3）整体战略性开发价值处于中等及以上水平，均值为67.31，变异系数为0.12，地域分布趋势与PHEV锂电池一致。广东战略性开发价值最高，

[①] 高水平是指战略性开发价值大于80。

位于高等水平，西藏、青海、宁夏、海南、黑龙江位于中等水平，其余25个省份位于中高水平。

3C产品镍镉电池（B4）整体战略性开发价值最高，均值为83.05，且地区差异小，变异系数为0.05，除了西藏、青海、宁夏、海南、天津、内蒙古等6省区市战略性开发价值位于中高水平之外，其余25个省份战略性开发价值均位于高等水平，且广东、山东2省战略性开发价值超过90，分别达到94.99和90.48。

3C产品镍氢电池（B5）整体战略性开发价值低于前4种电池，均值为58.91，地区差异明显，变异系数为0.14，呈现南高北低的趋势。其中西藏战略性开发价值最低，得分为35.20，位于中低水平；广东、山东、河南、四川、湖南、湖北、广西、江苏、云南、安徽、浙江、福建、陕西、江西、河北等15个省区位于中高水平；其余15个省份位于中等水平。

3C产品锂离子电池（B6）整体战略性开发价值在6种电池中最低，均值为48.84，且分布不平衡，变异系数为0.16。除了广东位于中高水平外，其余均在中等及以下，且西藏、青海、宁夏、天津4省区市位于中低水平。

5）电器电子产品类

笔记本（E1）整体战略性开发价值处于中等及中高水平，均值为69.37，地区差异不显著，变异系数为0.11。其中西藏、青海、宁夏3省区战略性开发价值处于中等水平，其余28个省区市均位于中高水平。

CRT电视（电路板）（E2）整体战略性开发价值较低，均值为38.64，地区差异显著，变异系数为0.35。其中天津和北京战略性开发价值得分较低，分别为6.78和10.41，位于低水平；吉林、青海、辽宁、海南、西藏、福建、上海、黑龙江、内蒙古、宁夏、贵州、重庆、山西、河北、云南等15个省区市战略性开发价值位于中低水平；其余14个省区战略性开发价值位于中等水平，最高为四川，战略性开发价值得分也仅为59.48。

液晶电视（电路板）（E3）整体战略性开发价值相比CRT电视（电路板）而言，高出一个等级，均值为61.30，各区域间的差异也比较小，变异系数为0.10。其中西藏、青海、宁夏、天津、海南、北京、内蒙古、吉林、山西、黑龙江、辽宁等11个省区市战略性开发价值位于中等水平，且战略性开发价值得分均高于45；其余20个省区市战略性开发价值得分位于中高水平，最高为广东，得分为69.67。

CRT显示屏（E4）整体战略性开发价值最低，全部位于20分以下的低水平，均值仅为7.92，但区域间差还存在显著差异，变异系数为0.61。

液晶显示屏（E5）整体战略性开发价值较CRT显示器上升了两档，全部省区市均位于中高水平，均值为72.86，区域间差异很小，变异系数为0.05。

平板（E6）战略性开发价值均值为54.64，变异系数为0.19，区域差异显著，但无明显区域分布规律。其中，广东、山东、江苏、河南、浙江、四川、湖北、湖南、福建等 9 个省份战略性开发价值位于中高水平，西藏、青海、宁夏等 3 个省区战略性开发价值位于中低水平，其余 19 个省区市战略性开发价值位于中等水平。

冰箱（电路板）（E7）整体战略性开发价值比较低，均值为 45.48，但区域间差异比较明显，变异系数为 0.21，呈现东南高西北低的局面。广东战略性开发价值最高，得分为 60.18，位于中高水平；西藏、海南、青海、宁夏、天津、北京、内蒙古、吉林、山西等 9 个省区市战略性开发价值位于中低水平；其余 21 个省区市战略性开发价值位于中等水平。

洗衣机（电路板）（E8）整体战略性开发价值低，均值为 23.84，变异系数为 0.29，区域差异明显。西藏、海南、青海、宁夏、天津、北京等 6 个省区市战略性开发价值位于低水平，其余 25 个省区市战略性开发价值位于中低水平。

空调（电路板）（E9）整体战略性开发价值也较低，均值为 29.81，变异系数为 0.52，区域差异显著，呈东南高西北低的趋势。其中，广东、江苏、浙江、河南、山东、湖北、四川、湖南、福建、安徽等 10 个省份战略性开发价值位于中等水平，重庆、上海、广西、江西、河北、陕西、北京、天津、海南、辽宁、山西等 11 个省区市战略性开发价值位于中低水平，贵州、新疆、黑龙江、吉林、内蒙古、云南、甘肃、宁夏、青海、西藏等 10 个省区位于低水平。

台式电脑（电路板）（E10）整体战略性开发价值较高，均值为 63.04，区域差异也比较明显，变异系数为 0.14，呈现南高北低的格局。战略性开发价值最低的为西藏，其得分为 36.07，位于中低水平；青海、宁夏、海南、内蒙古、天津、吉林、北京、山西等 8 个省区市战略性开发价值位于中等水平；其余 22 个省区市战略性开发价值位于中高水平。

传真机（电路板）（E11）整体战略性开发价值较低，均值为 41.73，位于中低和中等水平，地区差异比较明显，变异系数为 0.16。其中，西藏、青海、宁夏、海南、天津、北京、甘肃、新疆 8 个省区市位于中低水平，其他 23 个省区市均位于中等水平。

打印机（电路板）（E12）整体战略性开发价值较传真机（电路板）（E11）更低，均值为 37.87，区域差异比较明显，变异系数为 0.17，呈现南高北低。广东、山东、四川、河南、湖南、江苏、湖北、浙江、云南、陕西、安徽、广西等 12 个省区战略性开发价值位于中等水平，其余 19 个省区市战略性开发价值位于中低水平。

数码相机（电路板）（E13）整体战略性开发价值比较高，均值为 64.32，地区差异比较明显，变异系数为 0.14，呈现东高西低的区域。其中，西藏、青海、宁夏、海南、甘肃、新疆等 6 个省区战略性开发价值位于中等水平，其余 25 个省区市战略性开发价值位于中高水平，最高为山东，战略性开发价值得分为 75.04。

(二) 城市矿产区域分异影响因素分析

运用皮尔逊（Pearson）相关系数对经济产出、人口规模、城市化水平、产业结构和消费水平等因素与各城市矿产战略性开发价值进行一般的相关分析，结果如表 4-8 所示。

表 4-8 皮尔逊相关分析

城市矿产	经济产出	人口规模	城市化水平	产业结构	消费水平
风涡轮永磁电机#	−0.171	0.424*	−0.009	0.355	−0.139
光伏电板	−0.236	−0.120	−0.282	0.251	−0.280
荧光灯	−0.182	0.898**	−0.057	0.397*	−0.079
功能手机	0.146	0.968**	0.289	0.298	0.209
智能手机	0.018	0.906**	0.256	0.293	0.146
电话（电路板）	0.161	0.917**	0.220	0.279	0.232
（P）HEV#	0.335	0.828**	0.290	0.188	0.377*
EV#	0.346	0.863**	0.326	0.226	0.389*
PHEV 锂离子电池	0.419*	0.893**	0.453*	0.143	0.459**
EV 锂离子电池	0.438*	0.883**	0.451*	0.159	0.466**
HEV 镍氢电池	0.373*	0.881**	0.398*	0.160	0.427*
3C 产品镍镉电池	0.085	0.931**	0.161	0.299	0.158
3C 产品镍氢电池	0.011	0.956**	0.135	0.334	0.099
3C 产品锂离子电池	0.074	0.960**	0.176	0.324	0.156
笔记本电脑	0.104	0.908**	0.276	0.265	0.227
CRT 电视（电路板）	−0.384*	0.610**	−0.359*	0.385*	−0.319
液晶电视（电路板）	−0.026	0.926**	0.082	0.327	0.078
CRT 显示屏	−0.356*	0.546**	−0.349	0.346	−0.301
液晶显示屏	−0.026	0.930**	0.080	0.347	0.071
平板电脑	0.227	0.939**	0.318	0.282	0.311
冰箱（电路板）	0.063	0.959**	0.127	0.394*	0.113
洗衣机（电路板）	0.026	0.968**	0.113	0.371*	0.089
空调（电路板）	0.387*	0.746**	0.378*	0.204	0.403*
台式电脑（电路板）	0.185	0.942**	0.318	0.273	0.284
传真机（电路板）	0.102	0.984**	0.223	0.327	0.172
打印机（电路板）	−0.081	0.911**	0.000	0.358*	0.004
数码相机（电路板）	0.428*	0.905**	0.502**	0.224	0.478**

**相关性在 0.01 的水平上相关（双尾）；*相关性在 0.05 的水平上相关（双尾）；#表示钕铁硼永磁电机

27 种城市矿产中，光伏电板与五个因素的相关性均不显著，风涡轮永磁电机仅与人口规模显著正相关，与其他四个要素相关性不显著。风电产业、光伏产业对地理位置、自然要素有要求，由国家能源局进行整体规划，因此和这五个区域发展因素相关性不显著。其他 25 种城市矿产，与经济产出显著正相关的有 PHEV 锂离子电池、EV 锂离子电池、HEV 镍氢电池、空调（电路板）和数码相机（电路板），显著负相关的有 CRT 电视（电路板）和 CRT 显示屏；26 种城市矿产均与人口规模显著正相关；与城市化水平正相关的有 PHEV 锂离子电池、EV 锂离子电池、HEV 镍氢电池、空调（电路板）和数码相机（电路板），显著负相关的有 CRT 电视（电路板）；与产业结构显著正相关的有荧光灯、CRT 电视（电路板）、冰箱（电路板）、洗衣机（电路板）和打印机（电路板）；与消费水平显著正相关的有（P）HEV、EV、PHEV 锂离子电池、EV 锂离子电池、HEV 镍氢电池、空调（电路板）和数码相机（电路板）。

进一步利用地理探测器测算方法，分别计算反映各探测因子对城市矿产战略性开发价值影响能力的 q 值，结果表明：人口规模、城市化水平是影响各类城市矿产区域分异的两个主要因素。其中，人口规模主要影响荧光灯、功能手机、智能手机、电话（电路板）、（P）HEV、EV、各类电池以及电器电子产品区域分异的决定性因素；此外，城市化水平对风涡轮永磁电机、智能手机以及各类电池区域分异的影响比较大；而经济产出、产业结构和消费水平对城市矿产区域分布差异的影响不显著，如图 4-12 至图 4-16 所示。

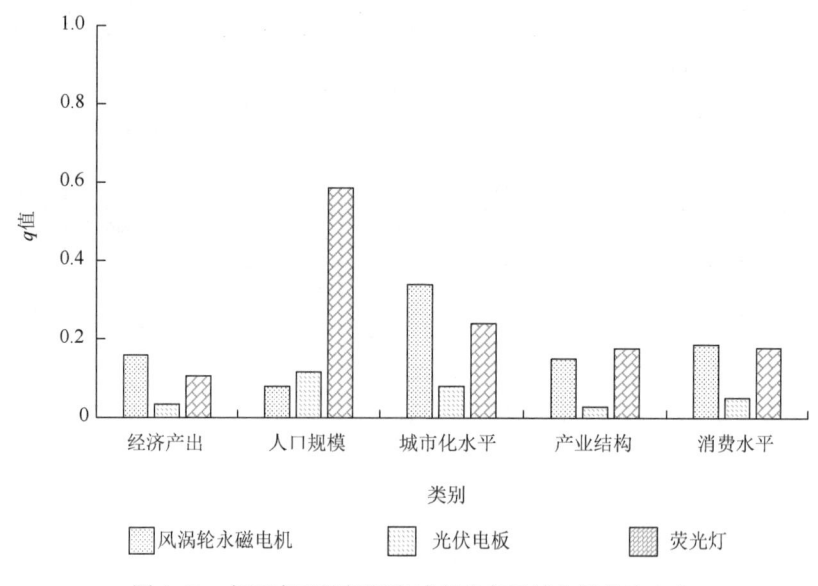

图 4-12 各因素对新能源类城市矿产区域分异的决定力

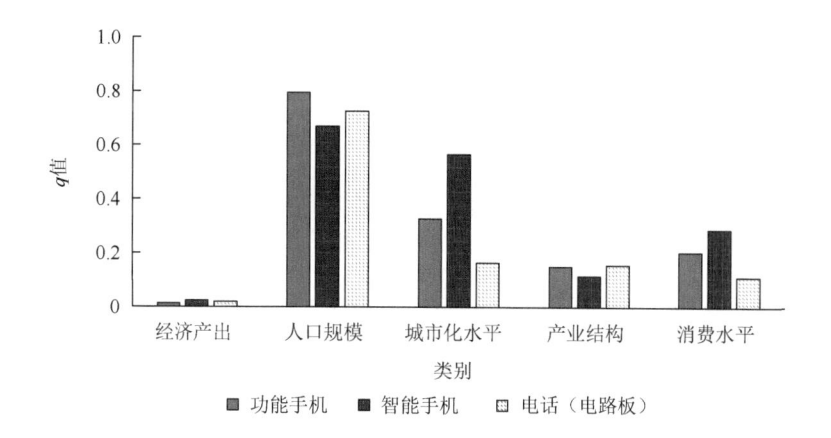

图 4-13　各因素对通信工具类城市矿产区域分异的决定力

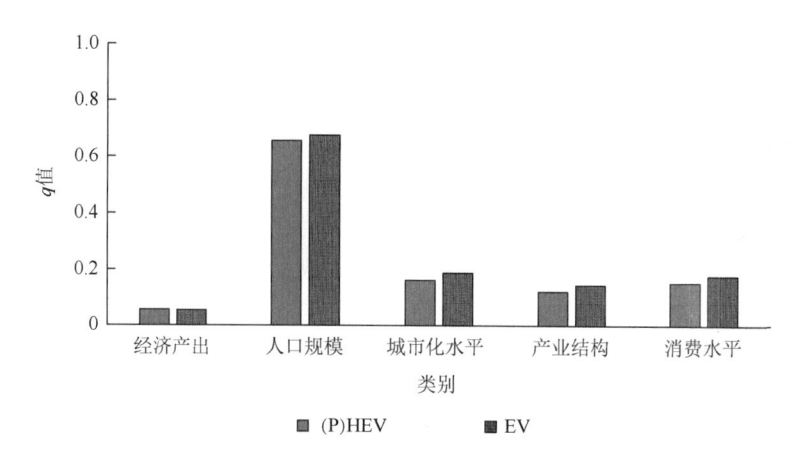

图 4-14　各因素对交通工具类城市矿产区域分异的决定力

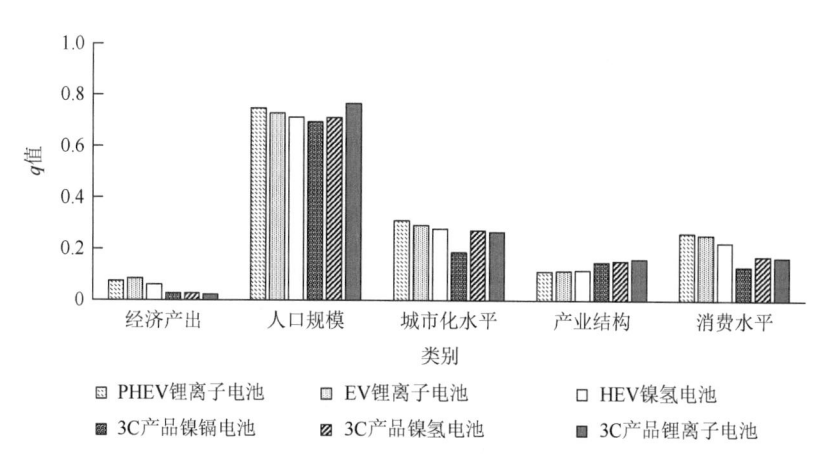

图 4-15　各因素对电池类城市矿产区域分异的决定力

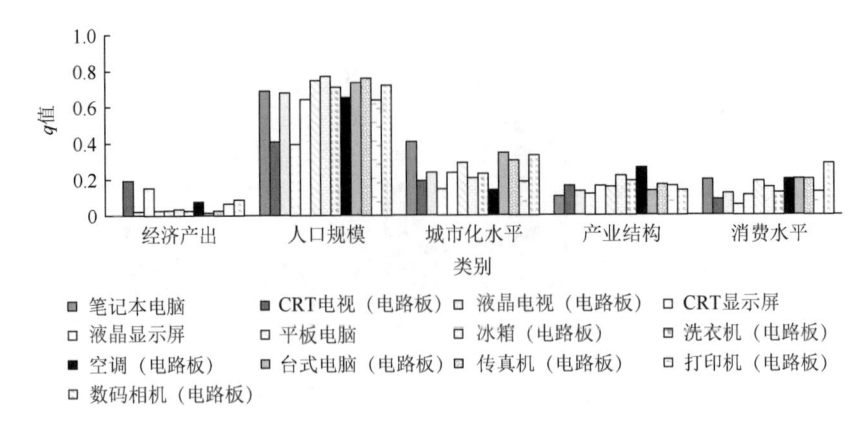

图 4-16　各因素对电器电子产品类城市矿产区域分异的决定力

四、研究结论

本节通过综合评估法、变异系数、ArcGIS、自然断点法和地理探测器等研究方法对31个省区市城市矿产的区域分布进行研究。利用变异系数测度31个省区市的27种城市矿产的区域差异状况；基于省级数据，运用地理探测器提取全国层面27种城市矿产区域分异的主导因素。研究发现如下内容。

(1) 光伏电板（光伏产业）、风涡轮永磁电机（风电产业）等对地理位置、自然条件有要求的生产性战略性新兴产业区域分布差异明显，变异系数比较大；PHEV、EV、HEV等新能源汽车产业近些年才快速发展，正在示范推广，地域间存在差异；而手机、电视机等成熟的传统消费型产业地区差异较小。

(2) 风涡轮永磁电机、光伏电板呈现北高南低的格局，重点区域集中在北部；荧光灯、功能手机、智能手机的战略性开发价值全国都比较高，区域差异不明显；电动汽车永磁电机的战略性开发价值目前还比较低，重点在广东和江浙一带；新型储能电池的战略性开发价值全国均比较高，广东、江浙有优势，西北略低；笔记本电脑、台式电脑（电路板）、液晶电视、数码相机（电路板）的战略性开发评估结果得分均比较高，但相比较而言，呈现出南高北低、东高西低的状态。在布局城市矿产开发基地及相关产业时，应考虑各类城市矿产区域分布的特点，考虑回收区域、半径、运输成本、下游应用产业分布等，提高资源配置的效率。

(3) 人口规模、城市化水平是影响各类城市矿产区域分异的两个主要因素。其中，人口规模主要影响荧光灯、功能手机、智能手机、电话（电路板）、(P)HEV、EV、各类电池以及电器电子产品区域分异的决定性因素；此外，城市化水平对风涡轮永磁电机、智能手机以及各类电池区域分异的影响比较大。经济产出、产业结构和消费水平对城市矿产区域分布差异的影响不显著。

第三节 城市矿产开发利用的资源效应评估

城市矿产中蕴含着种类丰富的金属资源，为促进城市矿产与原生金属"两种资源"的统筹开发利用，必须要摸清城市矿产的资源家底。本节首先介绍了城市矿产开发利用的资源效应评估方法及应用，其次以废弃手机为例，运用自下而上方法测算了我国废旧手机含有的高技术矿产社会存量，最后总结分析了城市矿产开发利用前景。

一、城市矿产开发利用的资源效应评估方法及应用

（一）研究对象的选择

随着经济发展和人民生活水平不断提高，自然资源被不断地生产和消费，造成大量的矿产资源蓄积在电子电器等产品中，并以废弃物的形式堆积在现代城市中，形成规模日益庞大的城市矿产。伴随着我国工业化、城市化进程的加快，在 2004 年，我国已成为全球最大的手机生产地和消费国，蓄积在现代城市中的高技术矿产种类日益丰富。以废弃手机为例，废弃功能型手机主要含有钴和钯两种高技术金属元素；废弃智能型手机主要含有钴、钯、钕、镨、铍、锑和铂七种高技术金属元素。其中，钴、钯、铂属于国家紧缺的高技术矿产，而铍和锑则正面临"优转劣"的趋势，钕和镨的市场需求表现强劲。由此可见，废弃手机中所蕴含的高技术矿产具有很大的开发潜力，未来将成为国家高技术矿产供给的重要来源之一。

因此，本节以废弃手机为例，运用自下而上方法，测算我国废旧手机中的高技术矿产社会存量，分析我国废旧手机开发利用的资源效应。

（二）研究方法与数据来源

1. 概念界定

1）废弃手机的概念界定

本节中废弃手机是指已经完全退出使用阶段，预计未来也不再回到使用阶段的手机。一般来说，任何一种产品都有其自身的生命周期界限，本节中产品生命

周期界限是指产品从进入市场开始,直到最终退出市场所经历的市场生命过程,即"从摇篮到坟墓"这一过程的区间。寿命有很多种定义,如总体寿命、平均寿命和使用寿命等(Murakami et al., 2010; Oguchi et al., 2010),本节认为手机产品的寿命是指手机产品的国内平均使用寿命,而某一种产品的平均使用寿命是指某一种产品在其生命周期循环过程中的平均使用时间。

2)高技术城市矿产开发潜力的概念界定

高技术矿产,根据自然资源部对高技术矿产的界定,主要包括稀土金属(包括17种元素)、钨、锑、锂、镓、锗、铍、镁、铟、铋、锶、钒、钪、钛、镉、硼、钡、钼、铂族金属(特别是铂、钯、钌)、钴、铌、钽、锆、铪、碲、铷、铯、铬、铼、硒、铊、铀、钍等(陈从喜和王昶,2020)。高技术城市矿产即伴随着人类社会工业化、城市化进程,产生并蓄积在城市中的上述各类高技术矿产(王昶等,2017a)。

高技术城市矿产开发潜力主要是指高技术城市矿产的可供性,即在一定的技术和社会经济条件下,根据城市矿产中各类高技术矿产的特征建立特定的可供性分析系统,采用城市矿产资源相应技术评价方法、评价系统,计算和分析其未来开发利用的可行性,得出为国家或社会提供高技术城市矿产资源的可供储量,即高技术城市矿产社会存量。

2. 系统界定

我国废弃手机物质流程图如图 4-17 所示。

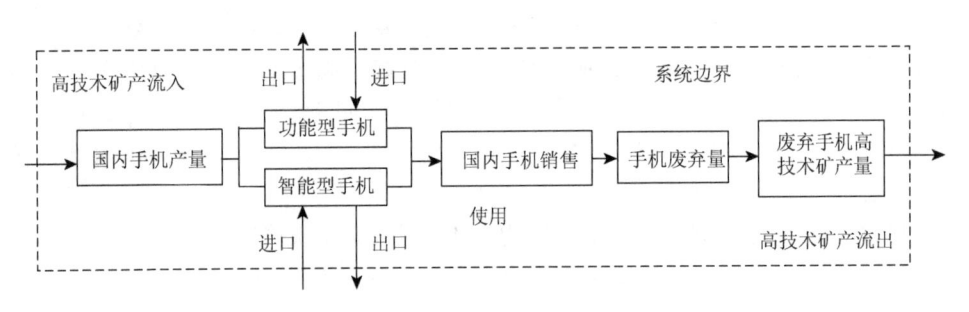

图 4-17 我国废弃手机物质流程图

我国手机市场上销售的手机产品可分为功能型手机和智能型手机。功能型手机和智能型手机受到材料、技术等因素的影响,其内金属种类与含量具有较大差异,尤其是在高技术矿产的种类与含量方面大有不同。高技术矿产开采提炼之后以原材料的形式进入手机生产制造环节,国内手机产量加上净进口量,最终形成国内手机销售量。消费者购买并使用一定时间后,形成废弃手机。废弃手机中含各类高技术矿产经回收提炼成为二次资源,再次循环进入生产制造系统。

3. 测算方法

1）手机报废量测算方法

韦布尔分布被广泛应用到电子、电气、材料等寿命范围更广的产品模拟中，并在数据相对有限的情形下提供较为准确的分析图表。已有学者利用韦布尔分布来进行产品的寿命分析并计算电子产品的报废量（Oguchi et al., 2008）。双参数韦布尔分布主要由规模参数 ω 和形状参数 β 决定，Baldé 等（2015）分别对荷兰、法国和比利时的多种产品相应参数进行修正。本节利用双参数韦布尔分布表征不同类型手机的生命周期分布，并通过 Minitab 17 软件制作密度函数曲线：

$$F(t) = 1 - \exp[-(t/\omega)^\beta] \tag{4-1}$$

其中，$F(t)$ 表示双参数累计韦布尔生命周期分布函数（报废函数）（$F(t)>0$）；t 表示产品生命周期（$t>0$）；ω 为规模参数，决定曲线尺度的缩小或增大（$\omega>0$）；β 表示形状参数，决定曲线的整体形状（$\beta>0$）。

手机等电子产品在经过一段时间的使用后将逐步进入报废阶段。假设手机的报废规律符合韦布尔分布，参考李博等（2015）的研究，结合动态物质流方法计算出每个目标年份功能型手机和智能型手机的报废量。二者之和为目标年份我国手机的总报废量。假设第 n 年的报废率为 $f(n)$，该年的累计报废率为 $F(n)$，则可得该年的报废率从 $F(n)$ 到 $F(n-1)$ 变化，记为 $F'(n)$：

$$F'(n) = \exp\left[-\left(\frac{n-1}{\omega}\right)^\beta\right] - \exp\left[-\left(\frac{n}{\omega}\right)^\beta\right] \tag{4-2}$$

在不考虑库存，已知手机各目标年份出货量的条件下，假设 n 年的手机最终销售量为 $S(n)$，n 年相对应的报废率为 $F(n)$，则可得出

$$\begin{cases} P(1) = S(0) \cdot F'(1) \\ P(2) = S(0) \cdot F'(2) + S(1) \cdot F'(1) \\ P(3) = S(0) \cdot F'(3) + S(1) \cdot F'(2) + S(2) \cdot F'(1) \end{cases} \tag{4-3}$$

其中，$P(1)$、$P(2)$、$P(3)$ 表示目标年份 1、2、3 的手机报废量。

依次类推，则可得出每一目标年份手机报废量相关等式：

$$P(n) = \sum_{t=0}^{n-1} S(t) F'(n-t) \tag{4-4}$$

其中，$P(n)$ 表示目标年份 n 的手机报废量。

2）废弃手机蓄积的高技术矿产社会存量测算方法

基于每一目标年份手机报废量，结合相关学者的研究成果（王昶等，2017a；

Cucchiella et al., 2015), 假设 G_t^i 表示在 t 年的高技术矿产 i 的社会存量, 则可依据式 (4-5) 模型分别计算出功能型手机和智能型手机在目标年份的高技术矿产社会存量:

$$G_t^i = P(n) \cdot p_i = \sum_{t=0}^{n-1} S(t) \cdot F'(n-t) \cdot p_i \qquad (4-5)$$

其中, p_i 表示 i 种高技术矿产在每单位手机中 G_t^i 的含量。

3) 未来手机报废量及其蓄积的高技术矿产社会存量测算方法

本节基于市场供给 A 模型来模拟未来手机报废量:

$$\hat{P}(t) = \sum_{i=1}^{t} \{S(t-i) \cdot f(i)\} \qquad (4-6)$$

其中, $\hat{P}(t)$ 表示未来目标年份 t 的手机报废量; $S(t-i)$ 表示 $(t-i)$ 年的手机销售量; $f(i)$ 表示手机寿命分布函数。

未来蓄积在报废手机中的高技术矿产社会存量通过以下方法测算:

$$\hat{G}_t^i = \hat{P}(t) \cdot p_i = \sum_{i=1}^{t} \{S(t-i) \cdot f(i)\} \cdot p_i \qquad (4-7)$$

其中, $\hat{G}_t^i$ 表示蓄积在废弃手机中的 i 种高技术矿产在未来目标年份 t 的社会存量。

4. 数据来源

数据来源主要选取公开出版的研究文献、报告、政府与行业协会及产品说明等统计数据。个别缺失数据无法直接获得则通过相关数据进行推算。我国移动通信网络于 1987 年正式投入商业运营, 手机首次在我国市场上销售。因此, 本节选取的研究时段为 1987～2016 年。具体来看, 由于智能型手机在我国兴起于 2000 年以后, 因而在 2000 年之前的统计数据, 本节统一将其归为功能型手机。我国功能型手机和智能型手机 2000～2016 年的出货量数据来源于国际数据公司 (International Data Corporation, IDC) 的行业研究报告, 我国功能型手机和智能型手机寿命区间和平均使用寿命数据来源于先前学者的研究文献、研究报告、产品说明等 (李博等, 2015; Yu et al., 2010; Yin et al., 2014; Xu et al., 2016), 我国功能型手机和智能型手机中各类高技术矿产单位含量数据主要参考先前学者的研究等 (Cucchiella et al., 2015)。本节手机数据选取范围为中国 (未包括香港、澳门和台湾地区数据)。

我国手机市场上始终存在一种被称为"水货"的走私手机以及游离于统计数据以外的"山寨"手机。由于这两款类别的手机实际销售量在手机销售中占有相当一部分比例, 忽略其销售量, 将会严重影响最终估算结果的准确性。根据李博等 (2015) 的研究与相关统计报告, 本节研究假设我国市场上"水货"手机销售量为"行货"手机的 15%, "山寨"手机销售量在 2004～2016 年依次为"行货"手机的 7.52%、

10%、10.4%、19.6%、24.2%、24.8%、23.7%、15%、10%、8.94%、8.10%、5.79%、5.05%。在对未来手机报废量及其蓄积的高技术矿产社会存量进行模拟时，由于不同类别的手机未来将呈现出不同的变化趋势，功能手机将逐渐消亡，而智能手机将持续增长，本节以国家"十六五"计划末为节点，模拟 2017~2035 年手机的报废量及其蓄积的高技术矿产社会存量①。经修正的手机销售量如图 4-18 所示。

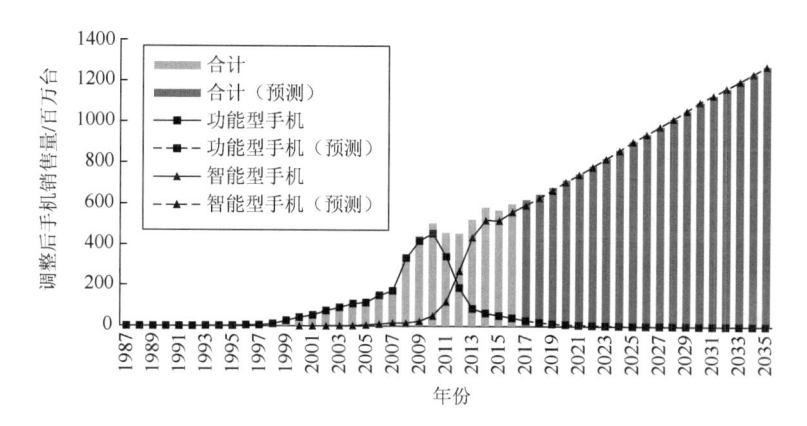

图 4-18 1987~2035 年我国功能型手机与智能型手机销售量

本节在参考相关学者研究文献、报告及产品说明的基础上（李博等，2015；Xu et al.，2016），结合式（4-1），通过 Minitab 17 软件计量得出我国功能手机和智能手机的规模参数 ω 和形状参数 β。功能型手机规模参数 ω 为 3.96，形状参数 β 为 2.19；智能型手机规模参数 ω 为 2.83，形状参数 β 为 2.45。不同类别我国手机报废率公式详见表 4-9。

表 4-9 不同类别我国手机报废率公式

手机类别	参数 ω	参数 β	函数公式
功能型手机	3.96	2.19	$F(t)=1-\exp[-2.19(t/3.96)]$
智能型手机	2.83	2.45	$F(t)=1-\exp[-2.45(t/2.83)]$

结合上述公式，我国功能型手机和智能型手机相应的报废率则可通过 Microsoft Excel 2016 计量得出，详见图 4-19。

---

① 2016 年之后相关手机数量的统计方式发生了改变，功能型手机数量下降太快，没有了官方的统计数据，所以本节未对模拟数据进行验证。

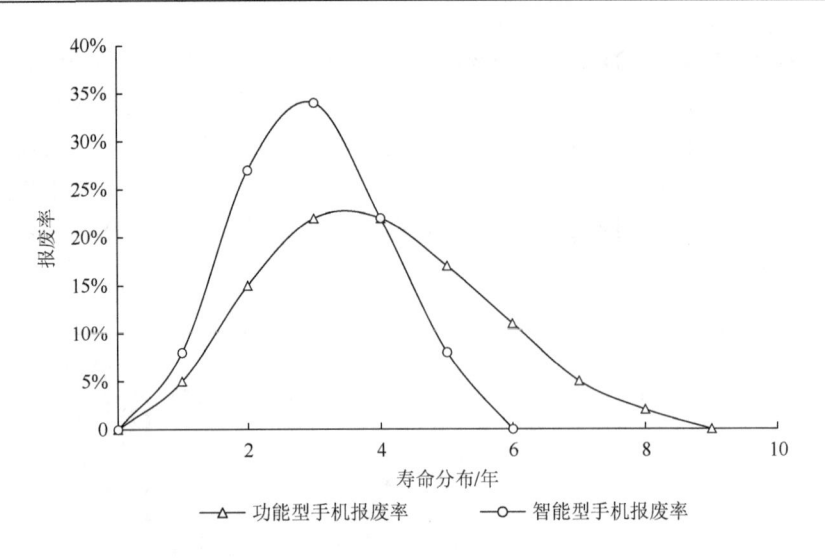

图 4-19　功能型手机和智能型手机报废率

通过计算我国功能型手机和智能型手机各目标年份相应的报废量，结合手机中高技术矿产含量，可以大致测算出我国功能型手机与智能型手机内含高技术矿产量。手机中高技术矿产含量如表 4-10 所示。

表 4-10　我国功能型手机和智能型手机中高技术矿产含量（单位：g/台）

高技术矿产种类	产品类别	
	功能型手机	智能型手机
钴	3.800	6.300
钯	0.009	0.015
钕		0.050
锗		0.010
铍		0.003
锑		0.084
铂		0.004

（三）我国废弃手机回收利用的资源效应分析

1. 我国手机报废量演化趋势

结合式（4-3），可计量得出我国功能型手机和智能型手机在 1987～2035 年每年的报废量，大致可以分为两个阶段，如图 4-20 所示。

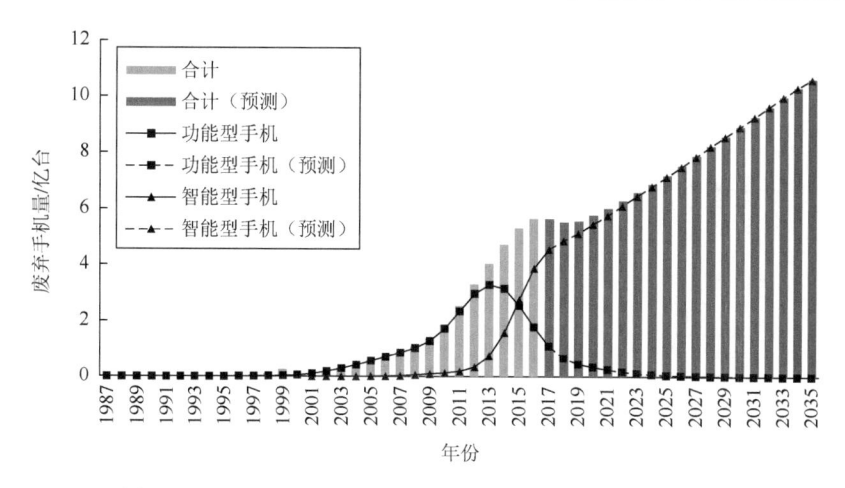

图 4-20 1987～2035 年我国功能型手机和智能型手机报废量

第一阶段，在 1987～2016 年，我国手机年均报废量从数百台增长至 5.67 亿台，累计超过 33.26 亿台。其中，功能型手机累计报废量约为 23.39 亿台，约占手机累计总报废量的 70.32%；智能型手机累计报废量约为 9.87 亿台，约占手机累计总报废量的 29.68%。

第二阶段，在 2017～2035 年，我国手机报废量在 2017 年达到 5.66 亿台，而预计到了 2035 年，当年我国手机报废量则高达 10.62 亿台。该阶段累计手机报废量预计将超过 146.39 亿台。其中，预计功能型手机累计报废量约为 3.39 亿台，仅约占手机累计总报废量的 2.32%，预计智能型手机累计报废量约为 143 亿台，约占手机累计总报废量的 97.68%。功能型手机和智能型手机呈现出不同的废弃趋势。功能型手机报废量呈现出"稳定发展—快速增长—逐渐衰退"的趋势。从 1990 年的约为 4×10^{-6} 亿台平稳增长至 2000 年的约 4.98×10^{-2} 亿台，随后进入快速增长期，并于 2013 年达到顶峰，当年报废合计约 4.04 亿台。自 2013 年以后，功能型手机废弃数量逐渐回落，2017 年降至 1.11 亿台，到了 2035 年，仅为 1.3×10^{-3} 亿台。这表明功能型手机逐渐退出历史舞台，而智能型手机废弃数量则经历了一个"前期缓慢增长、后期急速增长"的过程。具体来看，智能型手机报废数量从 2001 年的约为 3×10^{-5} 亿台增长至 2011 年的约 0.1901 亿台，此后，进入急剧增长期，2016 年报废量达 3.88 亿台，在短短 5 年间增长了近 20 倍。此后，智能型手机持续增长，预计其报废量从 2017 年的约 4.55 亿台增长至 2035 年末的约 10.6 亿台。

2. 我国废旧手机蕴含的高技术矿产社会存量测算结果

结合式（4-5），可计量得出 1987～2035 年中国废弃手机内含高技术矿产社会存量，如图 4-21、图 4-22 所示。在 1987～2035 年，废弃手机中蕴含高技术矿产社会存量总计超过 10.9 万 t。

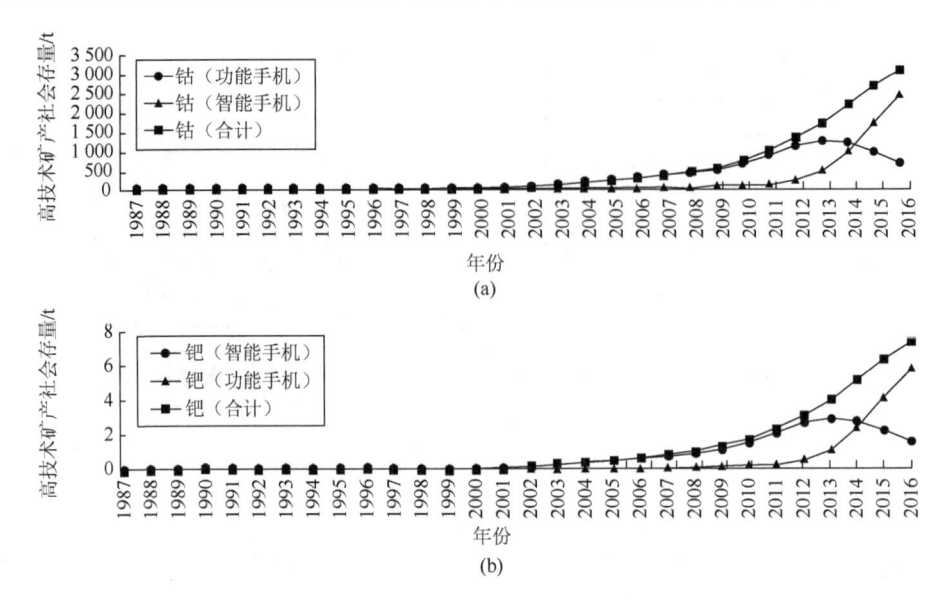

图 4-21 1987~2016 年废弃手机中高技术矿产社会存量（钴、钯）

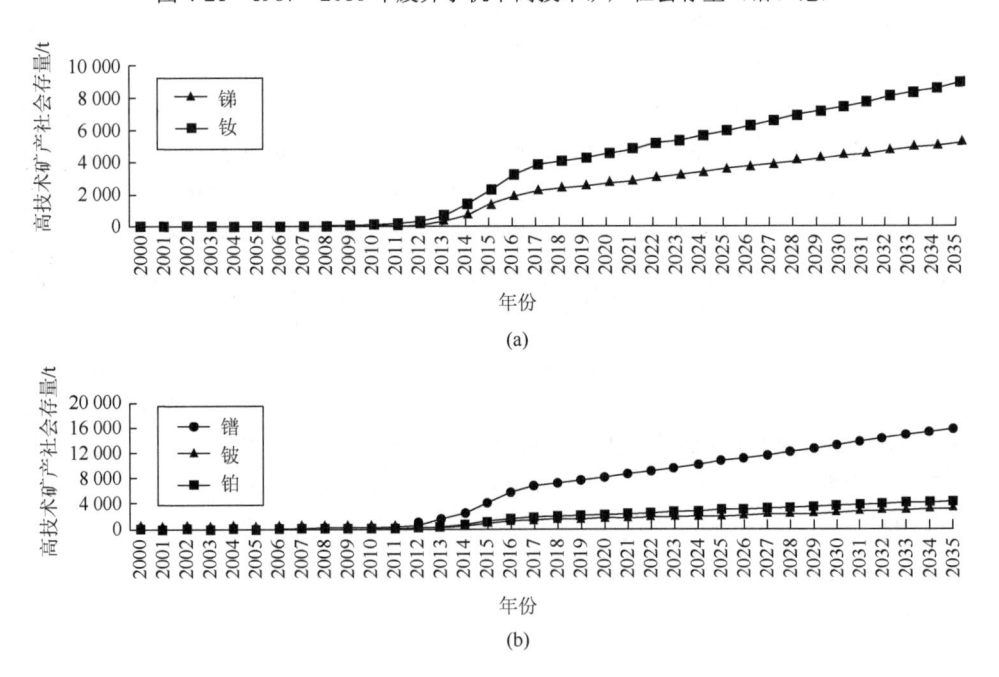

图 4-22 2000~2035 年废弃手机中高技术矿产社会存量（锑、钕、镨、铍、铂）

废弃功能手机和智能手机中均含有比较可观的钴、钯等高技术矿产。1987~2016 年蕴藏于废弃手机中的钴、钯的社会存量分别累计达到 15 105.22t 和 35.85t。虽然近年来随着功能型手机报废量减少，蕴含于其中的钴、钯的社会存量逐渐下降，但这一趋势被智能型手机报废量的急剧增加缓冲，最终使得钴、钯呈现出快速增长的趋势。2016 年，中国废弃手机中钴的社会存量达 3125.14t，约占当年钴产量的 40.59%（据美国地质调查局统计，2016 年中国钴产量为 7700t）。钯作为我国紧缺的战略性金属，2016 年蕴藏在废旧手机中钯的社会存量达 7.43t，接近于除美国、加拿大、俄罗斯、南非、津巴布韦外的世界其他国家合计产量（据美国地质调查局统计，2016 年除了这五个国外的其他所有国家合计产量仅为 8t）。由此可见，有效开发城市矿产中的钴、钯，将显著降低对原生矿的开采，缓解紧缺战略性矿产供应的紧张局势，且随着消费水平的提高，手机报废量的持续增长，未来废弃手机中高技术矿产开发的资源效应将更为显著。

伴随着手机生产和消费的增长，未来一段时间内废弃手机中高技术金属钴、钯的资源效应将日趋显著。本节模拟结果显示，在 2017~2035 年，废弃手机中累计蓄积的高技术金属钴的社会存量达到 9.15 万 t，高技术金属钯的社会存量达到 218t。

随着产品功能的增加，手机中含高技术矿产也越来越丰富。较之功能型手机，智能型手机中还另含有可观的钕、锆、铍、锑、铂等高技术金属。在 2000~2016 年，随着智能型手机报废量的快速增长，蕴含其中的此 5 种高技术矿产社会存量也急剧增加。在 2000~2016 年，此 5 种高技术矿产社会存量达累计 149.02t，其中钕 49.34t、锆 9.87t、铍 2.96t、锑 82.90t、铂 3.95t。在 2016 年，钕、锆、铍、锑、铂当年社会存量分别为 19.41t、3.88t、1.16t、32.61t、1.55t，总计为 58.61t。这些城市高技术矿产若能有效开发，资源效益显著。以铂为例，铂为我国紧缺战略性金属，据美国地质调查局统计，2015 年除铂资源最为丰富的前 5 个国家之外，世界其他国家产量合计仅为 4.8t。在 2016 年，蕴含在我国废旧手机中的铂资源占到前述产量的 32.3%。若考虑到其他含铂的废弃产品，如笔记本电脑等，其潜在可开发的社会存量将更为可观，对原生资源的替代效应将更为显著。

在 2017~2035 年，蓄积在废弃手机中的高技术金属钕、锆、铍、锑、铂的社会存量预计将超过 2162t。其中，锑的社会存量超过 1203t，钕的社会存量约为 716t，锆的社会存量约为 143t，铂和铍的社会存量分别约为 57t 和 43t。可以预见，随着人工智能和通信技术的进一步发展，蓄积在智能手机中的各类高技术金属种类将更丰富。

（四）我国废旧手机回收利用的影响因素讨论

随着产品功能的增加，手机中内含高技术矿产也越来越丰富，品位也较高。以钯为例，在我国自然界中钯的平均品位约为 0.4g/t，而在废弃手机中品位可达到约 200g/t（Yu et al.，2010）。这些仅是理论上的资源品位，高技术城市矿产社会存量的实际回收量还受到以下因素的多重影响，如产品技术创新、回收网络、回收技术、消费升级和政策导向等因素。

（1）产品技术创新因素。随着功能手机逐渐向智能手机转换，与手机相关的技术不断创新升级，所需高技术矿产种类也在不断增加。未来随着手机智能化的进一步发展，对高技术矿产的需求种类将更为丰富。以金属机壳为例，根据《2014—2018 年手机外壳市场研究及预测报告》，相对于平板等终端设备，手机中的金属机壳比例还较低，但随着无线通信屏蔽技术的创新，未来金属机壳在手机中持续渗透将有更大的潜力和空间。金属手机壳渗透率已由 2012 年的 10%增加到 2016 年的 38%左右，而镁铝合金是金属机壳的主要材料。产品技术的创新与主材料的应用，将扩展高技术城市矿产蓄积种类。

（2）回收网络因素。废弃手机中的高技术矿产能否最终成为可供储量，再次进入生产制造环节，关键取决于回收。实际上，一方面，由于手机体积小，并涉及用户隐私等特征，大多数的废弃手机并没有被回收，而是成了隐伏存量；另一方面，传统线下回收模式面临成本高、污染重、市场信息不畅、资源配置不合理等问题，导致回收效率不高，而互联网的兴起给我国电子废弃物回收利用行业带来了新的发展机遇，互联网的交互性、共享性特质契合了回收行业的特点。近年来在我国诞生了典型的电子废弃物互联网回收平台，如爱回收、回收哥等，这些互联网回收平台打破了传统的时空边界，为废弃手机的回收提供了便捷的渠道。回收网络的通畅，极大地提升了高技术城市矿产的回收效率。

（3）回收技术因素。苹果公司 2017 年发布的《环境责任报告》显示，通过发展回收技术，接近 100%的回收材料可用来生产产品，未来将逐步停止开采稀有矿产和金属。在德国，为了提高电子产品的回收利用率，德国于 2015 年 10 月开始实施新的《电子电气设备法》。通过提高回收技术水平，到 2019 年，德国的电子垃圾回收率至少应达到 65%。澳大利亚政府于 2011 年推出免费的电子产品回收项目"国家电视和电脑回收计划"，该项目的目标是通过发展回收技术，到 2022 年前后将手机和电脑的等电子产品回收率由 17%提高到 80%。与上述发达国家相比，我国现阶段在回收技术领域还存在一定的差距。为此，中国政府在其相继出台的《"十三五"资源领域科技创新专项规划》《"十三五"国家科技创新规划》及《"十三五"国家战略性新兴产业发展规划》中，从不同方向明确资源循环、科技创新等领域的技术突破。回收技术的提高突破，极大地提升了高技术城市矿产的回收质量和回收水平。

（4）消费升级因素。2016 年，中国经济规模总量位居世界第二，GDP 总量超过 74.41 万亿元，人均 GDP 达到 5.4 万元。改革开放四十多年来，我国从最初解决温饱问题到现在已经全面建成小康社会，人民的生活质量得到了极大的提高。随着生活水平提高，手机等电子产品迅速普及，淘汰周期越来越短。据统计，2000 年我国居民手机平均使用寿命为 5 年，而到了 2020 年，缩短至 1.9 年左右。自 2018 年以来，平均每年中国市场手机报废量高达 4 亿部，约占全球的三分之一。消费升级进程加快，缩短了产品的实际使用寿命，加快了高技术城市矿产的成矿速度，扩大了成矿规模。

(5)政策导向因素。最早《"十三五"国家战略性新兴产业发展规划》指出要深入推进资源循环利用,大力推动"城市矿产"开发,并将"城市矿产"开发明确列为战略性新兴产业之一。《全国矿产资源规划(2016—2020年)》提出要开展钢铁、有色金属、稀贵金属等城市矿产的循环利用,缓解原生矿产资源利用的瓶颈约束。基本建立安全、稳定、经济的资源保障体系,基本形成节约高效、环境友好、矿地和谐的绿色矿业发展模式,塑造资源安全与矿业发展新格局。《循环发展引领行动》提出壮大资源循环利用产业,促进再生资源回收利用提质升级,提升"城市矿产"开发利用水平。《关于加快废旧物资循环利用体系建设的指导意见》强调要提升再生资源分拣加工利用水平,加强行业集聚化、规模化、规范化、信息化水平,计划到2025年废钢铁、废铜、废铝、废铅、废锌等9种城市矿产利用量达到4.5亿t。国家对城市矿产开发、资源循环利用、生态文明建设的重视和政策引导,推动了城市矿产的供给和消费,加快了高技术城市矿产的成矿速度。

总之,未来废弃手机中高技术矿产的实际资源可供存量在种类、品位、成矿规模和成矿速度等方面还将发生显著变化。预计未来高技术城市矿产的种类将日益丰富、品位将越来越高、成矿规模将不断扩大、成矿速度将不断加快。

(五)研究结论

本节研究从我国国情出发,在对我国手机进行功能区分的基础上,考虑"水货"手机和"山寨"手机量对实际手机销售量的影响,并利用修正后的手机销售量,测算出我国手机报废量及其所蕴含的高技术矿产社会存量,并模拟其未来发展趋势。主要得出以下结论。

(1)在1987~2016年,我国手机报废总量累计超过33.26亿台,其中,功能型手机累计报废量约为23.39亿台;智能型手机累计报废量约为9.87亿台。该时段我国废弃手机中所蕴含的各类高技术矿产总社会存量超过1.53万t。

(2)在2017~2035年,我国手机报废量在2017年达到5.66亿台,预计仅2035年,我国手机报废量将达到10.6亿台。同年将产生超过9.39万t的各类高技术矿产。

(3)受产品技术创新、回收网络、回收技术、消费升级和政策导向等因素的多重影响,手机中高技术矿产的种类、品位、成矿规模和成矿速度在未来还将发生显著变化,预计种类进一步丰富、品位越来越高、成矿规模不断扩大、成矿速度不断加快。

二、城市矿产开发利用的前景分析

金属资源种类构成丰富多样,黑色金属、有色金属、稀有金属都对国民经济的可持续发展起到重要作用。尤其是铁、铜、铝等大宗金属,它们是我国工业化过程中的基础性和战略性资源，被广泛应用于基础设施、建筑、交通运输、电力电器、机器设备、包装容器等领域，是社会经济发展的重要矿物元素，对经济增长具有关键性作用。本节以钢铁为黑色金属代表，以铜、铝为有色金属代表，以铟为稀有金属代表，分析其开发利用前景。

（一）黑色金属

钢铁是工业的血液，国民经济的命脉。成都理工大学联合中国地质科学院矿产资源研究所采用"自上而下"的研究方法，分析了中国钢铁资源的回收潜力。研究结果发现：1996~2015年我国大约累计消费粗钢80亿t，我国废钢理论报废量从2000年开始快速增加，2015年五个部门废钢理论报废量为1.1亿t，当年实际回收废钢9000万t（含铁量），预计到2030年可回收废钢达3亿t（李新等，2017）。清华大学温宗国（2016）通过构建基于存量分析的"城市矿产"资源代谢模型，对我国城市矿产中钢铁的社会存量进行了测算，研究结果表明：预计2020年至2040年，我国钢铁资源开采潜力将从223.5Mt增加至711.6Mt，铁的资源替代比例增加46.1%，对外依存度降低27.3%，这对于促进我国城市矿产中铁资源回收开采对原生铁资源的替代，降低铁资源对外依存度，缓解我国铁资源瓶颈约束具有十分显著的作用。

本节认为未来随着我国钢铁消费强度逐步下降，钢铁回收逐渐进入较快增长的平台期，我国废钢理论报废量将会进一步增加。预计到2035年末，我国可回收钢的社会存量将在3.3亿t至3.4亿t之间。

（二）有色金属

1. 铜的社会存量

铜是我国重要的战略性资源，消费需求量大且进口依赖性高。铜资源在电气工业、电子工业、石油化学工业、交通运输业、机械冶金业、建筑和艺术、医疗以及国防等行业和领域有着广泛的应用，我国已成为世界最大的铜生产和消费国。再生铜在原生资源替代和环境保护上具有明显的综合效益，不仅是目前缓解铜资源短缺的主要手段，也是铜冶炼行业节能减排的重要措施。清华大学温宗国的研究团队，通过基于物质流方法的存量预测模型，分析我国铜资源的代谢趋势（温宗国和季晓立，2013；温宗国，2016）。研究结果表明：我国铜资源需求量在2040年达到峰值并趋于稳定；2025年以后，再生铜将替代进口铜成为资源供给的主要来源；改变铜资源消费结构的短期效果显著；降低人均铜消费量的效果平稳；提高资源回收率虽然短期无效，但长期效果显著。未来我国铜资源社会存量将不断提高，在2040年达到峰值后趋于稳定，也使得存量铜持续增长并成为未来我国最可靠的"城市矿产"资源。进口铜为主、再生铜为辅的资源供应结构将在 2025 年以后得到改变,再生铜将替代进口铜成为我国铜需求的主要来源,资源供给率将会由 2010 年的 23% 提高到 2050 年的 80% 左右。铜资源开采潜力从 330.5 万 t 增加至 808.7 万 t,铜的资源替代比例增加 18.7%,对外依存度降低 13.0%。成都理工大学与中国地质科学院矿产资源研究所的联合研究发现,我国废铜理论报废量从 2007 年开始快速增加,2015 年我国四个部门废铜理论报废量为 106 万 t,当年实际回收废铜 80 万 t(含铜量),废铜回收率接近 80%。测算 2020 年理论报废量为 260 万 t,如果按照 80% 回收率测算,可回收废铜量约 208 万 t。2030 年我国可回收废铜量达 400 万 t(李新等,2017)。

本节认为未来中国铜资源需求量将不断提高,再生铜社会存量将成为未来我国最可靠的"城市矿产"资源。如果仍然按照 80% 回收率测算,预计到 2035 年末,我国可回收废铜社会存量将在 490 万 t 至 500 万 t 之间。

2. 铝的社会存量

铝在地壳中的平均含量约为 8.8%,仅次于氧和硅居第三位,就金属元素而言则居第一位。由于铝及其合金具有密度小,热导率、电导率和反射率高,没有低温脆性,无磁性,安全性能、力学性能、表面处理性能、抗腐蚀性能良好等一系列优点,铝在我国国民经济的各个部门获得了广泛的应用。东北大学陆钟武院士研究团队,通过构建金属物质社会存量理论分析模型,对我国城市矿产中铝的社会存量进行分析(岳强和陆钟武,2011)。研究表明:2006~2009 年我国铝的社会存量增长很快,2009 年时达到了 8890 万 t;在此期间,铝社会蓄积量回收率的均值为 1.45%;随着未来我国铝消费量增速的降低,铝的社会存量回收率会逐步提高。在设定我国铝制品的平均使用寿命为 16 年的情况下,2006 年至 2009 年,铝的社会存量由 5420 万 t 增加到 8890 万 t,单位铝的社会存量所产生的 GDP 由 3.969 万美元/t 降低到 3.307 万美元/t。提高单位 GDP 铝消费量的年下降率可逐步缓解我国铝消费量增速过快的态势。中国地质科学院矿产资源研究所代涛团队研究发现,我国废铝理论报废量从 2004 年开始快速增加,2015 年我国六个部门废铝理论报废量为 450 万 t,当年实际回收废铝 408 万 t(含铝量),2030 年我国可回收废铝达 700 万 t(李新等,2017)。

本节认为,随着未来我国铝消费量增速的降低,再生铝的社会存量回收率会逐步提高,在设定我国铝制品的平均使用寿命为 16 年的情况下,预计到 2035 年末,我国可回收废铝量将在 780 万 t 至 790 万 t 之间。

(三)稀有金属

铟在信息通信、新能源、现代航空、现代军事等高新技术领域具有广泛应用，是我国战略性新兴产业发展的重要资源。铟经过冶炼、提纯，可以用于制备铟锡氧化物（indium tin oxide，ITO）靶材、合金、焊料及铜铟镓硒薄膜电池，其中ITO靶材是铟的最大消费领域，经过加工可生产ITO透明导电玻璃和导电膜，继而用于制作显示面板和触控屏。根据Choi等（2016）的研究，未来各个终端中太阳能薄膜电池对于镓的需求将占据主导地位，太阳能薄膜电池技术进步和市场渗透率对铟的需求最具影响力，铟的供给短缺将一直存在。北京工业大学左铁镛院士的研究团队通过构建资源动态可持续利用模型，论证了是否可通过原生铟资源与再生铟资源的耦合配置来实现我国铟资源的可持续利用（顾一帆等，2016）。研究结果表明，由于再生铟资源的逐渐引入，原生铟资源消费量逐渐呈现下降趋势，并将与产品生产的资源需求总量逐渐脱钩。预计到2030年我国原生铟资源消费量为82.7t，相比较2015年减少30.6%，而含铟电子产品的消费量却由24 979.1万台增长至33 669.2万台，增长34.8%。该年度原生铟资源的总体利用效率已提升1.9倍，原生铟资源消费量大幅降低。此外，再生铟资源在铟资源总需求量中的比例将逐渐增加，并在2032年之后超越原生铟资源，成为主导类型，如在2040年及2050年，再生铟资源占资源需求总量的比例将依次增长至70.0%及78.6%。

本节认为未来我国城市矿产再生铟的供给量将出现持续增长。预计到2035年末，我国再生铟的供给量将超过130t。

第四节 城市矿产开发利用的环境效益评估

与原生矿相比，城市矿产开发利用具有绿色、高效、低碳等优点，是化解资源与环境双重约束、达到可持续发展目标的有效手段。因此，科学评估城市矿产开发利用的环境效益对于促进可持续发展具有重要意义。本节内容首先介绍城市矿产开发利用的环境效益评估方法，其次以HEV废旧电池为例，利用GREET模型和LIME，对我国市场上现存的HEV镍氢电池包中的稀贵金属未来资源化利用的环境影响和环境效益进行分析，以反映城市矿产开发利用的环境效益。

一、城市矿产开发利用的环境效益评估方法

（一）环境影响测算方法

美国阿贡国家实验室（Argonne National Laboratory，ANL）是美国政府于1946年特许成立的一家研究中心，该研究中心归属于美国能源部，是目前美国中

西部最大最老的研究实验室。该实验室于 1995 年开始研究 GREET 模型。GREET 模型是基于电子表格而开发的模型。该模型主要用来对车用燃料和车辆技术的能耗和环境影响的情况进行评估。目前该模型已经开发出两个系列：1 系列——燃料循环系列，2 系列——车辆循环系列。其中 1 系列是在 1995 年基于车用燃料生命周期开发的，该模型用来计算、比较和评估各种燃料在使用的过程中的能耗及气体排放情况（Levy et al., 2000）。2 系列针对整车开发，可用于评价包括汽车相关矿物开采、原材料运输、汽车零部件加工、整车装配以及汽车报废回收在内的整个车辆生命周期的能源消耗和污染物排放，其中包括动力电池包中稀贵金属资源化利用以及开采原生矿的能量消耗和气体排放情况。

北美对于 GREET 模型的认可度非常高，如美国能源部将组织专业人员利用 GREET 模型测算市场上汽车所使用的不同的燃料和动力系统的能量消耗情况和环境影响作为每年必须做的工作之一。GREET 模型不仅得到了美国能源部的重视，而且也得到了美国通用汽车公司的大力支持。

GREET 模型中对于能量的计算主要分为三种：化石能量的消耗、石油基能量的消耗和总能量的消耗量，其能量消耗及污染物排放计算逻辑示意图如图 4-23 所示。GREET 模型在计算某一阶段的能源消耗量时，主要借助能源在该阶段的效率来计算，即产出单位数量（1kJ）的能量时所需要输入的能量为该阶段能量效率的倒数，即

$$\mathrm{Energy_{in}} = \frac{1}{\mathrm{efficiency}} \tag{4-8}$$

其中，$\mathrm{Energy_{in}}$ 表示所有的能量输入；efficiency 表示能量效率。

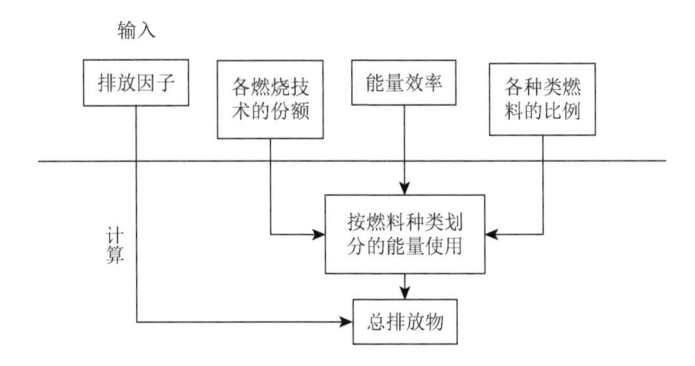

图 4-23　GREET 模型中能量消耗及污染物排放计算逻辑示意图

该模型中，某种燃料生产过程中气体排放情况的基本计算原理如下：

$$\mathrm{EM}_{i,j} = \sum_i (\mathrm{EM}_{\mathrm{cm},i,j} + \mathrm{EF}_{\mathrm{up},i,j}) \times \mathrm{EC}_j \tag{4-9}$$

其中，$EM_{i,j}$ 表示某一个阶段产生单位数量（1kJ）的能量燃烧燃料 j 而向空气中排放的第 i 种气体的量（g）；$EM_{cm,i,j}$ 表示产生单位数量（1kJ）的能量燃烧过程燃料 j 向空气中排放的第 i 种气体的量（g）；$EF_{up,i,j}$ 表示产生单位数量（1kJ）的能量燃烧过程燃料 j 上游阶段向空气中排放的第 i 种气体的量（g）；EC_j 表示生产单位数量的能量过程燃料 j 的消耗总量。

（二）环境效益测算方法

目前，国际上对于环境成本的分析方法有较为深入的研究，比较典型的是荷兰的 Eco-indicator（95）和 Eco-indicator（99）以及 CML 等、瑞典的环境优先战略（EPS2000）、丹麦的工业产品环境设计（environmental design for industrial product，EDIP）方法以及日本的 LIME 等。这些方法各有优缺点，表 4-11 给出了这些方法的对比情况。

表 4-11　环境效益分析方法比较

方法	研发国家	模型原理	评价指标	方法特点	优点与不足
Eco-indicator（95）	荷兰	通过"目标距离"法评估产品生命周期中的排放物对整个生态系统的影响	能量消耗和污染物的排放	面向问题的中间点法	优点：易于使用 不足：准确性和正确性方面得不到保障
Eco-indicator（99）	荷兰	通过"目标距离"法评估产品生命周期中的排放物对整个生态系统的影响	人类健康、生态系统、质量、资源造成的损害	面向问题的中间点法	优点：易于操作，评价指标细且全面 不足：准确性和正确性方面得不到保障
EPS2000	瑞典	利用产品和污染物的社会成本来估测其对应的货币价值	生态系统、人类健康、资源和生物的多样性等	面向损害类型的终结点法	优点：对影响指标定量化的取值 不足：未标准化、指标未合理的分类
EDIP97	丹麦	以能耗和排放物的政策减排目标为权重进行环境影响评价	全球变暖、酸化、臭氧层消耗	面向问题的中间点法	优点：操作简单 不足：评价指标较少
EDIP2003	丹麦	特征因素和标准化参数的原理	全球变暖、酸化、臭氧层消耗、水体富营养化、毒性	面向问题的中间点法	优点：结果相关度高 不足：步骤未标准化
CML	荷兰	中间点分析法、生命周期清单分析法	原材料的消耗，污染气体的排放	面向问题的中间点法	优点：操作简单 不足：生态毒性等指标不好确定
LIME	日本	环境学、生态学、层次分析法和结合法	11 个环境领域的 1000 多种环境物质	面向损害类型的终结点法	优点：评价结果全面、准确，定量化的取值 不足：掌握上较为复杂

资料来源：根据 Ortiz 等（2007）、Muñoz 等（2008）、Renou 等（2008）研究整理所得

LIME 是面向损害类型的终结点法的代表,其特点是将环境影响细化成多个不同的领域,运用多学科的知识对环境损害进行建模和评估。因此其对环境损害的评估更加精准,并最终可以通过 LIME 系数将环境损害的结果进行货币化的计量。目前 LIME 已经被应用于产品或者系统生命周期的各个阶段,更有企业运用 LIME 评价企业整体的环境影响,如日本的东芝企业不仅利用 LIME 评估与生物多样性关联的环境影响,而且从不同的角度对环境损害进行综合性的评估。因此,本节借助此方法评估 HEV 废旧镍氢电池包中稀贵金属资源化利用和原生矿开采过程中产生的外部环境损害的成本,并将得到的数据相减得到 HEV 废旧镍氢电池包中稀贵金属资源化利用的环境效益,以期得到更准确、更具相关性的基础信息。

LIME 是 2005 年日本综合产业技术研究所生命周期评估研究中心与生命周期评价项目组合作开发的,该方法是一种面向终结点模型的评价方法,即将不同的环境排放物对人类健康的伤害在一个共同的端点进行汇总,进而利用 LIME 的指标值将产品或系统对环境造成的损害转化为相应的货币价值,在最终合并指标时将各个端点的重要性也考虑其中。LIME 综合运用了环境学、生态学等较多学科知识,将排放物对自然资源、生态系统和人类造成的损害进行综合评估。LIME 在确定各终点的重要性清单时主要是运用了层次分析法和结合法,其涉及的评价气体包括温室气体、水体富营养化等 11 个环境领域的 1000 多种环境物质。LIME 通过式(4-10)得出单一货币化指标(Itsubo and Inaba,2003;肖序和张倩,2014),公式如下:

$$\sum_{j=1}^{J}\sum_{i=1}^{I}S_i \times DF_{ij} \times WTP_j = \sum_{i=1}^{I}S_i \times \left[\sum_{j=1}^{J}DF_{ij} \times WTP_j\right] \quad (4\text{-}10)$$

其中,S_i 表示物质 i 的生命周期清单;DF_{ij} 表示物质 i 对保护对象 j 的损害系数;WTP_j 表示保护对象 j 的 i 物质单位损害回避意愿支付额。

LIME 在对产品或者系统进行环境影响评价时主要包括以下步骤:产品生命周期对象分析、特征化、影响评价和归一化处理,如图 4-24 所示。第一步中的对象分析指运用生命周期评价法,评估产品或者系统的环境影响对水系统、大气系统等浓度的改变情况。第二步中的特征化包括两个部分:暴露分析和损害分析。暴露分析是指根据评估的环境负荷的增加量,分析在环境媒体中对人类(或者接收器)暴露量的影响;损害分析是指结合暴露量的增加情况,评估接收器潜在的受损情况的变化。第三步的影响评价是对各个端点的损害量进行汇总,对综合影响进行评价。第四步归一化处理,即根据归一化的系数来计算产品或者系统在生命周期中产生的环境损害的货币化的值。LIME 中的统一化系数主要来自目前已经建立的数据库。

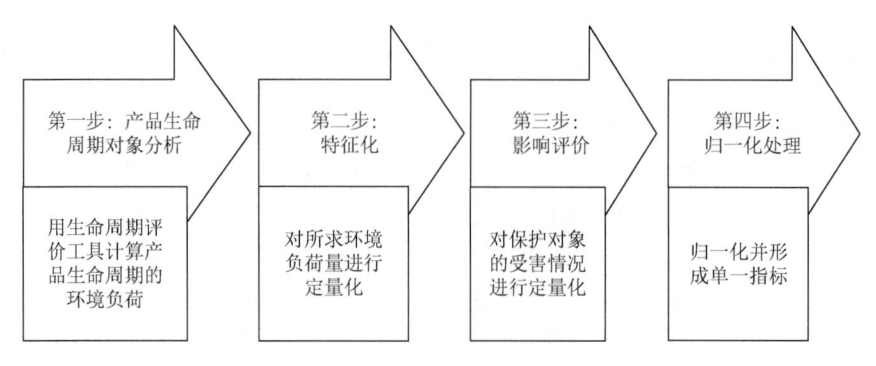

```
┌─────────────┐   ┌─────────────┐   ┌─────────────┐   ┌─────────────┐
│第一步：产品生命│──▶│第二步：      │──▶│第三步：      │──▶│第四步：      │
│周期对象分析   │   │特征化        │   │影响评价      │   │归一化处理    │
├─────────────┤   ├─────────────┤   ├─────────────┤   ├─────────────┤
│用生命周期评  │   │             │   │             │   │             │
│价工具计算产  │   │对所求环境    │   │对保护对象    │   │归一化并形    │
│品生命周期的  │   │负荷量进行    │   │的受害情况    │   │成单一指标    │
│环境负荷      │   │定量化        │   │进行定量化    │   │             │
└─────────────┘   └─────────────┘   └─────────────┘   └─────────────┘
```

图 4-24　LIME 评价步骤

二、城市矿产开发利用的环境效益评估方法的应用

（一）研究对象的选择

随着我国汽车行业的快速发展，交通行业已成为我国最大的石油消耗行业。根据 2011～2016 年我国环境保护部公布的《中国机动车污染防治年报》中的数据，机动车污染已成为我国空气污染的重要来源。为缓解石油进口依赖和解决大气污染问题，我国 2010 年之后一直大力推动电动汽车的发展。废旧动力电池包中含有丰富的镍、钴、稀土等稀贵金属，其资源化利用是实现 HEV 全生命周期绿色化管理的重要内容之一。随着 HEV 的不断发展，动力电池包在未来几年将逐渐进入批量报废阶段，其资源化利用的环境效益成为值得关注的问题。

因此，本节将以 HEV 废旧电池为例，运用 GREET 模型和 LIME，对我国市场上现存的 HEV 镍氢电池包中的稀贵金属未来资源化利用的环境效益进行评估。

（二）研究方法与数据来源

1. 研究方法

本节首先运用 GREET 模型计算出对单位 HEV 废旧镍氢电池包中的稀贵金属镍、钴、稀土进行资源化利用和原生矿开采的能量消耗和气体排放情况，进而计算出相应的节能减排量；其次，利用 LIME 将减排的气体转化为环境效益；最后，利用市场供给 A 模型对我国市场上现存的 HEV 镍氢电池包未来的报废情况进行模拟，进而计算出对其蕴含的稀贵金属进行资源化利用的环境效益，计量模型如图 4-25 所示。

第四章 城市矿产开发利用的潜力评估

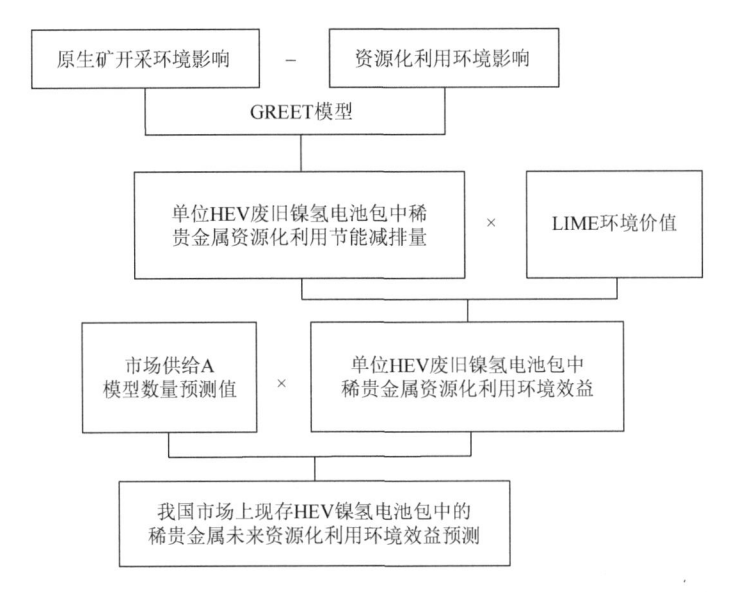

图 4-25 HEV 废旧镍氢电池包中稀贵金属资源化利用环境效益计量模型

GREET 模型中气体排放因子主要采用的是平衡法计算，如 CO_2 的排放因子采用的是碳平衡法计算。在使用该模型的过程中，本节对其中的相关数据进行本土化处理后再进行模拟。对于本节计算的动力电池包中稀贵金属原生矿开采或资源化利用过程中气体排放的计算原理如下：

$$EM_{t,i,j} = \sum_{j}(e_j + EM_{i,j}) \times EC_{t,j} \qquad (4\text{-}11)$$

其中，$EM_{t,i,j}$ 表示动力电池包中某种稀贵金属原生矿开采或资源化利用过程中消耗的燃料 j 排放的第 i 种污染物的量（单位为 g）；t 为生命周期的环节；e_j 表示燃料 j 的燃烧排放因子（单位为 g/kJ）；$EC_{t,j}$ 表示动力电池包中某种稀贵金属原生矿开采或资源化利用过程中燃料 j 的总消耗量（单位为 kJ）。

本节在考虑环境影响时，主要考虑全球变暖潜值（GWP）、酸化潜值（AP）及粉尘颗粒（$PM_{2.5}$、PM_{10}）。对 GWP 的评价过程中以 CO_2 为标准物，包括 CO_2、CH_4、N_2O。对 AP 的评估过程以 SO_2 为标准物，主要考虑 NO_x 和 SO_x 两种气体。对不同的气体进行归一化：

$$EM_{GWP} = GWP_{CO_2} \times EM_{CO_2} + GWP_{CH_4} \times EM_{CH_4} + GWP_{N_2O} \times EM_{N_2O} \qquad (4\text{-}12)$$

$$EM_{AP} = AP_{SO_x} \times EM_{SO_x} + AP_{NO_x} \times EM_{NO_x} \qquad (4\text{-}13)$$

其中，EM_{GWP}、EM_{CO_2}、EM_{CH_4}、EM_{N_2O} 分别表示温室气体质量、CO_2 质量、CH_4 质量和 N_2O 质量；GWP_{CO_2}、GWP_{CH_4}、GWP_{N_2O} 分别表示 CO_2、CH_4、N_2O 的二氧化碳当量温室效应影响因子；EM_{AP}、EM_{SO_x}、EM_{NO_x} 分别代表酸性气体质量、

SO_x 质量和 NO_x 质量；AP_{SO_x}、AP_{NO_x} 分别表示 NO_x、SO_x 的二氧化硫当量酸性效应影响因子。

本节采用日本综合产业技术研究所生命周期评估研究中心 2005 年开发的 LIME 测算污染物的环境效益，其基本原理是将不同种类的环境负荷物所造成的人类健康损害量在共同的端点汇总，通过灵活运用 LIME 的单一指标，把产品给环境带来的各种影响转换为货币价值，并且在指标合并时考虑各端点数之间的重要性。

从国外的研究经验看，动力电池包报废数量的估算可以借鉴电子废弃物产生量的估算模型。现有学者总结的 7 种主要的电子废弃物报废量估算模型中，市场供给 A 模型适用于模拟 HEV 镍氢电池包的报废量，因此，本节拟采用市场供给 A 模型，对 HEV 废旧镍氢电池包的报废数量进行模拟。具体如下：

$$Q_w = \sum_i S_n \times P_n \qquad (4-14)$$

其中，Q_w 表示 HEV 镍氢电池包报废量；S_n 表示从该年算起 n 年前 HEV 镍氢电池包的销售量；P_n 表示寿命为 n 年的 HEV 镍氢电池包的百分比；n 表示 HEV 镍氢电池包的实际寿命。

2. 数据来源

从全球范围看，截至 2015 年 7 月底，丰田混合动力车的全球累计销量已经突破 800 万辆；从中国汽车流通协会乘用车市场信息联席分会（China Passenger Car Association，CPCA）的 HEV 销售数据来看，丰田 HEV 在我国 HEV 市场上占有优势地位。因此，本节选取丰田 HEV 废旧镍氢电池包为研究对象，该电池包也是 HEV 电池包的主要类型，其相关成分参数如表 4-12 所示。

表 4-12 丰田 HEV 镍氢电池包相关成分参数

成分	重量/kg	比例
镍	28.16	33.00%
氧化钴	1.24	1.45%
稀土	2.75	3.22%
总电池包	85.33	100%

运用 GREET 模型进行模拟时，计算能量消耗和气体排放时需要涉及燃料的原料及来源、技术份额、排放因子、燃料的加工效率、密度、低热值、碳含量、

硫含量、运输方式、运输距离等数值。本节使用GREET模型中设定的2012年的模拟数据,对其中部分数据的修改参考主要来源于《中国能源统计年鉴》《中国交通运输统计年鉴》《中国电力年鉴》等,详见表4-13所示,其他数据均参考了GREET模型中的内置数据。此外,GREET模型中采用的单位与我国标准不同,本节研究的换算关系为:1Btu = 1053.864J。

表4-13 GREET模型中相关参数中国情况表

燃料	能源转换效率	开采及加工过程燃料使用占比	运输方式占比(运输路程)
煤炭	97.50%	原煤80.1%,天然气0.4%,汽油0.5%,残油0.1%,柴油3.4%,电力15.5%	铁路70.6%(640),公路10.3%(179),水运19.1%(1255)
原油	95.70%	原煤6.0%,原油52.5%,汽油1.9%,残油2.5%,柴油14.4%,电力22.7%	铁路14.7%(917),水运51.9%(1806),管道33.4%(428)
天然气	88.50%	原煤2.1%,天然气83.4%,汽油0.7%,残油0.9%,柴油5.0%,电力7.9%	管道100%(428)
汽油	90.60%	原煤48.9%,天然气3.8%,残油11.9%,柴油1.7%,电力33.7%	铁路65%(913),水运24%(1806),管道11%(300)
残油	94%	煤炭20%,电力12%,柴油1%,汽油1%,原油50%,残油4%,天然气12%	铁路50%(900),管道15%(160),水路25%(1200),公路10%(50)
电力	煤炭发电效率46.1%,天然气发电效率45.0%,残油发电效率32.8%,生物质发电效率20.8%,核电发电效率35.0%,电力损耗6.7%	
	火力发电占比78.72%(燃煤发电74.60%,燃油发电0.11%,燃气发电2.19%,生物质发电0.39%,垃圾发电0.24%,余温、余气等发电1.19%),水力发电占比17.16%,核能发电占比1.97%,风力发电占比2.07%,地热、潮汐、太阳能等占比0.08%		

注:表中数据进行过修约,存在合计不等于100%的情况;运输路程单位为千米

本节研究中的CO_2、CH_4、N_2O的二氧化碳当量温室效应影响因子GWP_{CO_2}、GWP_{CH_4}、GWP_{N_2O}的取值参考政府间气候变化专门委员会(Intergovernmental Panel on Climate Change,IPCC)推荐的数据,分别为1、25、296。对于NO_x、SO_x的二氧化硫当量酸性效应影响因子AP_{SO_x}、AP_{NO_x}的取值分别为0.7和1。

本节根据日本发布的环境损害综合系数表可查得NO_2、SO_2、粉尘($PM_{2.5}$、PM_{10})的LIME系数值,然后通过人民币与日元之间的汇率将LIME值折算成人民币,进而测算出HEV废旧镍氢电池包中稀贵金属资源化利用和原生矿开采的温室气体、酸性气体和粉尘颗粒的环境效益,如表4-14所示。

表 4-14 污染物环境效益

污染物	LIME 值/(日元/kg)	汇率	环境效益/(元/kg)
CO_2	1.74	0.052	0.09
SO_2	1010	0.052	52.52
$PM_{2.5}$	4030	0.052	209.56
PM_{10}	2450	0.052	127.40

注：表中汇率为 2015 年的平均汇率

随着我国《乘用车燃料消耗量限值》第三阶段标准的出台，政府从 2012 年开始加大对 HEV 的发展。在相关利好政策的刺激下，HEV 从 2012 年开始成批投放市场。因此，本节选取 2012 年为起始点，模拟我国市场上现存的 HEV 镍氢电池包未来的报废情况。从 2012 年至 2015 年 10 月，我国的 HEV 销售量如图 4-26 所示。

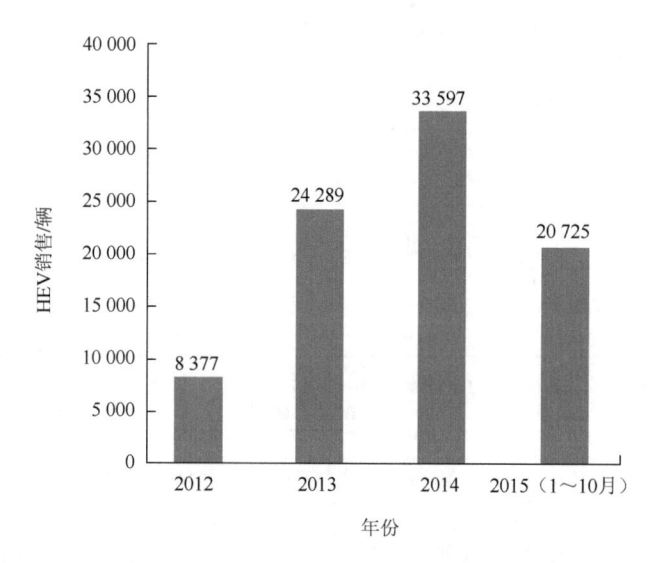

图 4-26 我国 HEV 销售量（2012 年至 2015 年 10 月）

资料来源：中国汽车流通协会乘用车市场信息联席分会及本书研究团队调研数据

根据 HEV 镍氢电池寿命为 6~8 年，假设我国 HEV 动力电池包的平均使用寿命为 7 年，且产品的实际使用寿命围绕平均使用寿命呈正态分布，大部分电池包在这一平均年限上下一年的时间内报废。尽管有部分 HEV 废旧镍氢电池包经过简单处理后可进行梯次利用，但因数量较少且情况复杂，本节暂未考虑梯次利用的情况。选取 HEV 镍氢电池包的平均使用寿命 7 年为 μ 值，则 HEV 镍氢电池包的使用寿命服从正态分布 N（7，2/3），标准化后通过查正态分布表得 HEV 镍氢电池包的寿命分布比例：寿命为 6 年的电池包概率为 11.025%，寿命为 7 年的电池包概率为 38.975%，寿命为 8 年的电池包概率为 38.975%，寿命大于 9 年的概率为 11.025%，即 $P_6 = 11.025\%$、$P_7 = 38.975\%$、$P_8 = 38.975\%$、$P_9 = 11.025\%$。

（三）我国 HEV 废旧镍氢电池包开发利用的环境效益分析

1. 环境影响分析

根据表 4-13 中我国实际情况数据和 GREET 模型中 2012 年的内置数据进行模拟计算得到，对单位 HEV 废旧镍氢电池包中稀贵金属分别进行原生矿开采与资源化利用的环境影响分析，如表 4-15 所示。

表 4-15　单位 HEV 废旧镍氢电池包中稀贵金属原生矿开采与资源化利用的环境影响

稀贵金属		能量/MJ	温室气体/g			酸性气体/g		粉尘/g	
			CO_2	CH_4	N_2O	SO_x	NO_x	$PM_{2.5}$	PM_{10}
原生矿	镍	5 661	387 093	1 456	5	17 957	724	125	262
	氧化钴	249	17 048	64	0	32	32	4	10
	稀土	734	48 421	156	1	163	86	21	65
	合计 1	6 644	452 562	1 676	6	18 152	842	150	337
资源化	镍	731	44 248	258	1	61	84	9	23
	氧化钴	32	1 948	11	0	3	4	0	1
	稀土	104	6 860	22	0	23	12	3	9
	合计 2	867	53 056	291	1	87	100	12	33

将上述得到的各温室气体和酸性气体代入式（4-4）、式（4-5），最终得出单位 HEV 废旧镍氢电池包中稀贵金属资源化利用的归一化节能减排情况，如表 4-16 所示。

表 4-16　单位 HEV 废旧镍氢电池包中稀贵金属资源化利用的归一化节能减排量

稀贵金属	能量/MJ	温室气体/g	酸性气体/g	$PM_{2.5}/g$	PM_{10}/g
原生矿开采	6 644	496 233	18 742	150	337
资源化利用	867	60 606	157	12	33
节能减排量	5 777	435 627	18 585	138	304

2. 环境效益分析

将表4-15中各污染物的排放量乘以表4-14中各污染物的环境效益得到单位HEV废旧镍氢电池包中稀贵金属的价值，然后进行原生矿开采和资源化利用的环境成本核算，二者相减得到其环境效益如表4-17所示，其总的环境效益可以达到1083元。

表4-17　单位HEV废旧镍氢电池包中稀贵金属资源化利用环境效益（单位：元）

项目	温室气体	酸性气体	粉尘颗粒（2.5μm）	粉尘颗粒（10μm）
原生矿开采环境成本	45	984	31	43
资源化利用环境成本	5	8	3	4
环境效益	40	976	28	39
环境效益合计			1083	

运用市场供给A模型对我国市场上现存的HEV镍氢电池包2018～2024年的报废情况进行理论测算[①]，结果如图4-27所示。由图4-27可以看出，我国市场上的HEV镍氢电池包从2018年逐渐迎来报废，在2021年达到报废高峰，至2024年基本完全报废。

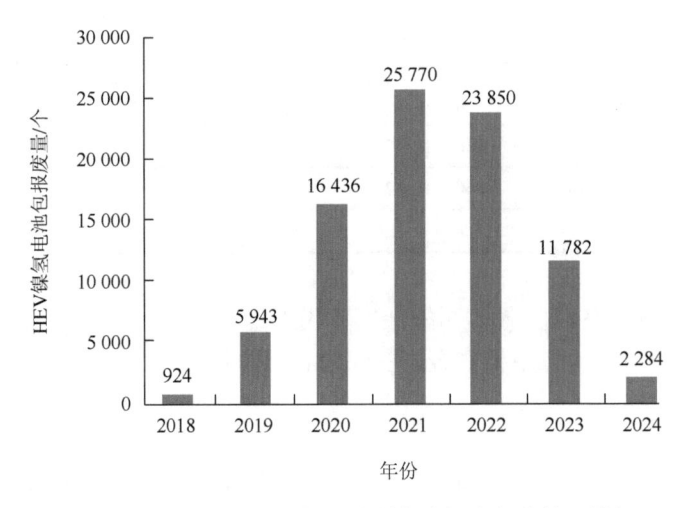

图4-27　我国市场上现存HEV镍氢电池包报废情况模拟

假设对这些HEV废旧镍氢电池包中的稀贵金属进行有效的资源化利用，可产生环境效益累计达9421万元，具体情况如表4-18所示。

---

① HEV镍氢电池包的报废情况暂没有官方统计数据，所以本节未对模拟数据进行验证。

表 4-18 我国现存 HEV 镍氢电池包中稀贵金属资源化利用节能减排量及环境效益测算

项目	2018 年	2019 年	2020 年	2021 年	2022 年	2023 年	2024 年
节能/TJ	5	34	95	149	138	68	13
减排温室气体/t	403	2 589	7 160	11 226	10 272	5 133	995
减排酸性气体/t	17	110	305	479	443	219	42
减排 $PM_{2.5}$/t	0	1	2	4	3	2	0
减排 PM_{10}/t	0	2	5	8	7	4	1
环境效益/万元	100	644	1 780	2 791	2 583	1 276	247
环境效益合计/万元				9 421			

（四）研究结论

废旧动力电池包中含有丰富的镍、钴、稀土等稀贵金属，其资源化利用是实现 HEV 全生命周期绿色化管理的重要内容之一。本节以我国市场上现存的 HEV 镍氢电池包为研究对象，对其未来报废后所含稀贵金属资源化利用的环境效益进行了模拟，研究表明如下内容。

（1）HEV 废旧镍氢电池包中的稀贵金属资源化利用不仅具有资源价值，而且还有显著的节能减排效果。相对于原生矿开采，单位 HEV 废旧镍氢电池包中的稀贵金属资源化利用可节能 5777MJ，减排的温室气体为 435 627g、酸性气体为 18 585g、$PM_{2.5}$ 为 138g、PM_{10} 为 304g。因此，有必要进一步促进汽车厂商履行生产者责任，健全废旧动力电池的回收与逆向物流网络，完善汽车产业全生命周期的绿色管理体系。

（2）对 HEV 废旧镍氢电池包中的稀贵金属进行资源化利用具有环境效益的正外部性。相对于原生矿开采，单位 HEV 废旧镍氢电池包中的稀贵金属资源化利用可带来的环境效益为 1083 元。然而，目前我国正规处置企业大多面临回收难、成本高、效益差等难题，这将会影响废旧动力电池的资源化利用。因此，国家需要完善处置基金制度，建立生态补偿机制。

（3）随着 HEV 的不断上市，废旧镍氢电池包将在未来几年逐渐进入批量报废阶段。我国市场上现存的 HEV 镍氢电池包将从 2018 年逐渐迎来报废，在 2021 年达到报废高峰，至 2024 年基本完成报废。如果能够对其蕴含的稀贵金属进行有效的资源化利用，其环境效益累计达 9421 万元。

参 考 文 献

陈从喜，王昶. 2020. 高技术矿产资源利用评价理论及应用. 北京：地质出版社.

顾一帆, 吴玉锋, 穆献中, 等. 2016. 原生资源与再生资源的耦合配置. 中国工业经济, (5): 22-39.

黄和平. 2017. 生命周期管理研究述评. 生态学报, 37 (13): 4587-4598.

李博, 杨建新, 吕彬, 等. 2015. 中国废旧手机产生量时空分布研究. 环境科学学报, 35 (12): 4095-4101.

李新, 崔献丹, 梁亚楠, 等. 2017. 中国金属矿产的消费强度与回收潜力分析. 中国人口·资源与环境, 27 (7): 53-59.

王昶, 孙桥, 左绿水. 2017a. 城市矿产研究的理论与方法探析. 中国人口·资源与环境. (12): 117-125.

王昶, 左绿水, 孙桥, 等. 2017b. 基于资源—技术—环境的高技术城市矿产战略性筛选. 中国人口·资源与环境, 27 (7): 25-34.

温宗国. 2016. 定量化摸清城市矿产资源的开采潜力. 中国战略新兴产业, (Z1): 71-73.

温宗国, 季晓立. 2013. 中国铜资源代谢趋势及减量化措施. 清华大学学报 (自然科学版), 53 (9): 1283-1288.

肖序, 张倩. 2014. 氨醇联产企业的资源价值流分析. 化工进展, 33 (2): 263-271.

岳强, 陆钟武. 2011. 我国铝的社会蓄积量分析. 东北大学学报 (自然科学版), 32 (7): 944-947.

Baldé C P, Kuehr R, Blumenthal K, et al. 2015. E-waste Statistics: Guidelines on Classifications, Reporting and Indicators. Bonn: United Nations University.

Buchert M, Schüler D. 2009. Critical metals for future sustainable technologies and their recycling potential. http://www.resourcefever.org/publications/presentations/Buchert_resourcepanel_240409.pdf[2024-02-25].

Chen W Q, Graedel T E. 2015. In-use product stocks link manufactured capital to natural capital. Proceedings of the National Academy of Sciences of the United States of America, 112 (20): 6265-6270.

Choi C H, Cao J J, Zhao F. 2016. System dynamics modeling of indium material flows under wide deployment of clean energy technologies. Resources, Conservation and Recycling, 114: 59-71.

Ciacci L, Reck B K, Nassar N T, et al. 2015. Lost by design. Environmental Science & Technology, 49 (16): 9443-9451.

Cucchiella F, D'Adamo I, Lenny Koh S C, et al. 2015. Recycling of WEEEs: an economic assessment of present and future e-waste streams. Renewable and Sustainable Energy Reviews, 51: 263-272.

European Commission. 2014. Report on critical raw materials for the EU: report of the ad hoc working group on defining critical raw materials. Brussel: European Commision.

Golev A, Corder G. 2016. Typology of options for metal recycling: Australia's perspective. Resources, 5 (1): 1.

Golev A, Corder G D. 2017. Quantifying metal values in e-waste in Australia: the value chain perspective. Minerals Engineering, 107: 81-87.

Huisman J, Ioana B, Herreras L, et al. 2015. Countering WEEE illegal trade(CWIT)summary report, market assessment, legal analysis, crime analysis and recommendations roadmap. Lyon: Countering WEEE Illegal Trade Consortium.

Itsubo N, Inaba A. 2003. Assessment of environmental impact of manufacturing steel considering

physical damage to human health. Materials Transactions, 44 (1): 167-172.
Jaffe B, Price J. 2010. Critical elements for new energy technologies. Cambridge: Massachusetts Institute of Technology.
King M F, Gutberlet J. 2013. Contribution of cooperative sector recycling to greenhouse gas emissions reduction: a case study of Ribeirao Pires, Brazil. Waste Management, 33 (12): 2771-2780.
Levy J K, Hipel K W, Kilgour D M. 2000. Using environmental indicators to quantify the robustness of policy alternatives to uncertainty. Ecological Modelling, 130 (1/2/3): 79-86.
Moss R, Tzimas E, Willis P, et al. 2013. Critical Metals in the Path towards the Decarbonisation of the EU Energy Sector. Luxembourg: Publications Office of European Union.
Muñoz I, Gómez M J, Molina-Díaz A, et al. 2008. Ranking potential impacts of priority and emerging pollutants in urban wastewater through life cycle impact assessment. Chemosphere, 74 (1): 37-44.
Murakami S, Oguchi M, Tasaki T, et al. 2010. Lifespan of commodities, part I: the creation of a database and its review. Journal of Industrial Ecology, 14 (4): 598-612.
National Research Council. 2008. Minerals, Critical Minerals and the U.S. Economy. Washington D C: National Academies Press.
Oguchi M, Kameya T, Yagi S, et al. 2008. Product flow analysis of various consumer durables in Japan. Resources, Conservation and Recycling, 52 (3): 463-480.
Oguchi M, Murakami S, Tasaki T, et al. 2010. Lifespan of commodities, part II: methodologies for estimating lifespan distribution of commodities. Journal of Industrial Ecology, 14 (4): 613-626.
Ortiz M, Raluy R G, Serra L. 2007. Life cycle assessment of water treatment technologies: wastewater and water-reuse in a small town. Desalination, 204: 121-131.
Renou S, Thomas J S, Aoustin E, et al. 2008. Influence of impact assessment methods in wastewater treatment LCA. Journal of Cleaner Production, 16 (10): 1098-1105.
Sun Z, Xiao Y P, Agterhuis H, et al. 2016. Recycling of metals from urban mines: a strategic evaluation. Journal of Cleaner Production, 112: 2977-2987.
U.S. Department of Energy. 2010. Critical materials strategy. Washington DC: U.S. Department of Energy.
Wong M H, Wu S C, Deng W J, et al. 2007. Export of toxic chemicals: a review of the case of uncontrolled electronic-waste recycling. Environmental Pollution, 149 (2): 131-140.
Xu C J, Zhang W X, He W Z, et al. 2016. The situation of waste mobile phone management in developed countries and development status in China. Waste Management, 58: 341-347.
Yin J F, Gao Y N, Xu H. 2014. Survey and analysis of consumers' behaviour of waste mobile phone recycling in China. Journal of Cleaner Production, 65: 517-525.
Yu J L, Williams E, Ju M T. 2010. Analysis of material and energy consumption of mobile phones in China. Energy Policy, 38 (8): 4135-4141.

第五章 城市矿产开发利用模式创新研究

科学的开发利用模式是城市矿产产业发展的基础与核心环节，然而我国城市矿产产业发展存在时间较短、回收体系建设不完善、开发利用效率低等问题，成为制约我国城市矿产高质量发展的关键阻碍因素。因此，本章以"如何促进我国城市矿产回收与开发利用"为基本问题，总结了日本、德国等开发城市矿产的成功经验；在此基础上，归纳互联网背景下我国城市矿产回收利用新模式；然后，识别了影响我国居民参与"互联网+回收"的行为主要因素，以期为城市矿产的回收利用提供理论支撑与管理建议。

第一节 城市矿产开发模式的国际比较

随着我国工业化进程加速，消费升级、资源约束问题已在我国集中出现，此时对城市矿产开发利用已经成为化解我国资源与环境双重约束的有效途径。然而，我国对城市矿产的开发利用的探索尚处于初始阶段，由谁开发、开发什么和怎样开发等问题还未得到有效解决。为此，本节分析了日本、德国开发城市矿产的成功经验，力求为我国开发城市矿产提供借鉴。

一、研究设计

（一）研究方法

本节主要基于以下理由选择采取纵向案例研究法。本节研究主要目的是分析国际上城市矿产的开发利用模式并进行对比研究，这与案例研究法的适用条件是相当契合的。案例研究法常常用来回答"为什么""怎么样"的问题，而本节的研究主题正是通过国际上城市矿产的开发利用较为典型的国家进行个案分析，展示其开发城市矿产的若干方法和举措，并通过对比分析，探究二者成功开发利用城市矿产的原因，寻求城市矿产开发中的规律性要素，并结合我国的国情构建城市矿产开发利用的新模式。为更好地对城市矿产开发模式进行分析，本节构建了"开发主体—开发内容—开发举措"分析框架（图5-1）。

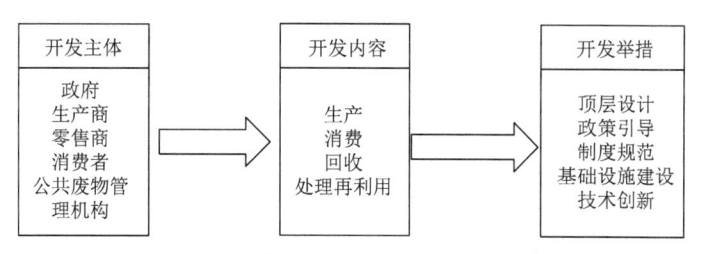

图 5-1 城市矿产开发模式分析框架

（二）案例的选择

本节选择日本和德国作为案例研究对象，原因如下：第一，两国较早地开始探索城市矿产开发利用并已经形成了各具特色的开发模式，具有代表性，能为我国城市矿产早期的开发利用提供经验借鉴；第二，对于日本和德国在城市矿产开发利用方面的研究已经比较成熟，文献资源较为丰富完整，容易获取二手资料。

二、日本城市矿产开发模式

（一）开发主体

在日本模式下，政府在城市矿产开发利用中起引导作用，通过制定政策、完善基础设施等措施，从明确生产者回收责任、降低企业回收成本等角度引导生产者回收城市废弃物。生产商作为政策引导的主要对象，可以基于城市矿产开发的原则，灵活地选择城市矿产开发的技术与方式，在整个开发模式中占据主导地位。消费者交付废弃物的意愿及付费行为则为城市矿产的开发利用提供了原材料与动力，其积极性影响着整个模式的运转（图 5-2）。

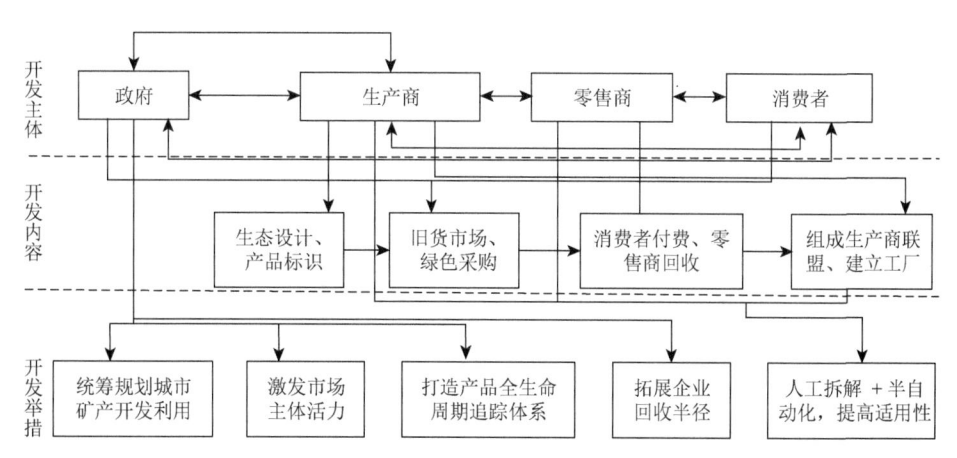

图 5-2 日本城市矿产开发模式

相关的利益主体包括政府、科研机构、大学、生产商和消费者等，其特点有三个方面。一是政府引导。政府在城市矿产开发中起到引导而非主导作用。政府的作用主要体现在政策指引、规划制定和组织协调方面，有限地参与项目运作。二是以生产商为核心，多主体协调配合的合作模式。政府为城市矿产开发提供完善的基础设施，大学与科研机构负责人才培养与技术支持，消费者为废弃物处理提供资金。三是消费者参与。消费者付费行为降低了企业的处理成本，使其在市场经济中有利可图，驱动企业城市矿产开发行为的持续。

（二）开发内容

1. 生产环节：生态设计、产品标识

在生产环节，日本主要采取了两种开发行为。一是生态设计（ecological design）。生态设计已成为产品研发与生存所需遵循的必要原则，强调在产品设计之初就考虑其回收时的加工与拆解，最大程度地提高物质的循环能力，实现可持续地利用资源。日本公司对实施生态设计抱有极大热情，一些日本的家电生产商为了实施生态设计，产品设计人员往往会参与废弃物的拆解过程，力求找出设计的关键环节，将可拆解设计运用于新产品中。索尼公司更是将生态设计融入其产品的概念开发阶段，所有零部件均由单一材料制成以易于回收循环再利用（周永生，2014）。二是产品标识。产品标识指的是在包装物上标明该产品的主要成分以及其是否具有回收价值的一种行为。例如，日本经济产业省规定生产商必须对使用了铅、汞等有害化学物质的家电产品贴加橘黄色标识，以促进其规范处置和回收再利用。

2. 消费环节：旧货市场、绿色采购

在消费、流通环节，旧货交易相比以往更加兴旺。为了解决因款式或尺寸不合适或其他原因被淘汰但功能尚在的废弃物，日本通过建立废弃物和旧货回收交易中介组织，利用废弃物回收情报网络、旧货交易会等多种形式，有效推进废弃物的再利用。以大阪市为例，政府部门通过建立畅通的废弃物回收情报网络（王昶等，2014），介绍各类旧货的有关资料，及时向消费者发布信息并组织旧货交易会，旧的自行车、电视机和电冰箱等都可拿到交易会上进行交易。它为消费者提供了一个淘汰废弃物的机会，同时也推动了废弃物减量化运动的发展。

政府作为最大的消费者，其绿色采购对城市矿产的开发起着举足轻重的作用。2001年4月日本政府实施《绿色采购法》，强调了政府采购在促进再生材料

循环利用和废弃物减量化中的重要作用。该法律明确规定了绿色采购商品品种及其评判标准；推进环境标识制度并建立完善的绿色采购信息网络；要求国家机关采取措施，加强绿色采购，公布年度绿色采购的实际情况，并赋予环境大臣进行监督的权力。

3. 回收环节：消费者付费、零售商回收

在回收的费用机制方面，日本采用"消费者废弃时付费制度"，在产品报废时由消费者支付废旧家电的运输与处理费用。其中，由零售商计算并确认运输费用，生产商公布处理费用。除运输与处理费用之外，消费者还需支付回收站以及相关管理机构的运营管理费用，由日本家电产品协会（Association for Electric Home Appliances，AEHA）下设家电再生利用券管理中心负责征收。与其他废旧家电由零售商负责回收不同，日本对废旧电脑的回收采取了与日本邮政公社进行合作，将邮局设定为指定回收场所，利用邮局的国内布局，提高废旧电脑的回收效率。截至 2017 年，日本已拥有 190 个回收点，全国境内有近 7.5 万家零售店和上万家邮局可接收废弃家电。

4. 处理再利用环节：组成生产商联盟、建立工厂

在废弃产品的处理环节，由生产商自主选择其废旧产品的处理方式。目前，日本已经形成两类生产商组建的废旧产品处理联盟：一是由松下、东芝等 20 家企业采取共同出资、股份运营的方式，新建废旧产品处理工厂，形成了 A 阵营；二是由日立、索尼、夏普等 20 家企业依托现有的资源循环企业组建了 B 阵营。两类联盟均负责各自阵营内品牌旗下的废旧家电等产品的回收处理及再利用，互不干扰。此外，市场占有率较低的生产商所生产的产品以及无厂家认领的废旧产品由日本家用电器协会负责回收与处理。

（三）开发举措

1. 顶层设计：统筹规划城市矿产开发利用

当前，日本已经形成了责任明确、原则清晰、分类指导的城市矿产开发利用法律体系。一是《推进循环型社会形成基本法》，明确了城市矿产开发利用相关主体的责任与义务；二是《废弃物处理法》及《资源有效利用促进法》等综合法，确定了资源循环利用的 3R 原则；三是《容器包装再生利用法》、《家电回收再利用法》、《建筑废弃物再生利用法》、《食品再生利用法》及《汽车回收再利用法》等专项法，结合各行业特色，分类指导城市矿产开发利用。

2. 政策引导：激发市场主体活力

一是经济激励降低企业成本。日本政府综合运用价格、税收、信贷、收费、保险等政策措施，不断为城市矿产产业提供政策红利。以税收优惠政策为例，日本政府给予城市矿产相关企业 14% 的退税优惠（Morris and Metternicht，2016），行业吸引力不断加大，市场活力不断增强。二是培养国民环保意识。日本政府通过加大教育投入，开设城市矿产循环利用课程，设置循环经济推广月，举行循环经济设计大赛等方式，显著提高了居民环保意识（向宁等，2014）。

3. 制度规范：打造产品全生命周期追踪体系

日本政府致力于打造产品全生命周期追踪体系，以家电产业为例，日本家电产品协会成立家电再生利用券管理中心，发行家电再生利用管理券，记载家电的生产商、家电规格、零售店、运输企业以及产品来源、拆解状况等信息，再生利用管理券随着家电产品流转，能够全生命周期追踪产品的生产、运输、回收、拆解等过程的具体情况。

4. 基础设施建设：拓展企业回收半径

2001 年 7 月内阁会议通过了《新综合物流施策大纲》，提出从充实和改善物流设施，扩大铁路和海运的货运比例；在港口建设循环资源收集、运输、处理的综合基地，努力推进海上运输等适合长距离大量运输的大范围网络化综合静脉物流体系建设。此外，在交通枢纽或购物中心设置电子废弃物回收点，以便于电子废弃物的回收与运输，随着基础设施的完善，城市废弃物企业回收半径大幅度增加。

5. 技术创新：人工拆解+半自动化提高适用性

日本目前主要有两种典型的电子废弃物技术处理路线，一是以松下环保技术中心为代表的分类处理，根据废旧家电特点开发处理设施和环保设施。二是以回收业务网络公司 RBN 为代表的混合处理，对废旧电器不进行分类，并将低回收价值或高环保成本的物料或排放物送入焚烧炉处理。两家均未采用全自动、全封闭的专用处理方式，而是根据废旧家电的特点在常规的固废处理工艺上加以改进，同时配合人工拆解和分拣，实用性和适应性非常强（Salhofer et al.，2016）。除此之外，为了保障分品牌回收的顺利开展，采用射频识别（radio frequency identification，RFID）技术便可快速知道产品的品牌和类别。

三、德国城市矿产开发模式

(一) 开发主体

德国的城市矿产开发利用模式是一种政府主导的模式,从政策制定、组织协调到监督结算,政府在电子废弃物回收处理中作用明显。生产商根据政府核算的责任,具体负责电子废弃物的回收处理工作,在政府的协调监督下,生产商积极参与城市矿产开发并承担电子废弃物回收处理的经济责任。公共废物管理机构的配合更是将城市矿产的开发落到实处,确保电子废弃物回收、运输和处理工作的顺利展开,见图5-3。

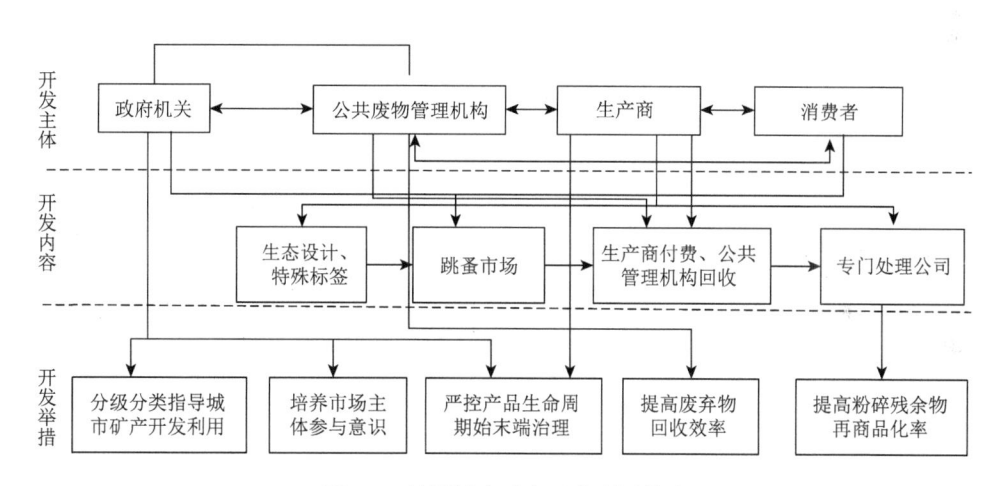

图 5-3 德国城市矿产开发利用模式

德国城市矿产开发主体主要分为四类:政府机关,即德国联邦环境署(German Environment Agency,UBA)作为电子废弃物回收处理的主管部门;公共废物管理机构;生产商;消费者。这些主体的特点有三个方面。一是政府主导。政府的作用主要体现在负责颁布法规条例,指定辖区内具体执行的公共废物管理机构,授权第三方非营利组织电子废弃物注册管理基金会(Stiftung Elektro-Altgeräte Register,EAR)对电子废弃物的回收运作进行统一组织、协调和监控。二是生产商与公共废物管理机构共同承担生产者责任延伸责任。具体的分工是:前者负责建立回收场所,按类别回收承担回收任务,而后者负责回收点垃圾箱的放置,电子废弃物回收后运输和处理等责任。三是消费者协同互动。消费者积极参与回收活动并主动将废物分类放入专门的收集容器,为城市矿产开发提供持续不断的活力。

（二）开发内容

1. 生产环节：生态设计、特殊标签

在生产环节，德国采取了两种开发行为。一是生态设计。产品设计的优劣直接关系到产品在生产和使用过程中及使用后所产生的废弃物数量，产品设计者应开发能够重复使用的、技术寿命长的产品。例如，德国道依茨公司每年收购 5000 多台旧发动机进行拆卸，重新组装成 3500 台焕然一新的发动机。《循环经济及废弃物法》授权联邦政府制定相关法规，要求生产商生产的产品能够重复使用。为了延长产品生命周期，减少废弃物产生量，联邦政府可以将寿命长短作为某种产品的技术要求。二是特殊标签。生产商必须对投放市场进行销售的电子电器设备，贴加"禁止扔到普通垃圾箱"的标签，其目的是提示消费者不要将电子废弃物随意丢弃于一般的垃圾箱内。

2. 消费环节：跳蚤市场

遍布全国各地的周末跳蚤市场是德国废旧电器的出路之一。在德国，很多废旧电器并非不能使用，而是被高收入家庭更新换代淘汰下来的。各地的跳蚤市场为这些废旧电器提供了发挥余热的场所。在德国生活着 400 多万外籍人，其中有很多是战争或经济难民，他们对质量完好、价格低廉的旧电器情有独钟。旧货市场销售的旧电器占全部废旧电器的 7%左右。全国 200 多万大学生也是接受旧电器的强大队伍。[①]

3. 回收环节：生产商付费、公共废物管理机构回收

消费者将废旧家电放入公共废物管理机构设置在居民社区的回收箱，回收箱一旦装满，公共废物管理机构即通知 EAR 安排运输废旧家电。在回收的费用机制方面，德国相关法律规定生产商承担废旧家电的回收处理费用，但允许生产商将该费用转移给消费者。其中，废旧家电回收处理成本的计算方法由 EAR 确定并发布。生产商以集体方式承担相关经济责任：针对 2005 年 8 月 13 日之前销售的产品，按照生产商当年的市场份额分摊废旧家电回收处理总费用，而以后的产品则按照其产品在回收量中的比例支付回收处理费。据德国废物管理及再生利用协会介绍，德国每年废弃物约为 200 万 t，年均增长率 1%～5%，其中电子废弃物的 60%～70%由市政当局公共废物管理机构收集，30%由私人公司收集，人均收集量达到 5.5kg/年。

---

① 《德国旧电器的回收与再利用》，http://www.gmw.cn/01gmrb/2002-02/05/03-F6A91A8B71572C8648256B570004261D.html[2024-08-28]。

4. 处理再利用环节：专门处理公司

在电子废弃物的处理环节，生产商大多以合同形式委托专业处理厂代其履行处理责任。德国从事电子电器设备废弃物回收处置的企业有500~700家，以微型和小型企业居多。其中，雷斯曼是德国一家很有名气的废旧电子电器专业处理公司，每年处理废旧电子电器3万t。该公司还与电子电器产品零售商签有合作协议，将零售商"以旧换新"回收的废旧家电运到该公司进行处理。

（三）开发举措

1. 顶层设计：分级分类指导城市矿产开发利用

德国于1996年生效的《循环经济与废弃物管理法》是世界上第一部促使废物综合利用与环境保护相结合的法规。在这一法律框架下，依据各行业发展情况，制定了《建筑废弃物法》《废弃木材处置条例》等行业法规。联邦政府和各州大约有8000余部法律法规，再加上欧盟400多个适用于德国的法规，德国建立起一套完善的城市矿产法律法规体系（张科静和魏珊珊，2009），从联邦法规、地方法规再到行业法规，分级分类的法规体系指导城市矿产每一具体领域的开发利用工作。

2. 政策引导：培养市场主体参与意识

一是抵押金制度提倡主动回收。用收取押金的办法，促进消费者把有关废弃物退还给经营者，然后收回押金，以达到废弃物的再循环和再利用。二是经常性应税行为的税费减免。德国的卡塞尔市开征了一次性餐具特别税，主要是对大量使用一次性餐具的快餐店征税，但如果能对包装物加以回收并送到加工厂利用就不用征税，其目的显然是限制一次性包装物和餐具的使用，减少固体废弃物的产生。三是从小普及环境教育。德国政府将环境教育的内容直接或间接写入了各州的中小学教学大纲中，把环保理念渗透到各个学科中，举办生态调查、收集废弃物、撰写调查报告等活动，提高青少年的环境保护意识。

3. 制度规范：严控产品生命周期始末端治理

德国政府严控产品生命周期的生产与处理环节。在起始的生产环节，德国政府采取了生产商注册制度，即在向市场投放电子电器设备之前，生产商必须在国家电器设备注册处注册，并在所有的交易中使用国家电器设备注册处所颁发的注册号，《关于电子电气设备使用、回收、有利环保处理联邦法》规定生产商未注册或注册号被撤销时，其产品将不得投放市场。生产商登记注册制度有效地防止了"搭便车"行为的出现，确保生产商履行自己的职责。在末端的处理环节，德国规定从事废旧电子产品回收的企业每年都要制作垃圾平衡表，报上级主管部门审查，不能产生污染，如不满足要求，就要被取消资格，有效避免废弃物在回收处理过程中产生二次污染。

4. 基础设施建设：提高废弃物回收效率

德国建立了"线上+线下"高效率的废弃物取送系统。在线下，每户居民住宅门前都摆有"黄、蓝、黑、绿"4种色彩鲜明的废弃物桶，桶上贴着简单易懂的废弃物分类图案。大部分居民都能自觉地把不同的废弃物分类投放，减少了废弃物的回收时间和成本，从而保证了废弃物的再利用。在线上，德国创造性地开发了应用程序"eSchrott"，帮助居民快速方便找到最近的 WEEE（waste electrical and electronic equipment，报废的电子电气设备）回收点，将废弃物送至回收点进行处理。

5. 技术创新：提高粉碎残余物再商品化率

为了提高回收利用效率，德国的汽车生产商与处理商积极合作，致力于研究粉碎残余物的分离技术，提高粉碎残余物的再生利用率。例如，大众汽车的 SiCon 技术处理，实现了硬塑料、橡胶、纺织品、玻璃和金属废料取代初级原材料的变革。汽车生产商与处理商还合作建立了国际拆解信息系统，提供有关汽车拆解方法和零部件材料成分的信息与数据。同时，德国回收利用和废物管理公司在 2011 年成立了"德国回收利用与效率技术"（German RETech Partnership）咨询机构，提供技术合作的交流。

四、日德城市矿产开发模式比较

（一）日本与德国开发城市矿产的动因

日本之所以迅速有效地开发城市矿产利用，这与其国内资源环境问题的紧迫性以及国际环境的压力是分不开的。日本是一个岛国，其资源相对贫乏，日本有储量的矿种仅有12种，而对许多矿产品的需求量却均居世界首位，并对多种有色金属的进口依赖度平均在95%，99%的铁矿石以及100%的镍、锰、钛等稀有金属均依靠进口（王敏旋，2005）。为了支撑经济的发展，日本不得不最大限度地提高资源利用效率，尽可能减少对进口资源的依赖。此外，从20世纪90年代后期开始，日本废弃物产生量剧增，成为世界发达国家中废弃物的产生大户。大量废弃物的产生导致废弃物填埋处理场所越来越紧张，最终陷入了填埋场严重不足的困境。在国际因素方面，21世纪以来，环保产业吸引了越来越多的关注，许多国家纷纷开始将环境保护作为实现经济发展的战略手段，对环保设备、技术和服务的需求也逐渐加大。面对巨大的市场潜力，日本致力于发展环保产业。同时美国、西欧等发达国家静脉产业的迅速发展也对日本产生了巨大的影响，促使日本奋起直追，加快对已产生的废弃物进行循环使用和最终资源化处理。

德国发展城市矿产在于解决资源缺乏和严重的环境污染问题。德国是一个工业化高度发达的国家，尤其是汽车、机械制造等重工业。但其除了煤炭和钾盐资源以外，其他矿产资源相当匮乏，许多工业化所需的原材料几乎依赖进口。资源的缺乏严重制约了德国工业化发展进程，德国开始考虑资源的回收再利用。同时，德国经济的迅猛发展，也产生了严重的环境问题，特别是在那些人口密集的居住区和发达程度较高的工业区，但政府却并没有及时采取有效的控制与防御措施。突出的环境问题让德国政府意识到环境保护的重要性，开始进行环境政策的探讨。20世纪90年代开始，德国实行可持续发展的环境政策，1986年出台了《废弃物限制及废弃物处理法》，第一次明确规定尽可能使用废弃物中的可利用部分。

（二）日本与德国开发模式的比较

本节进一步从开发主体、开发内容和开发举措三方面对比分析了日本与德国城市矿产开发利用的模式，旨在找出两国在开发城市矿产利用中的异同（表5-1）。

表5-1 日本和德国开发模式对比

比较维度			日本	德国
开发主体	特点		政府引导—生产商主导—消费者参与	政府主导—生产商参与—公共废物管理机构配合
	类型		相互合作	自上而下
开发内容	生产		生态设计	生态设计
	消费		旧货市场	跳蚤市场
	回收	付费模式	消费者付费	生产商付费
		回收方式	零售商、地方政府、邮局	地方政府、公共废物管理机构
		管理模式	个人生产商责任延伸制	集体生产商责任延伸制
	处理		生产商联合建厂处理	委托专业处理厂
开发举措	顶层设计		统筹规划	分级分类指导
	政策引导		退税优惠、非法处理罚款	抵押金制度、税费减免
	制度规范		家电再生利用券	生产商注册制度、垃圾平衡表
	基础设施建设		静脉物流体系	废弃物分类桶
	技术创新		人工拆解、射频识别技术	粉碎残余物分离技术、国际拆解信息系统、技术咨询

通过对比发现，日本和德国在城市矿产开发利用模式的构建中，有以下几方面的不同。

一是各主体角色定位的不同。日本城市矿产开发主体分为政府、科研机构、大学、生产商和消费者等方面。日本采取的是"政府引导—生产商主导—消费者参与"，是一个众多利益相关者紧密合作的开发模式，政府、生产商、机构和消费者汇集到一起，各司其职，共同推进城市矿产的开发利用，体现出协同民主的理念。德国采取的是"政府主导—生产商参与—公共废物管理机构配合"，是一种自上而下的开发模式。政府在城市矿产开发利用中处于主导地位，对电子废弃物回收处理活动的开展进行整体规划，顶层设计。从联邦层级的法规制定到各个州的具体执行，再到生产商和公共废物管理机构的实施运营，全都由政府统一部署，确保回收处理活动有条不紊地进行。对比日本和德国的开发主体，政府在其中所扮演的角色不同。

二是付费模式的不同。日本采取消费者付费的制度，即消费者在废弃旧产品时交纳回收处理费用作为废弃物回收处理资金。德国则采用生产商付费制度，即由生产商承担废弃物回收处理过程中的全部费用，但允许将其责任转移给消费者。大部分生产商会将处理费用分摊在产品的成本中，实际上消费者在购买产品时就已经支付了产品废弃后的回收处理费用。两种付费模式的差别就在于支付费用的时间，前者在产品废弃时而后者则在产品购买时。

三是回收方式的不同。德国主要依靠公共废物管理机构进行上门回收或者消费者亲自送至指定回收点，而日本有效地利用了现有的销售渠道，通过由零售商到批发商再到生产商这个逆向渠道来实施回收，同时借助第三方物流系统——邮政，来进一步扩大回收网络。

四是管理模式的不同。日本和德国均推广生产商责任延伸制度，但两者却又有不同。日本大多采用的是以个人生产商责任延伸（individual producer responsibility，IPR）为主的模式，即日本的家电生产商多数仅会回收再利用自己品牌的产品，工作人员在回收时会根据品牌区分每个产品的原生产商，这就要求生产商各自建立自己的物流系统和处置设备对废弃物进行回收处理。但这又激励了生产商开发绿色产品设计，同时也确保了生产商之间相对公平的成本分配。德国则较多地采用以集体生产商责任延伸（collective producer responsibility，CPR）为主的模式，其特点在于集中回收，不分品牌，从而能够降低成本，实现规模经济。

五是处理技术侧重点的不同。日本侧重于废旧家电的开发利用，重视人工拆解，根据废旧家电特性改进处理工艺，并较多地依托射频识别技术开展分品牌回收处理。德国则更关注废旧汽车的开发利用，大多采用全自动化的设备对粉碎残余物重新利用。同时与科研机构等多方进行合作，不断改进处理工艺水平，提高商品利用率，建立信息系统，提供数据资料的共享。

探究两国差异背后的原因，不难发现，日本起初开发城市矿产是为了解决资源问题，将这一开发利用责任交付给生产商，必然会激励生产商进行废弃物的减量化和资源的循环再利用。生产商主导城市矿产的开发利用，能够显著提升回收效率，同时，生产商联合建处理厂分品牌开展废弃物的回收再利用，有效保障了资源由末端的废弃回流到最初的生产，各品牌生产商均能获取到自己想要的废弃物资源进行再加工利用，实现资源的闭环流动，提高资源利用效率。德国开发城市矿产则是由垃圾问题而起，重点在于解决"垃圾"的最终处置，德国是第一个为"垃圾经济"立法的国家，法律的强制对废弃物处置行业起到了推动作用。因此，德国采用政府主导的模式，通过政府颁布的法律条例约束各主体行为。由于生产商负责主要的处理费用，生产商不分品牌集中回收能有效降低成本。

除了差异之外，日本和德国在开发利用城市矿产的过程中还有很多相似的做法。

一是强调生态设计和二手产品交易。日本和德国均要求生产商对产品进行生态设计，在产品设计之初就考虑其废弃之后的回收处理，使得零部件便于拆解，同时进一步提升产品的使用寿命，延长产品的生命周期。无论是日本的旧货市场还是德国的跳蚤市场，其目的都是为消费者提供一个二手产品交易的场所，一些仅仅因款式尺寸不合而功能较完善的产品得到了充分利用，进一步延长了产品的使用期限。

二是顶层设计法律法规。日本和德国在法律法规上对开发城市矿产进行总体把握，明确规定生产者责任，规定回收类别与标准，将电子废弃物的回收处理赋予法律的强制力，以实现产品回收、处理和监管的目标。日本和德国均已建立起一套完善的法律法规体系，从国家层面到地方再到行业，从上到下，分级分类指导城市矿产开发利用。

三是制度规范各主体行为。日本通过家电再生利用券的跟踪反馈，确保产品全生命周期处理工作的开展，真正做到每一产品都"有始而终"。德国的生产商注册制度规定了生产商进入市场的资质，垃圾平衡表有效避免了废旧产品处理过程中的二次污染。从组织形式上来说，两国均是一个政府相对管制的市场，政府在市场中起作用，规范各主体的行为，保障城市矿产的开发利用。

四是基础设施建设保障回收开展。日本和德国通过扩大静脉物流体系、增加回收点、设置废弃物分类桶等措施增大回收半径，建立高效取送系统，节约了回收时间与成本。另外，德国还创造性地开发了线上应用程序方便公众获得回收信息。基础设施的完善是实现城市矿产开发利用的第一关键要素，一方面，消费者选择多元的回收渠道减少了随意丢弃现象，另一方面，生产商和处理商利用各种回收方式降低了回收成本，提高了效率。

五、城市矿产开发的国际经验与启示

随着我国工业化进程加速、消费升级，资源约束与环境污染问题已在我国集中出现，此时对城市矿产开发利用已经成为化解我国资源与环境双重约束的有效途径。然而，我国对城市矿产的开发利用的探索尚处于初始阶段，由谁开发，开发什么和怎样开发等问题还未得到有效解决。为此，本节在分析日本、德国开发城市矿产成功经验的基础上，力求为我国开发城市矿产提供经验借鉴。研究发现如下内容。

就开发模式而言，日本是一个"政府引导—生产商主导—消费者参与"的模式，具有生产商主导，众多利益相关者紧密合作的特征；而德国是一个"政府主导—生产商参与—公共废物管理机构配合"的模式，是一种政府统一安排，众多利益相关者配合的模式。两国均按照生产、消费、回收和处理再利用的产业链进行城市矿产开发利用，并从顶层设计、政策引导、制度规范、基础设施建设和技术创新五个方面对其开发进行保障。

借鉴日本和德国的成功经验，结合我国城市矿产开发的目标与存在的问题，从以下五个方面构建我国城市矿产开发利用的新模式。

（一）倡导多主体社会参与

主体是城市矿产开发利用的核心。城市矿产的开发涉及政府、生产商、消费者、零售商、科研机构和大学等多个利益主体，厘清不同利益主体的需求，互利互惠促进城市矿产开发。在政府引导下，积极培育生产商主动性与创新性，激发消费者参与热情，逐步实现由政府引导、生产商主导、消费者参与的城市矿产开发利用模式。设置权威专门领导机构对城市矿产开发进行统一部署，定期举办官方和非官方会议，加强中央政府、地方部门、生产商、科研机构和大学之间的交流与合作。消费者接受度是城市矿产成功开发的关键要素，应该积极推动消费者思想观念转变，形成自觉参与城市废弃物回收利用的社会氛围。前期可通过奖励金的形式激励消费者主动向回收点交付电子废弃物，并通过长期、全范围的宣传教育，逐渐让消费者充分认识了解"生产商和消费者责任制"。

（二）实施产品全生命周期管理

如何回收处理是城市矿产开发利用的关键。日本和德国均强调生产商责任，高度重视产品从生产到最后处理全生命周期的管理，坚持"谁生产、谁处理"的原则。要构建我国"政府引导—生产商主导—消费者参与"的城市矿产开发利用模式，就要落实生产商责任。政府引导生产商采用先进的环保材料，推广绿色产品设计，提升生产商生产管理水平与产品设计人员能力，从源头减少资源消耗和对环境造成的压力。要求生产商利用大数据，建立产品追踪和废弃物再制造溯源信息系统。政府和生产商共同推进废弃物回收网络建设，以方便公众为原则，联合零售商利用逆向物流网络、在社区设置回收亭和借助第三方物流平台——邮政网络等展开多渠道回收。生产商自行或联合专业处理厂建立对废弃物进行回收、再生加工、循环利用一整套处置体系。

（三）强化技术创新研发

技术是推动城市矿产开发利用的根本动力。我国再生资源行业仍存在精细化分拣技术水平低，部分作坊式小厂回收不规范，导致环境问题、整体回收利用率低、高价值再生应用少等技术问题。亟须提高废弃电子电器产品、报废汽车拆解利用技术装备水平，鼓励新兴城市矿产精细化高值利用等关键技术与装备研发，形成从废物分类、处置到资源化一套完整的技术装备。重视产业技术和技能人才培养，加强产学研合作，开展关键技术开发，引进、消化、吸收国外先进技术，培育形成具有成套处理装备研发、设计、制造能力的企业。要加快推广应用先进适用技术，淘汰落后工艺、技术，向产品高端化发展。

（四）提升基础设施建设

基础设施是促进城市矿产开发利用的客观要求。通过"城市矿产"示范基地建设，将废弃物进行集中处理，能有效缓解资源约束与减轻环境污染。加强示范区域城市矿产开发利用的带头作用，加快建设完善的基础设施，推动物联网电子监管技术在废弃物循环利用中的应用，建立废弃物线上线下融合的回收网络。完善建立物流体系，组织搭建促进城市矿产开发利用的公共服务、信息服务和技术服务等平台。把信息和物流基础设施作为城市矿产开发的重要任务，打造城市矿产开发大数据平台，分享废弃物资源和技术资源，完善交通运输网络。规范审查废弃物处理厂选址，必须以不影响人居环境为原则，并严格实施废弃物排放标准。

（五）构建多层次制度体系

一系列的政策法规与制度措施是城市矿产开发利用的基础。国家法律法规的顶层设计、政府管理的制度规范、管制和激励双重的政策引导三者相互依存，共同保障城市矿产的开发利用。一是出台有关城市废弃物回收利用的法律条令，合理确定城市废弃物涵盖的范围，制定回收利用城市废弃物的有关标准，以法律的形式明确规定生产商、零售商等主体在回收处理过程中的责任和义务。同时评价标准的制定应该多样化，根据不同城市的重点和难点，要因地制宜，构建不同的城市矿产开发标准。二是对生产商和处理商实行资格认证制度，探索推进生态标签制度，建立完善监督管理制度。三是建立税收补偿、贷款优惠等市场化运行机制，激励企业和公众参与城市矿产开发，同时对非法处理和丢弃行为进行严厉处罚。

第二节 互联网背景下城市矿产回收利用模式创新

回收是城市矿产得到有效开发利用的前提条件。但是目前我国城市矿产传统线下回收模式仍然面临着成本高、存在污染、市场信息不畅、资源配置不合理等问题。互联网的兴起给中国城市矿产回收利用带来了新的发展机遇，互联网的交互性、共享性特质契合回收行业特点，催生了一大批城市矿产"互联网+回收"平台。但是这些不同平台结构的特征是什么，运行机制如何，效果怎样等问题尚未得到解答。因此，本节采用多案例研究方法，以电子废弃物的"互联网+回收"为例，选取爱回收、回收哥、网优二手网作为研究对象，从单个案例内分析及跨案例分析两个层面对中国城市矿产"互联网+回收"模式进行了研究，剖析了不同回收模式的商业模式并深入探讨它们的异同，总结出"互联网+回收"模式的结构特征、运行机理和运行效果。

一、研究设计

（一）研究方法

本节以中国电子废弃物为例，采用多案例比较研究方法探讨"互联网+"背景下我国城市矿产回收利用模式，理由如下。首先，本节研究主题为城市矿产回收利用模式创新，属于典型的"是什么"、"怎么样"和"为什么"研究问题，研究主题本身非常适于采取案例研究方法（Eisenhardt，1989）。其次，回收模式涉及价值定位、业务模式、客户模式、盈利模式等多个模块，在回收模式的形成过程中，各模块是个动态的、相互交互的过程，采取纵向案例研究能够充分地认识基于不同出发点、在不同现实基础背景下，经过各模块交互作用下形成的多种"互联网＋回收"平台模式，有利于找出异同，总结"互联网＋回收"模式的结构特点、运行机制及回收效果。最后，采用案例研究的方式能够比较清晰刻画城市矿产"互联网＋回收"模式的特征。

为了探索"互联网＋"电子废弃物回收的商业模式，我们使用 Osterwalder 和 Pigneur（2010）开发的商业模式画布。目前该商业模式画布已经被广泛使用，有效性已经得到证实。在本节中，商业模式画布的九大模块被集成到四个维度：业务模式、价值定位、客户模式和盈利模式，详见图5-4。

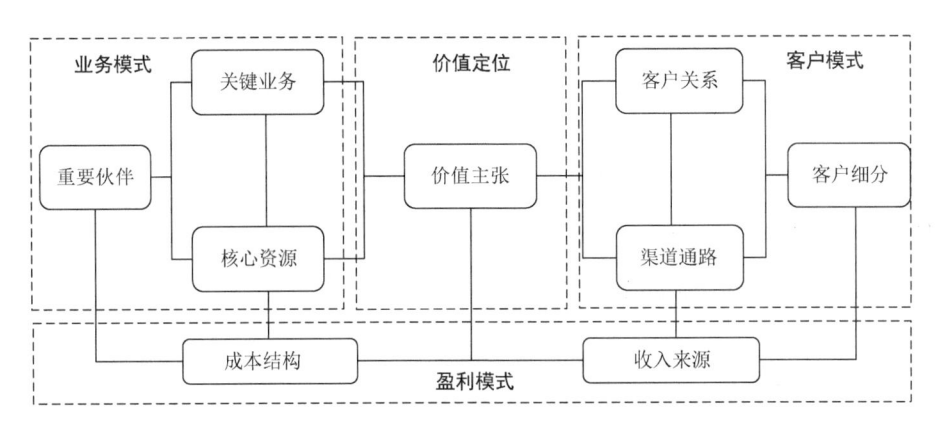

图 5-4　商业模式画布

其中，价值定位是指企业向特定目标客户群提供的价值；客户模式描述了公司如何定义其目标受众和服务对象的不同人群或组织，如何与客户沟通和接触以交付价值主张，以及公司与特定客户群建立的关系；业务模式描述交付价值主张所需的价值系统配置，即内部或合作伙伴的资源、资产、活动和网络之间的关系；盈利模式可以理解为基础设施创造价值所需的成本和销售价值的收入，收入和成本之间的差额决定了一个公司的盈利能力。

（二）案例的选择

本节主要基于以下三项原则选择爱回收、回收哥与网优二手网作为案例研究样本。①案例研究的代表性。爱回收、回收哥与网优二手网的主要业务是电子废弃物系列，且在行业取得了一定的成功。②案例具有差异性。爱回收平台是由一家互联网企业发展而来的，回收哥是由一家电子废弃物处理公司进入回收环节而建立的平台，网优二手网则从一开始就是作为纯粹的第三方平台，三者本身的差异性有利于洞察"互联网＋回收"模式结构特征与运行模式。③数据的可得性。爱回收、回收哥与网优二手网是我国电子废弃物回收行业中的龙头企业，国内媒体与协会对其报道较多,且其公司的高层管理者经常参加电子废弃物行业会议,讲解公司最近的进展,因此,三家企业信息透明度较高,有利于数据的收集。三家企业的背景信息详见表5-2。

表5-2 爱回收、回收哥与网优二手网的背景信息

名称	进入电子商务时间	主营业务	服务区域	O2O模式	平台
爱回收	2011年	废弃电子产品回收,如笔记本电脑、手机等	全国	由互联网企业进入回收领域	网站（为主）、APP、微信
回收哥	2015年	电子废弃物的回收与分类	武汉、天津、深圳等地	由废弃物处理公司进入回收领域	APP（为主）、网站、微信
网优二手网	2004年	为电子废弃物回收提供信息和运输服务	全国	第三方平台	网站

注：O2O（online to offline，线上线下商务）；APP（applet，小程序）

（三）数据的收集与分析

为提高案例研究的信度和效度,本节根据Miles和Huberman（1994）所描述的三角测量法,从多个信息来源分析案例。数据来源主要有以下4个方面：①2014年9月至2016年1月间,研究团队参加了6次再生资源、循环经济、城市矿产等行业论坛和会议,获取了大量行业资料,并听取了样本企业的主题报告；②听取了样本企业高管主题演讲并进行了访谈；③广泛搜集了样本企业及所在行业的相关报道和报告,包括公司官网、新闻、媒体评论以及研究报告等；④直接体验样本企业的网络平台及移动APP等。数据来源详见表5-3。

表5-3 数据来源

项目		数据来源
爱回收	一手数据	（1）爱回收运营总监；（2）爱回收公共关系总监；（3）爱回收线下门店员
	二手数据	（1）爱回收官网和微信账号推送信息；（2）爱回收的媒体报道和学术研究论文；（3）公司负责人在研讨会、会议上的发言；（4）我国废弃物回收利用的书籍和报告
	参与观察	（1）参观北京、上海、长沙的线下门店；（2）作为普通用户体验线上平台,包括网站、APP、微信
回收哥	一手数据	（1）公司副总经理；（2）深圳回收哥执行董事、总经理
	二手数据	（1）回收哥网站及微信账号推送信息；（2）回收哥媒体报道与学术研究论文；（3）公司负责人在研讨会、会议上的发言；（4）我国废弃物回收利用的书籍和报告
	参与观察	作为普通用户体验回收哥在线平台,包括网站和APP

续表

项目		数据来源
网优二手网	二手数据	（1）网优二手网网站及微信账号（网优资讯）推送信息；（2）网优二手网的媒体报道与学术研究论文；（3）公司负责人在研讨会、会议上的发言；（4）我国废弃物回收利用的书籍和报告
	参与观察	作为普通用户体验在线平台，包括网站和APP
产业政策和相关信息	一手数据	（1）与政府相关部门和协会访谈；（2）参观电子废弃物交易中心及废弃物处置园
	二手数据	（1）国家和产业政策文件；（2）我国回收利用白皮书和报告

本节主要采用归纳法对案例数据进行整理分析（Eisenhardt，1989；Yin，2018）。我们采用统一的编码原则对不同回收模式所对应的价值定位、客户模式、业务模式和盈利模式进行提炼以及编码分析。然后结合归纳和编码分析结果进行具体的案例分析：①案例内分析，分析每个"互联网＋回收"模式的商业模式，识别出每个案例企业的价值定位、客户模式、业务模式和盈利模式；②跨案例分析，通过案例比较和综合，识别不同"互联网＋回收"模式的异同，探索电子废弃物"互联网＋回收"商业模式的内在机理，总结出模式的结构特征、运营机制以及效果。

二、互联网企业主导型的"互联网＋回收"模式

爱回收是由互联网企业主导形成的"互联网＋回收"平台，爱回收回收的主要产品是笔记本电脑、手机、平板电脑等数码电子产品。该平台回收流程如下：用户通过网上查询产品型号，填写产品的外观、性能等状态来进行询价；爱回收将信息转发给合作回收商，回收商给出报价，爱回收实时收集后呈现给用户，用户自主选择最高报价来生成订单并选择回收物流方式；爱回收收到产品后将产品进行分类，对于价值较高，可以重复利用的二手产品，会由专业厂家修补增值后，经由京东、1号会员店、闲鱼等回收商或直接经由爱回收网进行销售，对于价值很低的报废产品，爱回收将其交给上海新金桥环保有限公司、上海电子废弃物交投中心有限公司等专业处理企业进来拆解处理（图5-5）。截至2023年末，爱回收已有252家门店，平均月订单达15万台，拥有超过1500万用户，年回收量达40.6万t。

（1）价值定位。爱回收致力成为中国网上电子产品回收第一平台，为客户提供最高价格、有安全保障、隐私保护、方便快捷的合法回收。

（2）客户模式。爱回收的客户主要为持有废旧电器电子产品，需要处置的消费者，同时还有一部分二手产品需求者。为了实现其价值主张，爱回收把客户按

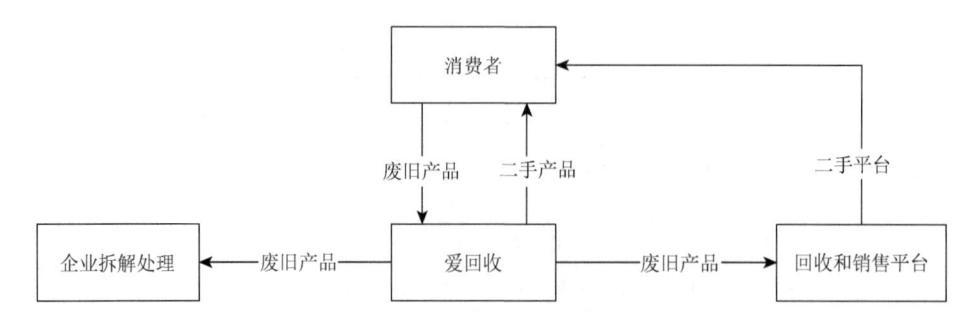

图 5-5 爱回收的回收流程

区域进行了划分,上海、北京、广州、深圳为核心区域,在这些区域内的部分社区,爱回收建立了回收门店和上门回收团队,能够与客户进行面对面的沟通和交易;在这四个区域外,爱回收通过快递物流方式和客户对接。爱回收通过自己的微信公众号和新浪微博让客户进行咨询、下单、反馈和分享。

(3) 业务模式。爱回收提供的关键业务主要有旧机竞价回收、二手机出售以及报废产品的处置。为实现竞价回收,爱回收网与作为后端回收商的京东、1号会员店、闲鱼等品牌电商合作。一方面,回收商竞价能保证消费者获得市场最高价,另一方面,借助回收商的平台能保证足够的回收容量和销售能力。为规范环保处置报废产品,爱回收与上海新金桥环保有限公司、上海电子废弃物交投中心有限公司合作,由这些专业的环保、拆解企业对报废产品进行拆解和处置,保证报废产品以环境友好型的方式处置。

(4) 盈利模式。爱回收主要有三大收入来源:一是二手机回收、出售的差价;二是与品牌电子产品生产商合作获得的广告费用;三是报废产品的销售收入。其成本来源主要也有三方面:一是网站平台的建设、运营和维护成本;二是四大核心城市的门店、上门回收团队等回收渠道建设成本;三是给予客户的快递补贴和交通补贴。从整个盈利模式来看,爱回收的盈利主要来源于二手产品,而对报废产品的回收处理目前处于亏损状态。

三、电子废弃物处理企业主导型的"互联网+回收"模式

回收哥是由电子废弃物处理企业主导形成的"互联网+回收"平台。回收哥是由格林美股份有限公司打造的城市垃圾"互联网+回收"平台,其母公司格林美股份有限公司是中国电子废弃物循环利用龙头企业,创建了世界先进的废旧线路板处理流程,成为全球领先的报废线路板处理基地,具备强大的电子废弃物处理能力。回收哥主要是帮助其母公司完善废弃物收购渠道,利用手机 APP、微信和网站,实现居民线上交投废品与回收哥线下回收的深

度融合。回收哥的具体回收流程如下：消费者通过在 PC 端、微信端、APP 端以及 400 客服电话进行废品交投并预约上门回收时间和地点，回收人员则通过 PC 端、APP 端进行废品订单抢单，抢单后与用户确认预约时间，然后回收人员按时上门收货，收货完成后，回收人员在回收哥加盟版端点击确认回收，货款就会由回收哥公司以转账的形式直接支付给用户，并支付一定比例的服务费给回收人员（图 5-6）。

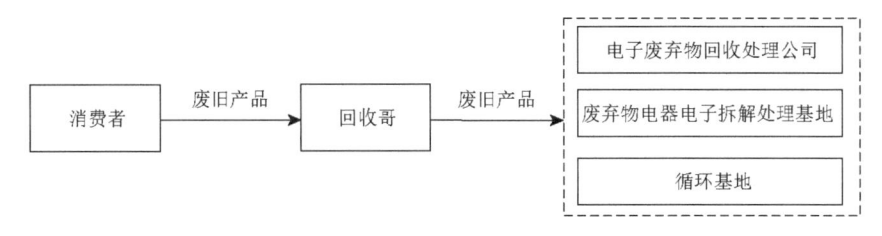

图 5-6 回收哥的回收流程

（1）价值定位。回收哥旨在构建全国性的新型"互联网＋回收"体系，打造城市废弃物回收的"互联网＋"平台，实现老百姓、回收哥、格林美股份有限公司、商家、政府五位一体的共生共赢模式。

（2）客户模式。回收哥主要服务于两大类客户：自己的兄弟公司和消费者。面对自己的兄弟公司，回收哥主要是提供充足的电子废弃物资源；针对消费者，回收哥通过手机 APP、微信和网站，使其能够快速地进行废品的交投和预约，并通过回收人员上门实现足不出户就回收。

（3）业务模式。回收哥提供的关键业务主要包括电子废弃物上门回收与集中处置。为了实现上门回收，回收哥通过与小散回收商合作，以加盟的方式让小散回收商成为自己的回收人员，且通过专业培训使其到达回收哥企业的标准，并统一着装加强身份认同。为了集中处置回收到的电子废弃物，回收哥与回收处理公司、拆解处理基地、循环产业园等其他母公司旗下的子公司合作，保证电子废弃物得到合法、环保处理，并且被有效利用，最大化其资源价值。

（4）盈利模式。回收哥的收入来源主要是其将电子废弃物出售给兄弟公司获得收入，其成本来源主要是支付给消费者的货款以及加盟商的服务费。

四、独立第三方平台主导型的"互联网＋回收"模式

网优二手网是由独立第三方平台主导形成的回收平台。网优二手网主要是为

生产型企业、贸易服务型企业、经营二手设备与废旧物资的商家以及政府事业单位等对象提供专业的信息发布、推广宣传和交易支持等服务。个人消费者、生产企业、回收商以及拆解处理企业、再制造企业等废旧电器电子产品的供需双方将自己的供需信息发布到网优二手网上,并根据自己的需求去寻找匹配的供应商或需求方。供需双方在平台上实现匹配,并进行线上交易及线下交割(图5-7)。截至2023年底,网优二手网已经覆盖全国,拥有436万会员,日均更新信息上万条,连续两届四年荣获"电子商务示范企业""全国商贸流通服务业先进集体""江西省著名商标""江西省服务业龙头企业""江西省守合同重信用公示单位""江西省2019年度瞪羚企业"等。

图 5-7 网优二手网的回收流程

(1) 价值定位。网优二手网主张让再生资源得到最大化流通,让再生资源市场中的各交易和服务方实现共赢、盘活闲置资产、创造社会价值,以推进中国的循环经济建设。

(2) 客户模式。为了实现其价值主张,网优二手网为再生资源交易双方提供信息交易和服务平台。网优二手网的客户有二手设备商家、生产型企业、废旧物资商家以及贸易服务型企业和政府事业单位等,可以归纳为三类:废旧产品的需求方、供应方以及不参与交易但对行业比较关注的客户。针对废旧产品的需求方和供应方,网优二手网主要是通过网上提供网页展位以及广告位帮助双方进行信息匹配,并通过线下组织参与行业会议来建立彼此的联系;针对行业关注者,则是以行业资讯专栏作为渠道通路。为了维护与客户的关系,增加客户的黏性,网优二手网建立了会员制度,并且在网站开辟了人物展示专栏和网优博客。人物专栏以报道和访谈实录相结合的方式,全方位展示从行业中成长、发展、壮大起来的从业人员;网优博客则供用户开通自己专属的博客,探讨行业发展、交流感情等来创建网优圈,打造人脉圈。

(3) 业务模式。网优二手网的关键业务主要有三块:一是平台管理,以提升供需双方提供交易等相关服务的能力;二是信息资源搜集,包括行业信息和客户资源的搜集,以保持和扩大网站客户规模;三是外部联络,包括与行业协会、行业会议的联系,以拓展线下活动,增强和客户的联络。为支持关键业务的开展,网优二手网必须具备一些核心资源:一是技术资源,如网络平台、搜索排名技术等；二是客户资源，充足的客户资源是交易顺利开展的基础；三是线下活动平台，为了增强平台与客户、客户与客户的联系，参与各种行业会议是一种有效的方式。三种资源中，前两种是网优二手网自己具备的，第三种资源则需通过会议展览等合作方式来获取。

（4）盈利模式。网优二手网的收入主要来源于会员费、展位费以及广告费等，而其成本主要为网站开发和运营、维护的费用以及与会议展览等合作的费用。在网站开发初期，由于会员数量少，网站不能盈利。随着用户规模的不断扩大，收入不断增加，而成本相对比较固定，网优二手网已经能扭亏为盈。

五、城市矿产回收利用模式的比较

爱回收、回收哥与网优二手网三者最大的不同之处在于"出生"的方式。不同的"出生"方式决定了企业的资源基础与核心能力，企业主要基于现有的资源基础与核心能力构建自身的核心业务，并通过外部合作的形式解决自己不擅长的业务领域。爱回收平台是由一家互联网企业发展而来的，其天然具备大量的消费者基数与网络构建能力。因此，爱回收主攻电子电废弃物回收环节，而将不具备技术优势的拆解加工环节外包给上海新金桥环保有限公司、上海电子废弃物交投中心有限公司等专业处理企业进行拆解。回收哥是由中国电子废弃物循环利用龙头企业格林美股份有限公司创建而成，其电子废弃物处理在世界处于领先水平。因此，回收哥主要聚焦于电子废弃物处理拆解环节，其回收团队主要通过加盟的方式形成，且其仅将回收体系建设作为企业自身拆解原料的渠道，并未对外部企业开放。网优二手网则从一开始就是作为纯粹的第三方平台，信息撮合是其本身具备的行业属性。因此，网优二手网将促进信息匹配与供需的对接作为自身的核心业务，其并未涉及前端的回收体系建设与后端的拆解处理。

总结分析三个"互联网+回收"平台，可以发现"互联网+回收"模式是对信息流、物流、资金流的有机连接（图5-8）。以消费者为代表的废旧产品供应方（任何提供废旧产品的个人或企业）及以回收商为代表的废旧产品需求方（任何回收废旧产品的个人或企业）将自己的供需信息放入互联网平台，双方根据自己的需求寻求匹配的对象。供需双方在线上达成一致后，废旧产品在线下从消费者手中交付到回收商。回收商将价值高的二手产品又经由互联网平台销售给消费者，价值低的报废产品则交由专业拆解处理企业进行处理加工，加工后的产品或提供给再制造企业作为零部件，或经提炼成为金属后进入后端生产制造企业。

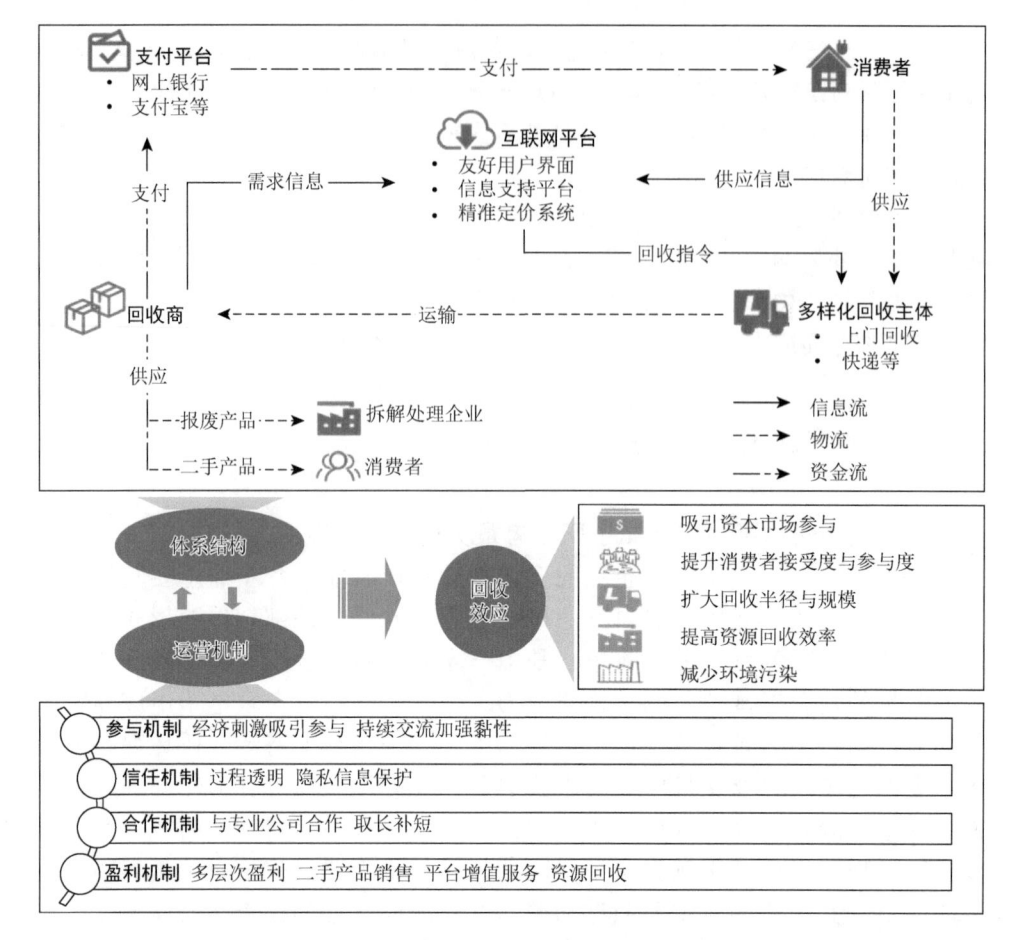

图 5-8　O2O 电子废弃物回收模式的结构、机制和效果

（一）结构特征

城市矿产"互联网+回收"模式集合了信息流、物流、资金流，为了保证"三流"的有序、持续流动，我国城市矿产"互联网+回收"模式通过一系列系统和渠道来获得相应的结构特点。通过构建友好的客户界面、信息支持平台实现信息流的畅通，通过构建畅通的物流配送渠道实现物品的有效流动，通过精准定价和便捷的支付系统来实现资金的顺利流动。

（1）友好客户界面。网站、APP 是"互联网+回收"的重要平台，其界面友好性直接影响到客户的感知及使用意愿（Zhang et al.，2019）。不管是爱回收、回收哥还是网优二手网的网站界面或者 APP 界面都清晰、有序，客户能够很便利地找到自己需要的信息或者需要操作的程序。

（2）信息支持平台。我国城市矿产"互联网+回收"的实质是以电子废弃物为特殊对象的在线交易中介。作为在线交易中介，信息的对接是核心，必定要具备信息支持平台并保证信息透明度。信息透明度包括价格和数量以及供需双方信息的透明度。网优二手网开辟了企业库、企业个性店铺、网优博客等专栏对会员企业进行全方位的信息展示，供需双方可自由对话，最大限度降低了信息不对称；同时还提供了不同产品历次交易的价格给交易双方作为参考，如爱回收网在其主界面上明确显示了近期回收的产品的价格和回收数量，回收哥定期发布不同类型规格产品的价格指数。

（3）畅通物流配送渠道。城市矿产来源分散，大多由居民生活端产生，最后一公里的对接是重点，这就要求要有畅通发达的物流配送系统。爱回收在核心区域组建自己的门店并组建自己的回收团队进行上门回收，核心区域外则借助第三方物流配送；而回收哥更是通过加盟的方式迅速扩大自己的回收团队，有效实现上门回收。

（4）精准定价和便捷支付系统。城市矿产品如何实现精准定价是交易快速达成的核心。"互联网+回收"平台均有比较清晰的定价体系以便实现精准定价。例如，爱回收致力于为客户提供最高价格的规范回收，这是其最为吸引消费者的竞争优势，其精准的定价系统就是极为重要的竞争策略。爱回收建立了一套详细的废旧电子产品评价标准，从产品品牌、型号、外观、功能等各项进行评价，然后给出经过机器筛选的各回收商所报出的最高价格提供给消费者，而回收哥则定期给出不同规格型号城市矿产的价格指数。在支付系统方面，不同平台都通过选择网上银行/支付宝等成熟安全的支付方式来实现方便快捷的支付。

（二）运营机制

我国城市矿产"互联网+回收"商业模式中，客户模式与业务模式是整个商业模式的核心，盈利模式则是企业持续发展的强大动力。为了客户模式的稳定有序运行，"互联网+回收"建立了积极的参与机制来吸引客户的加入并通过信任机制来留住客户；为了实现业务模式的高效运行，"互联网+回收"构建了良好协作机制进行资源整合；为了获得持续的盈利，"互联网+回收"构建了多层次的盈利机制。

（1）参与机制。城市矿产的提供者就是居民，居民是回收的核心主体，增强消费者参与的积极性是实现回收模式存续及运转的重点。一方面回收平台通过抽奖、微信红包、礼品兑换等多种活动吸引消费者参与回收；另一方面回收平台通过构建信息反馈渠道来增加消费者参与回收平台的机会，加强消费者在平台中的嵌入性，实现持续参与。例如，回收哥在春节时推出废品换年货的活动吸引了大量消费者参与；爱回收通过微博与消费者互动，消费者在完成一笔交易之后，可以拍下回收现场照片，发表感想和意见；网优二手网更是开辟了网优博客，用户可在上面发表意见、传播资讯，极大地增强了用户对平台的黏性。

（2）信任机制。"互联网＋回收"区别于传统线下回收的一个特点就是交易过程被延长，物流与资金流往往不会同步，使得消费者容易对交易过程产生不信任，此外废旧手机等不同于废钢废纸，其中包含大量个人信息，保障个人信息的安全也是回收平台吸引消费者参与回收的必要条件。回收平台一方面通过回收过程的透明化来降低消费者的不信任，客户可实时追踪自己产品的回收状态；另一方面通过对手机中残余个人信息的处理保证隐私安全，增强消费者的信任。例如，爱回收回收废旧手机后的第一个固定处理环节，就是由专人严格负责删除清理消费者的个人信息，确保隐私不外泄，为消费者的个人信息安全把关。

（3）合作机制。我国城市矿产"互联网＋回收"系统由消费者、回收商、拆解处理企业、物流、银行/支付宝、网络平台等构成，单个主体核心资源和能力有限，必须构建良好的协作机制来整合各个主体的资源和能力以推动整个回收系统持续运转。回收平台往往通过与其他主体合作来实现完整循环的构建。例如，爱回收与上海新金桥环保有限公司合作实现后端处理；回收哥通过加盟方式与大量小散回收商合作来实现线下回收。

（4）盈利机制。在传统模式下，城市矿产回收一直是一个小散乱的市场，没有规模效应，盈利模式单一；而"互联网＋回收"模式重新构建了线上平台和回收团队，投入了更多的成本，构建好盈利模式就成为"互联网＋"模式持续生存的重点。通过案例分析，我们发现"互联网＋回收"模式通过多层次的盈利机制来获得持续盈利。首先，将废旧产品进行分类，把其中价值高的能再使用的产品进行修补后作为二手产品再销售出去获得高收益，典型案例为爱回收。其次，通过专业拆解处理，最高效率提取电子废弃物中的金属物质，获得最大的资源价值。比如，回收哥的母公司格林美股份有限公司就是专业从事电子废弃物拆解处理的上市公司，能够利用自主开发的专利技术对电子废弃物中的镍、钴等稀有金属进行循环利用。最后，网络平台通过注册会员的方式，为高端客户提供更为细致的服务，从而收取会员费，并在网站上开辟展位、广告位，收取展位费、广告费。

（三）"互联网＋回收"效果

互联网平台提供供需双方互动的机会，强化信息流动，降低受众搜索有用信息所需的成本,提供双方实现价值交换、完成价值创造的场所,正因为如此,平台消除了信息的不对称性,打破了以往由信息不对称带来的商业壁垒。互联网平台这一突出特点赋予了"互联网+回收"模式生命力,给城市矿产回收行业带来了巨大的冲击和希望。首先,新的回收模式的出现使得回收行业受到资本市场的青睐。以爱回收为例,其成立不到5年即获得共计7000万美元的融资。其次,基于互联网平台的便捷回收模式迅速为消费者所接受。回收哥上线10天即有3000用户,爱回收现有超过1500万用户,网优二手网现有稳定会员432万人。最后,经互联网平台所回收的电子废弃物均进入了正规拆解处理企业,降低了小作坊式作业导致的环境污染。

六、研究结论

本节采用多案例研究方法,以电子废弃物的"互联网+回收"为例,选取爱回收、回收哥、网优二手网作为研究对象,从单个案例内部分析及跨案例分析两个层面对我国城市矿产"互联网+回收"模式进行了研究,剖析了不同回收模式的商业模式并深入探讨它们的异同,总结出"互联网+回收"模式的结构特征、运行机理和运行效果。研究结果表明以下内容。

(1)城市矿产"互联网+回收"有三种典型的模式:互联网企业主导型的回收模式、废弃物处理企业主导型的回收模式以及独立第三方平台主导型的回收模式。三种模式在价值定位、客户模式、业务模式、盈利模式四个维度上各有特点和优劣。

(2)城市矿产"互联网+回收"为保证信息流、物流、资金流的有序、持续流动,通过一系列系统和渠道来获得相应的结构特点。通过构建友好的客户界面、信息支持平台实现信息流的畅通,通过构建畅通的物流配送渠道实现物品的有效流动,通过精准定价和便捷的支付系统来实现资金的顺利流动。

(3)城市矿产"互联网+回收"商业模式中,客户模式与业务模式是整个商业模式的核心,盈利模式则是企业持续发展的强大动力。为了客户模式的稳定有序运行,"互联网+回收"建立了积极的参与机制来吸引客户的加入并通过信任机制来留住客户;为了实现业务模式的高效运行,"互联网+回收"构建了良好协作机制进行资源整合;为了获得持续的盈利,"互联网+回收"构建了多层次的盈利机制。

(4)城市矿产"互联网+回收"模式有效降低了信息不对称性,减少了交易成本,获得了消费者的认同,扩大了回收的范围和规模;同时废旧产品也基本进入了正规的拆解处理企业,提高了效率,降低了污染。

第三节 居民参与"互联网+回收"的行为研究

相对于传统回收模式而言,"互联网+回收"有效降低了信息不对称性、减少了交易成本、扩大了回收的范围和规模、提高了回收规范度及电子废弃物的回收利用效率(李华秋等,2016),成为回收模式发展的重要方向。但现有学者对于"互联网+回收"的研究,大多是从宏观层面出发探讨模式问题,鲜有涉及微观层面居民参与行为的研究。居民作为"互联网+回收"的直接使用者和主要受益者,他们的积极参与对"互联网+回收"新模式的发展至关重要。因此,本节以电子废弃物为研究对象,从居民行为角度出发,基于技术接受模型(technology acceptance model, TAM)等理论构建整合模型,研究居民参与"互联网+回收"意愿的影响因素以及因素之间的相互关系,以期为促进"互联网+回收"模式发展、提高电子废弃物回收利用效率提供理论支撑和管理建议。

一、理论基础与研究假设

(一)理论基础与研究整合模型

1. TAM

TAM 侧重研究对新技术的接受行为,是解释影响接受信息技术因素的经典模型。TAM 认为,用户使用系统的行为是由用户的行为意向决定的,而用户的行为意向又会受到态度和感知有用性的影响,态度最终是由感知有用性和感知易用性决定的,且感知易用性会影响感知有用性。TAM 最初应用于企业员工对新技术的接受行为,电子商务的兴起模糊了平台技术和网络服务内容的边界,且网络服务本身也含有技术因素,TAM 被广泛应用于网络服务和网络商品的采纳行为研究中(杨翱等,2016;吴亮等,2012)。本节认为"互联网+回收"平台是一种新型网络平台,属于信息技术的一种,适合用 TAM 对其进行研究。

2. 计划行为理论

计划行为理论(theory of planned behavior, TPB)是解释"态度—行为"关系的社会心理学理论。TPB 认为行为意向是最合适的解释行为的变量,影响行为意向的因素主要有三个:第一个因素是态度,第二个因素是主观规范,第三个因素是知觉行为控制。有研究表明,主观规范会显著正向影响行为态度(Fu et al., 2015)。TPB 被广泛应用于解释各种行为的产生,如餐饮、消费、社会与学习等行为。在我们对居民的访谈过程中，居民提到身边的人对"互联网+回收"的态度和参与情况会影响自己参与"互联网+回收"，而自己对"互联网+回收"感知到的难易度也会影响自己参与"互联网+回收"。居民参与"互联网+回收"作为一种参与行为，适合用 TPB 进行研究。

3. 收益-风险分析模型

收益-风险分析（benefit-risk analysis，BRA）模型是消费行为研究的一个主流框架，感知收益与感知风险是影响消费者购买意愿的重要变量。BRA 模型认为消费者对收益的感知比对风险的感知更易受感情的驱动，且收益与产品的内在属性相关，主要是与感官特性和喜好相关的内在属性；同时还与产品的外在属性相关，Pan 和 Zinkhan（2006）将产品属性视为收益；Featherman 和 Pavlou（2003）将感知风险定义为追求期望结果时可能的损失。研究表明，在电子商务环境下，感知收益显著影响消费者的行为意愿（汪明远和赵学锋，2015）；张汉鹏等（2013）通过对网购环境下消费者购买意愿模型的分析，发现电子商务环境下，消费者的购买意愿受感知收益和感知风险的共同影响。居民参与"互联网+回收"的意愿类似消费者的购买意愿，居民在参与"互联网+回收"中也存在感知收益和感知风险。"互联网+回收"中的感知风险主要涉及隐私风险、时间风险和功能风险，感知收益即"互联网+回收"的优势，适合用 BRA 模型进行研究。

4. 研究整合模型

TAM 和 TPB 都是基于理性行为理论发展而来的，但 TAM 更关注接受新事物或新技术的行为，而 TPB 侧重研究对行为的主观控制。这种同源性为整合两个理论提供了可能，并且有研究表明，整合模型比单独使用 TAM 或 TPB 的解释强度更高（Chen et al., 2007）。杨翾等（2016）在 TAM、TPB 整合模型的基础上加入了感知风险，有效地解释了影响用户使用余额宝意愿的因素；Lee（2009）将 TAM、TPB 与感知收益和感知风险进行整合，有效地解释了影响网上银行采纳意愿的主要因素，由此表明，TAM、TPB 与 BRA 模型的整合具有更好的解释能力。

"互联网+回收"涉及平台开发等新技术的应用，居民参与"互联网+回收"意愿与新技术的发展相关，TAM 可以较好地测量影响居民接受新技术的因素。"互联网+回收"是居民环保行为的选择之一，有一般社会行为的特点，适合以 TPB 为研究框架进行分析。同时"互联网+回收"相对传统回收具有很多优势，是居民选择它的重要原因，但其本身是一个网络平台涉及交易风险以及电子产品的隐私处理风险，适合用 BRA 模型分析其收益与风险。

（二）研究假设

一定程度上来说，"互联网+回收"的出现为居民提供了更多便利，尽管我国"互联网+回收"平台的用户数量还有很大的增长潜力，但在当前以用户体验为主的时代下，用户从感知到的易用性和有用性等特性出发对"互联网+回收"平台进行价值判断，将深刻影响其参与"互联网+回收"的态度和意愿。TAM中影响意愿的变量是态度和感知有用性，前人的研究也证明了态度对意愿有正向影响，感知有用性正向影响意愿。根据TAM有关变量的定义，感知有用性可理解为居民认为使用某"互联网+回收"平台可提高其处理电子废弃物效率的程度；感知易用性可理解为居民认为使用某"互联网+回收"平台的难易程度；邓朝华等（2009）通过对移动银行服务采纳的研究，表明感知有用性和感知易用性对态度有正向影响；吴亮等（2012）对物联网服务采纳的实证研究表明，感知易用性对感知有用性有正向影响。基于以上TAM的研究，提出以下假设。

H5-1："互联网+回收"态度正向影响居民参与"互联网+回收"意愿。

H5-2：感知有用性正向影响居民参与"互联网+回收"意愿。

H5-3：感知有用性正向影响居民参与"互联网+回收"态度。

H5-4：感知易用性正向影响居民参与"互联网+回收"态度。

H5-5：感知易用性正向影响感知有用性。

TPB认为，态度、知觉行为控制和主观规范都对意愿有影响。知觉行为控制仅对意愿有正向影响（张毅和游达明，2014），而主观规范不仅对意愿有正向影响，对态度也有正向影响（Pool and Schwegler，2007）。主观规范是指个体行为会受到他人或环境的影响，反映居民是否参与"互联网+回收"会考虑外界社会的意见。知觉行为控制是指个体达成某项行为所感知到的难易程度，是居民对促使或阻止其使用"互联网+回收"平台因素的知觉反应。当居民周边群体都在参与"互联网+回收"或者建议居民参与"互联网+回收"，且居民觉得参与"互联网+回收"无障碍时，他可能会产生参与"互联网+回收"的意愿。因此，提出以下假设。

H5-6：主观规范正向影响居民参与"互联网+回收"态度。

H5-7：主观规范正向影响居民参与"互联网+回收"意愿。

H5-8：知觉行为控制正向影响居民参与"互联网+回收"意愿。

除了上述因素外，居民参与行为还会受感知到的收益和风险方面因素的影响。BRA模型认为感知收益和感知风险会影响消费意愿，Crespo和del Bosque（2010）研究表明感知风险会负向影响态度和意愿，而Lee（2009）在研究接受网上银行的影响因素中证明感知收益和感知风险会同时影响态度和意愿。"互联网+回收"

相对传统回收更快捷、便利，但由于其平台特性，可能存在用户个人信息及账户密码泄露等风险，因此，收益和风险是用户考虑的重要内容。感知收益是指居民认为"互联网+回收"相对于传统回收所具有的优势；感知风险是指居民参与"互联网+回收"所涉及的交易风险和电子产品自身涉及的隐私处理风险。当居民认为使用"互联网+回收"平台比较安全，而且会带来收益时，才会对"互联网+回收"有正面积极的态度，并尝试参与它。因此，本节提出以下假设。

H5-9：感知收益正向影响居民参与"互联网+回收"态度。

H5-10：感知收益正向影响居民参与"互联网+回收"意愿。

H5-11：感知风险负向影响居民参与"互联网+回收"态度。

H5-12：感知风险负向影响居民参与"互联网+回收"意愿。

因此，本节将 TAM、TPB 和 BRA 模型进行整合，构建居民参与"互联网+回收"意愿的影响因素整合模型，如图 5-9 所示。

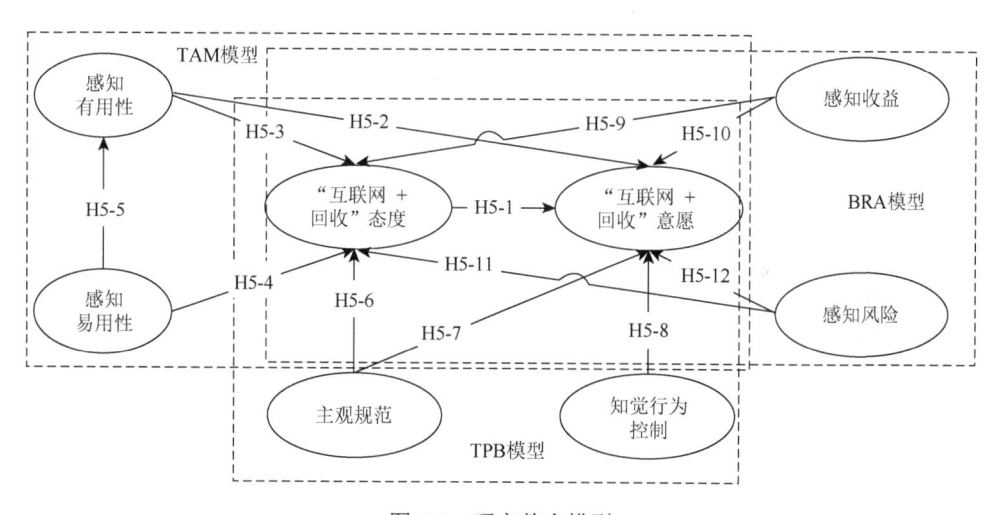

图 5-9　研究整合模型

二、研究设计

（一）数据的收集

本节采用问卷调研的方式收集数据，包括线上和线下两种形式。调查对象包含了不同类别的群体（表 5-4）。通过随机抽样的方式共发放 580 份问卷，回收 556 份，回收率为 95.9%。在剔除无效问卷后，得到有效问卷 535 份，问卷有效率为 96.2%。描述性统计显示，调查群体中男女性别比例均匀，接近 50%；从受教育水平看,受教育水平相对较高,大专或本科及以上学历占 96.64%;年龄主要集中在 18~44 岁阶段,占比达到 92.15%;而家庭人均月收入主要集中在"3001~6000 元"和"8001 元及以上"两段,占比分别是 32.71%和 31.96%;调查对象的居住地域,中部居多,占比 56.26%,其次是东部,占比 34.58%。

表 5-4 统计特征分析表

样本特征	分类标准	人数/人	占比	样本特征	分类标准	人数/人	占比
性别	男	270	50.47%	收入	1000 元及以下	37	6.92%
	女	265	49.53%		1001~3000 元	73	13.64%
学历	初中及以下	5	0.93%		3001~6000 元	175	32.71%
	中专或高中	13	2.43%		6001~8000 元	79	14.77%
	大专或本科	221	41.31%		8001 元及以上	171	31.96%
	研究生及以上	296	55.33%	居住地址	东部	185	34.58%
年龄	18~44 岁	493	92.15%		中部	301	56.26%
	45~59 岁	40	7.48%		西部	49	9.16%
	60 岁及以上	2	0.37%				

(二)变量的测量

在问卷设计部分,本节对爱回收、深圳市绿猫科技有限公司等"互联网+回收"企业的服务人员和该领域专家进行了访谈,主要是为了了解居民参与"互联网+回收"意愿的影响因素以及本节的整合模型是否合理。

本节提炼相关研究中变量相近的成熟量表,结合访谈中提及的"互联网+回收"自身特征进行调整和扩展,构建了包括 27 个测量研究变量的问卷题项。所有变量均来自成熟量表,具体题项及来源如表 5-5 所示。

表 5-5 研究变量及测度指标

变量	指标	指标内容	来源
感知易用性	PEU1	我认为该回收网站或 APP 的版面设计清晰易懂	Lee(2009)
	PEU2	学习使用回收网站或 APP 对我来说很简单	
	PEU3	熟练使用该回收网站或 APP 的各种功能对我来说很容易	
感知有用性	PU1	通过网络回收可以更快地回收电子废弃物	Lee(2009)
	PU2	通过网络回收可以回收更多的电子废弃物	
	PU3	我认为网络回收是有用的	

续表

变量	指标	指标内容	来源
"互联网+回收"态度	AT1	相比传统回收方式，我认为网络回收是一种更好的方式	Lee（2009）Yoon（2010）
	AT2	通过网络回收电子废弃物是明智的	
	AT3	我认为使用网络平台回收电子废弃物会是一次愉快的体验	
	AT4	总体来说，我是支持网络回收的	
"互联网+回收"意愿	IN1	我愿意尝试使用网络回收	Lee（2009）张应语等（2015）
	IN2	如果有待回收的电子废弃物，我会优先选择网络回收	
	IN3	我愿意向亲朋好友推荐网络回收	
主观规范	SN1	对我来说重要的人（如家人、朋友）会支持我使用网络回收	Lee（2009）
	SN2	能影响我行为的人（如老师、同学或领导、同事）会赞成我使用网络回收	
	SN3	我重视其观点的人（如专家、媒体）会赞成我使用网络回收	
知觉行为控制	PBC1	我认为我可以很容易地找到回收网站或APP	Yoon（2011）
	PBC2	我认为我可以成功地使用网络平台回收电子废弃物	
	PBC3	我认为我可以自主决定是否使用网络回收	
	PBC4	我认为我有资源、知识以及能力使用回收网站或APP（如电脑、智能手机，使用互联网的知识与能力）	
感知收益	PB1	网络回收对环保是有利的，使用网络回收会让我觉得有面子	Lee（2009）
	PB2	通过网络回收可以节省我处理电子废弃物的时间	
	PB3	网络回收可以为我提供更广泛的服务	
	PB4	相比在家闲置或丢弃，通过网络回收电子废弃物可以增加我的收入	
感知风险	PR1	我担心个人的账户信息遭到泄露或转作售卖	Featherman 和 Pavlou（2003）
	PR2	我担心回收商不能很专业地处理涉及隐私的电子废弃物（如废旧手机），造成我的隐私及信息泄露	
	PR3	我担心回收网站的部分功能还不完善，使用时会出现问题	

先进行了一轮预调研，共发放93份预测试问卷，经过小组成员对问卷题项内容的评定和筛查，结合项目分析和探索性因子分析，剔除与总分相关性小于0.4、因子负荷小于0.5的4个题项，最终形成了包括24个测量研究变量的题项。

三、研究结果

（一）信度和效度分析

本节使用软件SPSS 22.0和AMOS 21.0对整合模型所涉及的变量做了信效度分析。进行探索性因子分析时，根据各项指标的标准剔除了载荷过低或剔除后能使整体信度提高的个别题项,剔除了题项 PEU1、PBC1 和 PB1,对剩余的题项做了信度和效度分析,结果如表 5-6 所示。

表 5-6 量表信度和效度检验

变量名称	条目或维度	因子载荷	Cronbach's α	CR	AVE	KMO	Bartlett 球形检验	
							检验值	显著性水平
感知易用性	PEU2	0.84	0.867	0.862	0.758	0.500	467.932	0.000
	PEU3	0.9						
感知有用性	PU1	0.8	0.836	0.836	0.630	0.718	633.176	0.000
	PU2	0.82						
	PU3	0.76						
"互联网+回收"态度	AT1	0.73	0.901	0.868	0.621	0.833	1334.591	0.000
	AT2	0.8						
	AT3	0.81						
	AT4	0.81						
"互联网+回收"意愿	IN1	0.8	0.887	0.870	0.690	0.737	914.193	0.000
	IN2	0.87						
	IN3	0.82						
主观规范	SN1	0.83	0.899	0.898	0.746	0.740	1003.833	0.000
	SN2	0.9						
	SN3	0.86						
知觉行为控制	PBC2	0.77	0.782	0.782	0.545	0.691	457.927	0.000
	PBC3	0.67						
	PBC4	0.77						
感知收益	PB2	0.68	0.781	0.766	0.526	0.667	489.500	0.000
	PB3	0.84						
	PB4	0.64						
感知风险	PR1	0.79	0.828	0.832	0.625	0.700	623.272	0.000
	PR2	0.88						
	PR3	0.69						

注:Cronbach's α 为克隆巴赫系数;AVE 全称为 average variance extracted,译为平均方差提取值;CR 全称为 composite reliability,译为组合倍度

本节采用因子分析法检验量表的结构效度。Bartlett 球形检验值和 KMO(Kaiser-Meyer-Olkin)值是结构效度的两个判定指标。感知有用性、"互联网+回收"态度、"互联网+回收"意愿、主观规范和感知风险这 5 项的 KMO 抽样适合性检验值均大于等于 0.7,感知易用性、知觉行为控制、感知收益这三项的 KMO 值在可接受范围内,如表 5-6 所示。所有变量的 Bartlett 球形检验显著性水平均为 0.000,说明本量表的结构效度良好。

(二) 假设检验

为了检验整合模型是否能很好地解释居民参与"互联网＋回收"意愿，本节对模型解释度进行了分析。模型解释度通常用复相关系数 R^2 来验证，主要是通过多元线性回归进行分析，R^2 越接近 1 则认为拟合程度越高，反之，越接近 0 则拟合程度越低。我们的整合模型对"互联网＋回收"态度的解释水平是 75%，对"互联网＋回收"意愿的解释水平是 73%，拟合程度较高，表明整合模型能够较好地解释"互联网＋回收"意愿。

本节通过 AMOS 21.0 运用结构方程模型验证整合模型的假设。拟合修正后，得到的拟合评估指标都在可接受的范围内（表 5-7），表明理论模型与数据的拟合程度很好，符合结构方程模型分析的一般要求。

表 5-7 结构方程模型拟合指标

项目 指标	值								
	χ^2	df	χ^2/df	GFI	NFI	AGFI	TLI	CFI	RMSEA
可接受标准	无	无	≤5	≥0.9	≥0.9	≥0.8	≥0.9	≥0.9	≤0.08
本节研究结果	759.648	227	3.35	0.902	0.917	0.870	0.927	0.940	0.066

注：χ^2 表示卡方检验值；df 表示自由度；GFI 全称为 comparative fit index，译为比较拟合指数；NFI 全称为 normed fit index，译为规范拟合指数；AGFI 全称为 adjusted goodness of fit index，译为调整的拟合度指标；TLI 为 Tucker-Lewis 拟合指数；RMSEA 全称为 root mean square error of approximation，译为近似均方根误差

根据图 5-10 的模型路径系数，可知："互联网＋回收"态度对居民参与"互联网＋回收"意愿产生了正向影响（β_1=0.49，$p<0.001$），H5-1 得到支持。感知有用性对居民参与"互联网＋回收"意愿的影响不显著（β_2=0.11，$p<0.12$），H5-2 不予支持。感知有用性和居民参与"互联网＋回收"态度之间显著正相关（β_3=0.49，$p<0.001$），H5-3 获得支持。感知易用性对居民参与"互联网＋回收"态度的影响不显著（β_4=0.02，$p=0.623$），拒绝了 H5-4。感知易用性对感知有用性有显著正向影响（β_5=0.55，$p<0.001$），H5-5 得到支持。主观规范对居民参与"互联网＋回收"态度和"互联网＋回收"意愿均有显著正向影响（β_6=0.51，$p<0.001$；β_7=0.30，$p<0.001$），H5-6 和 H5-7 均获得支持。知觉行为控制对居民参与"互联网＋回收"意愿的影响不显著（β_8=0.01，$p<0.797$），H5-8 不予支持。感知收益对居民参与"互联网＋回收"态度和"互联网＋回收"意愿均有显著正向影响（β_9=0.22，$p<0.001$；β_{10}=0.14，$p<0.05$），H5-9、H5-10 得到支持。感知风险对居民参与"互联网＋回收"态度和"互联网＋回收"意愿的负向影响

并不显著($\beta_{11}=-0.04$,$p=0.599$;$\beta_{12}=-0.01$,$p=0.115$),H5-11、H5-12 均不支持。最终假设验证结果如表 5-8 所示。

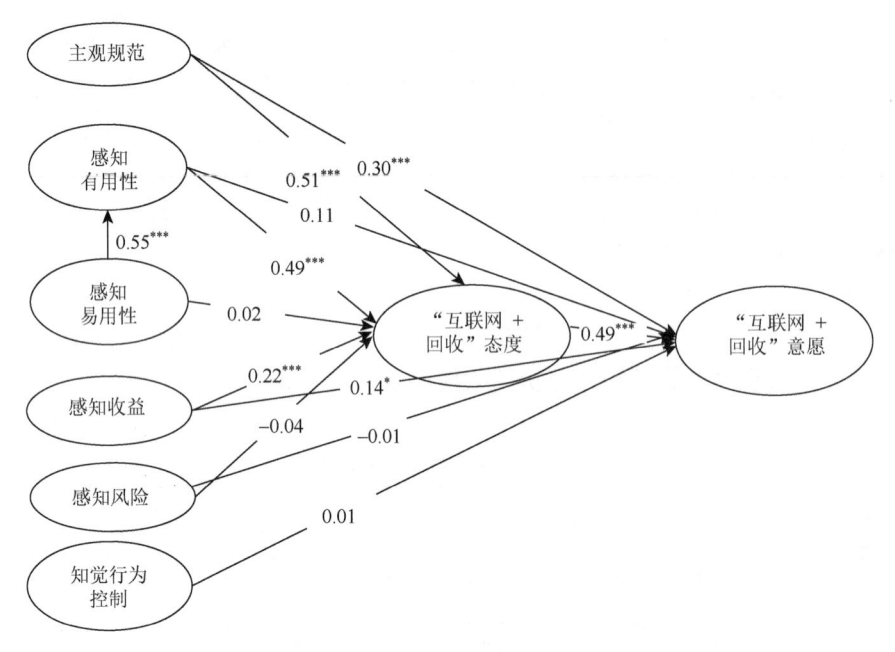

图 5-10 AMOS 标准化路径系数

*代表 5%显著性水平；***代表 0.1%显著性水平

表 5-8 假设检验结果

假设	是否支持
H5-1:"互联网+回收"态度正向影响居民参与"互联网+回收"意愿	是
H5-2:感知有用性正向影响居民参与"互联网+回收"意愿	否
H5-3:感知有用性正向影响居民参与"互联网+回收"态度	是
H5-4:感知易用性正向影响居民参与"互联网+回收"态度	否
H5-5:感知易用性正向影响感知有用性	是
H5-6:主观规范正向影响居民参与"互联网+回收"态度	是
H5-7:主观规范正向影响居民参与"互联网+回收"意愿	是
H5-8:知觉行为控制正向影响居民参与"互联网+回收"意愿	否
H5-9:感知收益正向影响居民参与"互联网+回收"态度	是
H5-10:感知收益正向影响居民参与"互联网+回收"意愿	是
H5-11:感知风险负向影响居民参与"互联网+回收"态度	否
H5-12:感知风险负向影响居民参与"互联网+回收"意愿	否

（三）人口统计学变量的影响

本节还采用了独立样本 T 检验和方差分析等方法分析人口统计学变量对整合模型中变量的影响，性别只有两个指标适合用独立样本 T 检验，其他变量适合用方差分析检验。

通过独立样本 T 检验和组间比较得到，性别在感知易用性方面表现出差异，女性对"互联网+回收"的感知易用性更强烈；性别在感知风险方面存在差异，女性的感知风险更高；而性别在居民参与"互联网+回收"的意愿和态度、感知有用性、感知收益、主观规范、知觉行为控制等方面没有显著差异。

通过方差分析和组间比较得出，居民的受教育水平对"互联网+回收"的感知易用性有显著影响，居民的受教育水平越高，其对"互联网+回收"的感知易用性越低。年龄阶段对感知有用性有显著影响，年龄偏大的居民更容易感知到"互联网+回收"的有用性。地域对知觉行为控制有显著影响，中部地区居民的知觉行为控制更高。家庭人均月收入对感知有用性、知觉行为控制、感知收益、主观规范有显著影响，居民的收入越高参与"互联网+回收"的态度和意愿越高。

四、研究结论

本节在整合 TAM 和 TPB 的基础上，融合了 BRA 模型，构建影响居民参与"互联网+回收"意愿的整合模型。在此基础上，通过问卷调查，收集我国居民参与"互联网+回收"意愿的相关数据，通过结构方程模型分析"互联网+回收"态度、主观规范、感知有用性、感知收益等变量与"互联网+回收"意愿之间的关系。实证结果发现以下内容。

（1）居民参与"互联网+回收"态度受感知有用性、感知收益和主观规范三个因素直接影响，其中主观规范的作用最大，其次是感知有用性，最后是感知收益。在"互联网+回收"发展的初期，由于国家政策、法律、宣传措施等尚不完善，居民主要通过直接或间接的方式了解"互联网+回收"，如他人宣传、亲友推荐、主动了解等，而主观规范强调的就是他人影响，因此主观规范越强，则越容易产生积极的回收态度。在本节研究情境下，感知有用性指的是居民对参与"互联网+回收"提高回收效率程度的感知，感知有用性越高，居民更容易认可"互联网+回收"的价值，进而在这种价值的基础上形成对"互联网+回收"的倾向性认同，因此感知有用性正向影响"互联网+回收"态度。感知收益对"互联网+回收"态度也起到一定的正向影响作用，主要是由于"互联网+回收"方便快捷的优势，与现代人对产品或服务使用便利性观点相吻合，因此更能让其产生积极态度。

同时，本节研究结果也显示，感知易用性和感知风险对居民参与"互联网+回收"态度影响并不显著。感知易用性是居民对于"互联网+回收"网站或APP使用难易程度的感知，在互联网时代，数字原住民或数字移民都已经习惯或者逐渐适应使用各种APP应用或"互联网+"相关平台，对于他们而言，易用并不代表就会产生积极的参与态度，只有在易用且有用的情况下，才会形成参与态度上的赞同，而本节研究也证实了感知易用性虽然不能直接作用于居民参与"互联网+回收"态度，但可以通过感知有用性间接影响居民参与"互联网+回收"态度。感知风险对于居民参与"互联网+回收"态度并没有显著作用。根据互联网时代特点，本节研究认为"互联网+回收"的使用与其他互联网技术一样，个人有关信息的公开不可避免，而新技术的推进又是必然的。因此，作为居民个体，其感知风险并不会直接影响居民参与"互联网+回收"态度。

（2）对于居民参与"互联网+回收"意愿而言，态度有着最为显著的预测作用，其次主观规范和感知收益也会影响"互联网+回收"意愿。态度是一种可以估量的相对稳定的心理构成，态度对于意愿的预测作用已经在消费者行为领域得到了广泛的证实。在"互联网+回收"中，居民态度上的赞同会使得其更有参与的意愿。对于居民而言，通常会比较看重亲朋好友等重要群体的意见，如果他们对"互联网+回收"行为给予积极的支持，则居民的参与意愿会变得更为强烈，主观规范对居民参与"互联网+回收"意愿的促进作用体现于此。在电子商务环境中消费者的感知收益通常会显著影响其购买意愿（Liu and Wei，2003），而在本节研究中，感知收益与参与意愿的正向关系也得到了验证。需要进一步指出的是，主观规范和感知收益不仅直接影响居民参与"互联网+回收"意愿，还可以通过态度间接影响"互联网+回收"意愿。

本节结果显示，感知有用性、感知风险和知觉行为控制对居民参与"互联网+回收"意愿的作用并不明显。然而需要注意的是，感知有用性虽然没有直接影响居民参与"互联网+回收"意愿，但可以通过"互联网+回收"态度间接影响居民参与"互联网+回收"意愿。感知风险在互联网发展中一直是备受争议的问题，本节通过验证假设得到感知风险对居民参与"互联网+回收"态度和意愿的影响并不显著，魏明侠等（2015）在研究余额宝的采纳意愿时也得出了相似的结果。本节研究认为，感知风险对居民参与"互联网+回收"意愿没有影响的主要原因有两点：一是"互联网+回收"所提供的服务给居民带来的好处要显著得多，对大多数居民来说牺牲隐私获取更大的消费者剩余被认为是值得的；二是本节给出的"互联网+回收"场景描述缺乏对侵犯隐私行为结果的情景，使得调查者更加关注"互联网+回收"带来的益处从而淡化了坏处。知觉行为控制对居民参与"互联网+回收"意愿没有显著影响,这与罗丞(2010)的研究是一致的,其原因可能是,东方文化中"集体主义""内敛性"的特点对居民产生了重要影响,使居民个体对参与意向的控制程度常常受制和服从于集体的选择,如身边重要人物的评价等,表现出明显的从众行为倾向。

(3)人口统计学变量会影响居民参与"互联网+回收"意愿和态度。性别对感知易用性和感知风险有显著影响,女性对"互联网+回收"的易用性和风险的感知更强烈。受教育水平对"互联网+回收"的易用性有显著影响,居民的受教育水平越高,其对"互联网+回收"的感知易用性越低。年龄阶段对感知有用性有显著影响,年龄偏大的居民更容易感知到"互联网+回收"的有用性。地域对知觉行为控制有显著影响,中部地区居民的知觉行为控制更高。收入对感知有用性、知觉行为控制、感知收益、主观规范有显著影响,居民的收入越高参与"互联网+回收"的态度与意愿越高。

参 考 文 献

邓朝华, 鲁耀斌, 张金隆. 2009. TAM、可靠性和使用能力对用户采纳移动银行服务的影响. 管理评论, (1):59-66.

李华秋, 杨华星, 黄俊玲, 等. 2016. "互联网+回收"行业的发展研究分析. 电子测试, (19):159-160.

罗丞. 2010. 消费者对安全食品支付意愿的影响因素分析:基于计划行为理论框架. 中国农村观察, (6):22-34.

汪明远, 赵学锋. 2015. 消费者调节定向和从众行为对移动优惠券使用意愿的影响研究. 管理学报, (7):1045-1050.

王昶, 徐尖, 姚海琳. 2014. 城市矿产理论研究综述. 资源科学, (8):1618-1625.

王敏旋. 2005. 发达国家发展循环经济的历程及启示. 北京市工会干部学院学报, (4):34-37.

魏明侠, 黄林, 夏雨. 2015. 网上理财行为致因:基于余额宝用户的经验证据. 管理评论, (9):40-47, 68.

吴亮, 邵培基, 盛旭东, 等. 2012. 基于改进型技术接受模型的物联网服务采纳实证研究. 管理评论, (3):66-74, 131.

向宁, 梅凤乔, 叶文虎. 2014. 德国电子废弃物回收处理的管理实践及其借鉴. 中国人口·资源与环境, (2):111-118.

杨翾, 彭迪云, 谢菲. 2016. 基于TAM/TPB的感知风险认知对用户信任及其行为的影响研究:以支付增值产品余额宝为例. 管理评论, (6):229-240.

张汉鹏, 陈冬宇, 王秀国. 2013. 基于网站和卖家的C2C消费者购买意愿模型:感知收益与风险的转移. 数理统计与管理, (4):718-726.

张科静, 魏珊珊. 2009. 国外电子废弃物再生资源化运作体系及对我国的启示. 中国人口·资源与环境, (2):109-115.

张毅, 游达明. 2014. 科技型企业员工创新意愿影响因素的实证研究:基于TPB视角. 南开管理评论, (4):110-119.

张应语, 张梦佳, 王强, 等. 2015. 基于感知收益-感知风险框架的O2O模式下生鲜农产品购买意愿研究. 中国软科学,（6）: 128-138.

周永生, 王兴攀, 贺正楚, 等. 2014. 城市矿产发展的国外经验与做法及对中国的借鉴. 矿业研究与开发,（6）: 89-94.

Chen C D, Fan Y W, Farn C K. 2007. Predicting electronic toll collection service adoption: an integration of the technology acceptance model and the theory of planned behavior. Transportation Research Part C: Emerging Technologies, 15（5）: 300-311.

Crespo A H, del Bosque I R. 2010. The influence of the commercial features of the Internet on the adoption of e-commerce by consumers. Electronic Commerce Research and Applications, 9（6）: 562-575.

Eisenhardt K M. 1989. Building theories from case study research. Academy of Management Review, 14（4）: 532-550.

Featherman M S, Pavlou P A. 2003. Predicting e-services adoption: a perceived risk facets perspective. International Journal of Human-Computer Studies, 59（4）: 451-474.

Fu J R, Ju P H, Hsu C W. 2015. Understanding why consumers engage in electronic word-of-mouth communication: perspectives from theory of planned behavior and justice theory. Electronic Commerce Research and Applications, 14（6）: 616-630.

Lee M C. 2009. Factors influencing the adoption of internet banking: an integration of TAM and TPB with perceived risk and perceived benefit. Electronic Commerce Research and Applications, 8（3）: 130-141.

Liu X, Wei K K. 2003. An empirical study of product differences in consumers' e-commerce adoption behavior. Electronic Commerce Research and Applications, 2（3）: 229-239.

Miles M B, Huberman A M. 1994. Qualitative Data Analysis: An Expanded Sourcebook. London: Sage Publications.

Morris A, Metternicht G. 2016. Assessing effectiveness of WEEE management policy in Australia. Journal of Environmental Management, 181: 218-230.

Osterwalder A, Pigneur Y. 2010. Business Model Generation. Hoboken: Wiley.

Pan Y, Zinkhan G M. 2006. Exploring the impact of online privacy disclosures on consumer trust. Journal of Retailing, 82（4）: 331-338.

Pool G J, Schwegler A F. 2007. Differentiating among motives for norm conformity. Basic and Applied Social Psychology, 29（1）: 47-60.

Salhofer S, Steuer B, Ramusch R, et al. 2016. WEEE management in Europe and China: a comparison. Waste Management, 57: 27-35.

Yin R K. 2018. Case Study Research and Applications: Design and Methods. 6th ed. London: SAGE Publications.

Yoon C. 2010. Antecedents of customer satisfaction with online banking in China: the effects of experience. Computers in Human Behavior, 26（6）: 1296-1304.

Yoon C. 2011. Theory of planned behavior and ethics theory in digital piracy: an integrated model. Journal of Business Ethics, 100: 405-417.

Zhang B, Du Z J, Wang B, et al. 2019. Motivation and challenges for e-commerce in e-waste recycling under "Big data" context: a perspective from household willingness in China. Technological Forecasting and Social Change, 144: 436-444.

第三篇 政 策 篇

第六章 城市矿产开发的政策机制研究

为促进城市矿产产业的发展，我国制定了一系列产业政策，并根据产业发展特点和需求不断修正和调整政策重点，政策处于持续发展和演进过程中。本章将对城市矿产开发利用的政策机制进行研究，主要回答"我国城市矿产政策演进特征是什么""城市矿产政策的作用机制是什么"等问题。首先，本章系统梳理了我国城市矿产政策的演进特征。其次，揭示了城市矿产产业与政策的共演过程，以及政府角色演化与城市矿产产业政策逻辑转换规律。最后，从本地能力理论视角，探索城市矿产的政策演化及其作用机制。

第一节 城市矿产政策演进特征

深入研究城市矿产政策的演进特征，对于准确把握其阶段性重点和发展趋势、探究政策演进的内在逻辑、促进政策体系的优化完善具有重要意义，但现有相关研究还较为缺乏。本节运用共词分析法和社会网络分析法，以1978～2016年我国颁发的172份城市矿产政策文本为分析对象，根据高频词聚类结果，从政策主题、利用对象、产业链环节、政策措施四个维度刻画不同阶段城市矿产政策特征，探寻城市矿产政策演进规律及影响因素。

一、研究设计

（一）数据来源

本节以1978～2016年中央政府颁布的城市矿产政策文本作为研究对象。本节所选取的政策文献均来源于公开数据资料，主要从中国政府网、国家发展改革委、工业和信息化部等相关部委网站和中国循环经济协会、中国再生资源回收利用协会等城市矿产相关行业协会网站搜集。结合城市矿产产业的特征及定义，在搜集相关政策文本时，本节以"城市矿产""资源循环利用""再生资源""循环经济""固体废弃物""电子废弃物""建筑废弃物""报废汽车""废旧轮胎""环保""资源综合利用""回收体系"等作为关键词进行检索。为保障所收集政策文本的权威性、代表性和有效性，采取以下原则对检索到的政策文本进行遴选：①所选取的政策与城市矿产密切相关；②所选取的政策为全国性政策，由中央政府及其直属机构颁发；③所选取的政策类型主要是法律法规、规划、计划、通知、公告、措施、意见、办法等文件，剔除目录类、监督评审类、技术征集与推广类、标准、实施细则等在其他政策文本中已体现的政策文件。本节最终梳理了有效政策文本 172 份，据此建立了政策文本数据库，政策文本数量分布详见图 6-1。

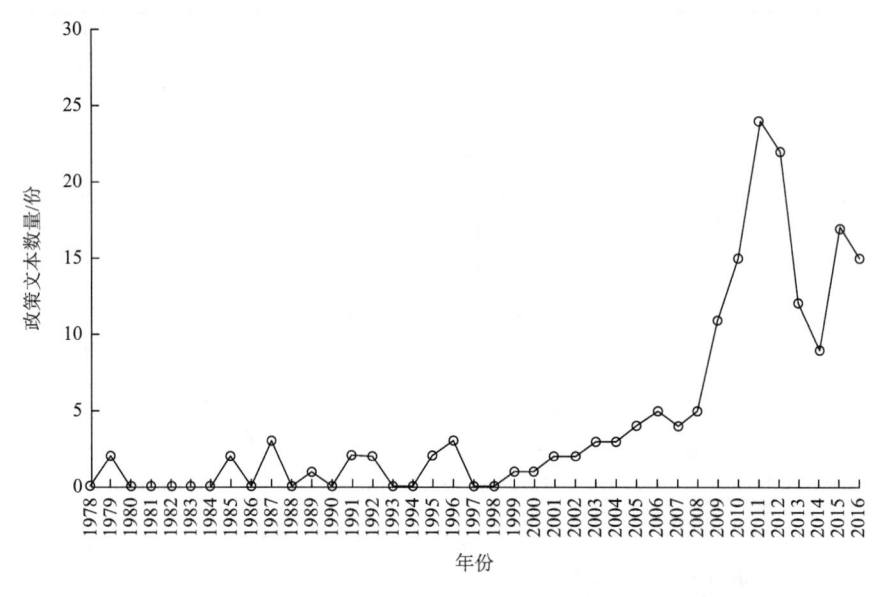

图 6-1　1978～2016 年中国城市矿产产业相关政策文本数量分布

回顾梳理我国城市矿产产业近 40 年（1978～2016 年）的发展历程，结合该领域的关键事件以及政策分布时序状态，划分城市矿产政策体系演变的阶段并统计各阶段政策数量，呈现出政策体系四个发展阶段：探索起步阶段（1978～2002 年）、初步形成阶段（2003～2008 年）、快速发展阶段（2009～2011 年）、战略深化阶段（2012～2016 年），如图 6-2 所示。

（二）研究方法

本节采用共词分析法和社会网络分析法对 1978～2016 年中央政府颁发的 172 份政策文本进行量化研究。共词分析法是指通过统计一组关键词（主题词）两两出现在同一篇文献中的次数，发现这些词之间的亲疏关系（黄萃等，2015）。利用包容系数、聚类分析等多种统计分析方法，把众多分析对象之间错综复杂的共词

第六章 城市矿产开发的政策机制研究

发展阶段	探索起步阶段（1978~2002年）	初步形成阶段（2003~2008年）	快速发展阶段（2009~2011年）	战略深化阶段（2012~2016年）
标志性政策	《中华人民共和国环境保护法》	《中华人民共和国清洁生产促进法》	《中华人民共和国循环经济促进法》	《废弃电器电子产品处理基金征收使用管理办法》
主要特征	• 废旧物质回收市场还未完全开放，政府部门主要采取计划经济管理方式 • 中国尚未明确提出"资源循环利用"这一概念，与资源循环利用相关的举措主要集中在环境保护方面 • 首次在法律上对废弃物的综合利用做出规定，资源循环利用产业相关政策开始萌芽	• 开始将市场机制引入对资源循环利用产业的管理，逐渐采用多元化的政策措施推动产业发展 • 产业政策从末端治理范畴向源头削减污染转变，清洁生产政策体系逐步走向系统化 • 政策数量逐渐增多，政策内容逐渐丰富，资源循环利用产业政策体系初步形成	• 全方位启动了立法、政策和战略研究，其政策体系逐步走向法制化、规范化的轨道 • 一个以《中华人民共和国循环经济促进法》为核心，相关配套政策措施不断完善的资源循环利用政策体系逐步建立 • 开始全面开展各个层次的试点工作，资源循环利用产业政策进入快速发展阶段	• 废弃电器电子产品处理基金的成立为其他细分行业提供参考，资源循环利用产业政策逐渐细化 • 这一阶段的产业政策侧重于对政策体系的构建，注重对区域、社会层面的支持和引导 • 中国资源循环利用产业政策已经由框架式的构建，扩大到具体行业的政策实施，政策体系得以不断深化

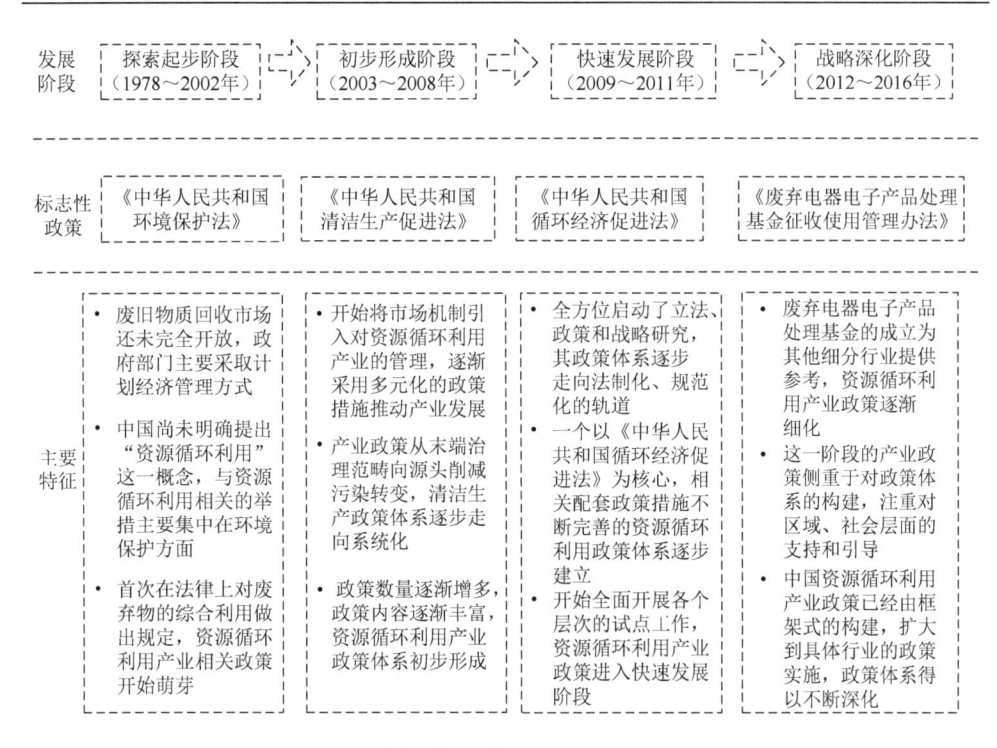

图 6-2　阶段划分、标志性政策及主要特征

网状关系简化为数值、图形直观地表示出来，适合对政策文本进行分析（钟伟金和李佳，2008）。社会网络分析法源于图论，是一种可视化分析社会关系的方法。社会网络分析主要用来突出节点之间的动态关系，当应用于政策文本分析时，这些节点可由与特定政策领域相关的国家、机构和所提取的关键词构成（王春梅等，2014）。

早期中国政策文献在制定时，必须由制定者确定表征文献核心内容的特征词汇，称为主题词，其概念与学术文献的关键词相接近（李江等，2015）。但自2012年起，政府开始将主题词排除于公文构成要素之外。因此，为体现政策主题词的代表性，可以将出现频率高的词语作为代表政策核心内容的主题词进行分析。本节借鉴文献计量学对于关键词的研究方法，通过共词分析法和社会网络分析法发现频次较高的主题词及其潜在关系，进而探究政策演进特征规律。

本节对政策文本核心关键词的提取过程主要通过三个步骤进行。第一步，自动抓取。使用文本挖掘软件 ROSTCM6 识别政策文本中高频率关键词。但会提取出大量无实际意义的关键词，并且有些专有词汇未能被识别。第二步，人工规范。为确保科学性，第一步的识别结果需通过人工干预，使之规范化。第三步，合并调整。在经过上述两步处理后，输出的高频词汇列表中，仍会含有少量意义相近的关键词，可能会影响文本分析结果的合理性。对此，通过合并予以进一步调整。

本节为每份政策文本确定 8~10 个关键词，根据上述规范步骤筛选出每个阶段出现频率较高的关键词构造共词矩阵，在此基础上运用 Gephi 软件绘制关键词网络图并进行聚类分析（Jiao and Boons, 2017）。但由于 Gephi 中文解码能力较弱，仅靠自动聚类难以完成精确的聚类工作，因此，在自动聚类的基础上进行手动聚类，并根据聚类结果及城市矿产产业自身特征，将聚类群组分别命名，以此构建分析框架，探究政策演进特征及规律。

二、城市矿产政策探索起步阶段的特征分析

1979 年颁布的《中华人民共和国环境保护法（试行）》明确提出对"废渣"实行综合利用，这是中国首次在法律上对废弃物的循环利用做出规定。从某种意义上说，该规定标志着中国城市矿产产业政策的开端。此后，相关政策陆续颁布，中国城市矿产产业政策体系进入探索起步阶段。这一阶段收集到政策文本共 23 份，提取关键词，按照维度分类及频次排序见表 6-1。

表 6-1　1978~2002 年政策高频关键词

维度	主题词	频次	维度	主题词	频次
政策主题	环保	350	产业链环节	回收	310
	再生资源	163		进口管制	146
利用对象	废弃物	348	政策措施	资格认证	67
	污染	133	法规管制	排污费	54
	固体废物	111		许可证	51
	废旧物资	101		审批	47
	垃圾	91	宣传教育	宣传引导	57
	三废	53		目录	48

在 1978~2002 年的政策文本范围内，分别统计两两高频词同时出现的次数（在同一篇政策文本中出现多次只按 1 次算），编制成共词矩阵。运用 Gephi 文本挖掘软件将共词矩阵制成网络图并进行聚类分析，结果如图 6-3 所示。

结合表 6-1 和图 6-3 的分析结果可知。

（1）从政策主题分析，此阶段我国尚未明确提出"城市矿产"这一概念，更没有形成独立的政策体系，与该产业相关的发展举措主要散落在与"环保""再生资源"等相关的政策文件中。

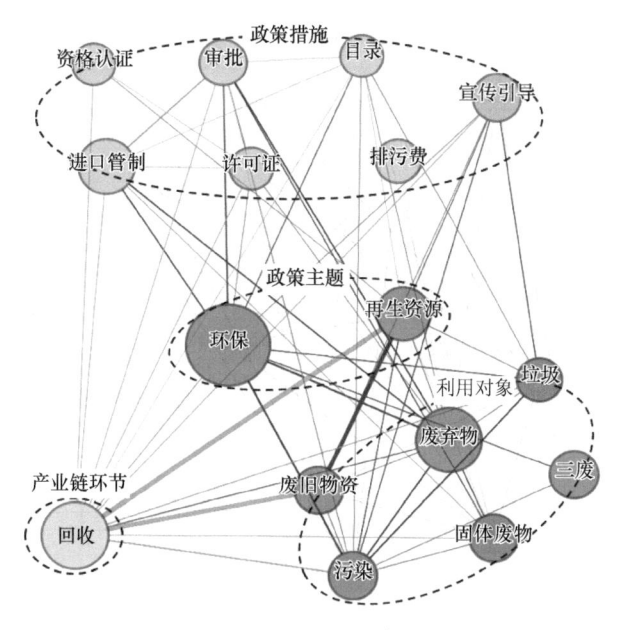

第六章 城市矿产开发的政策机制研究

图 6-3 1978~2002 年政策关键词网络

圆圈越大，关键词出现的频次越高。圆圈灰度体现的是模块化度量值的大小，即衡量节点所在区域网络的结构聚集程度，聚集程度越高灰度越深

（2）从利用对象分析，此阶段主要涉及对废旧物资、三废的再利用。这是因为我国城市矿产产业的发展起始于商业部门的废旧物资回收利用工作，因此这一阶段针对废旧物资的回收政策较多。此外，改革开放以后，工业的快速发展带来环境污染。因此，相关的政策也主要集中在对固体废物的管理方面，着眼于工业三废的综合利用。

（3）从产业链环节分析，这一阶段的政策主要作用于废旧物资的回收环节，主要内容涉及废旧物资回收经营主体和经营范围的规定。

（4）从政策措施分析，这一阶段法规管制是政府对城市矿产产业进行管理的主要政策手段，如进行资格认证、征收排污费等强制性工具。

三、城市矿产政策初步形成阶段的特征分析

2002 年，国务院决定取消第一批行政审批项目，生产性废旧金属不再需要"特种行业许可"，废旧物资回收市场完全开放（周宏春，2008）。随着逐步推行以市场化为导向的经济改革，行业参与主体日益多元，城市矿产产业进入新的发展时期。与之相伴，相关产业政策数量逐渐增多，内容也不断丰富，城市矿产产业政策体系初步形成。这一阶段收集到的城市矿产产业相关政策共 24 份，提取关键词，按维度分类及频次排序见表 6-2。

表 6-2 2003～2008 年政策高频关键词

维度	主题词	频次	维度	主题词	频次
政策主题	环保	638	利用对象	电子废弃物	136
	资源	448		电子电器	72
	再生资源	373		报废汽车	30
	循环经济	249		废渣	27
	资源综合利用	221	产业链环节	回收	280
	清洁生产	178	政策措施	进口管制	70
	技术	103	法规管制	目录	30
	生态	99		许可证	16
	循环利用	65		处理费	46
	资源化	44	目标规划	规划	169
	节能减排	38	财政金融	税收优惠	54
	创新	25	示范工程	示范区	138
	绿色消费	17		试点	95
利用对象	固体废物	186		再制造试点	54
	污染物	181	宣传教育	宣传引导	54
				标识	24

将 2003～2008 年得到的城市矿产政策高频词汇编制成共词矩阵，运用 Gephi 文本挖掘软件将共词矩阵制成网络图并进行聚类分析，结果如图 6-4 所示。

由表 6-2 和图 6-4 的分析结果可知。

（1）从政策主题分析，这一阶段主题词"环保"与"资源"出现的频率较高，说明面对经济发展中日益严峻的资源与环境双重约束，城市矿产产业政策主题开始由防止环境污染向环境保护和变废为宝的双重目标转变。此外，在政策主题高频词中，"清洁生产""绿色消费""节能减排"等词汇出现的频率显著提升，说明产业政策开始由仅仅关注末端治理向源头预防和全过程控制污染转变。

（2）从利用对象分析，"电子废弃物""电子电器"等主题词开始出现。这表明，随着社会经济生活的快速发展，废弃电子产品和废旧家用电器大量增加；因此，城市矿产回收的对象不再仅仅是工矿企业的三废，其范围和种类在不断扩大。

（3）从产业链环节分析，这一阶段政策依旧侧重于对回收环节的管理，回收环节效率的提升仍是政策的重要着力点。

（4）从政策措施分析，这一阶段除法规管制外，政府开始实施目标规划、财政金融和示范工程等更丰富的政策措施。"规划"一词在这一阶段出现频次较高，说明我国政府逐渐意识到城市矿产产业发展全局性顶层设计的必要性。在财政金

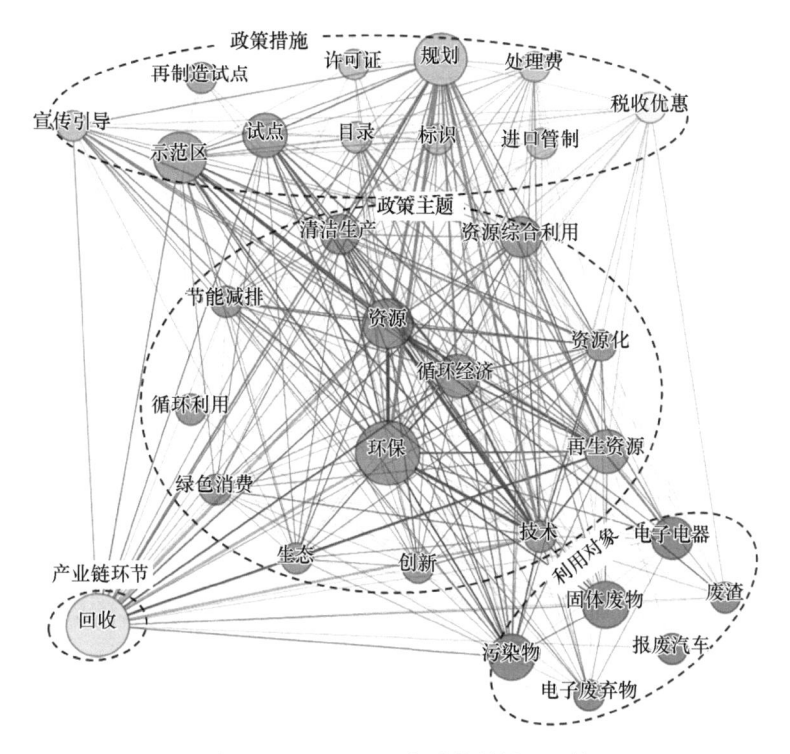

图 6-4　2003～2008 年政策关键词网络

圆圈越大，关键词出现的频次越高。圆圈灰度体现的是模块化度量值的大小，即衡量节点所在区域网络的结构聚集程度，聚集程度越高灰度越深

融支持方面，这一阶段主要是实施以增值税为核心，实施所得税、消费税以及进口关税等优惠措施，这表明政府开始采用市场化的经济激励型政策调控产业发展。"示范区""试点""再制造试点"等高频词汇的出现则充分说明，在法律法规逐步完善的同时，重点行业、重点领域、产业园区和部分省市的试点工作也全面开展，我国希望通过对局部地区或某些部门、领域的改革试验，总结成败得失，完善政策方案。

四、城市矿产政策快速发展阶段的特征分析

2009 年 1 月 1 日《中华人民共和国循环经济促进法》正式实施，这是中国首部综合性循环经济法，这标志着中国循环经济走过前期准备和理念倡导阶段，开始进入快速发展的关键时期。作为循环经济的重要内容，城市矿产产业的发展日益受到重视，政策支持力度不断加大。这一阶段中央层面颁布的相关政策数量较前两个阶段有明显增加，达到 50 份，提取关键词，按维度分类及频次排序见表 6-3。

表 6-3 2009～2011 年政策高频关键词

维度	主题词	频次	维度	主题词	频次
政策主题	资源综合利用	846	产业链环节	回收	380
	技术	714		拆解	209
	资源	557		再制造	176
	环保	459		分拣	59
	再生资源	301	法规管制	进口管制	162
	产业化	208		监管	107
	循环经济	191	目标规划	规划	103
	城市矿产	171	财政金融	财政税收	172
	节能减排	96		专项资金	170
	资源化	89		补贴	142
	创新	60		以旧换新	126
	信息化	54		退税	59
利用对象	废旧家电	233	示范工程	示范区	340
	电子电器	218		试点	192
	固体废物	200	宣传教育	宣传引导	88
	报废汽车	152			
	废物利用	157			
	有色金属	143			

将 2009～2011 年得到的城市矿产政策高频词汇编制成共词矩阵，运用 Gephi 文本挖掘软件将共词矩阵制成网络图并进行小团体分析，结果如图 6-5 所示。

由表 6-3 和图 6-5 的分析结果可知。

（1）从政策主题分析，这一阶段主题词"资源综合利用"出现频次最高，表明产业发展的重点是要解决"资源消耗高、利用率低，废物综合利用和无害化处理程度低"等一系列顽疾。在政府看来，资源综合利用对保护环境，促进经济增长方式转变，发展循环经济具有重要意义。此外，一个新的专有名词"城市矿产"开始出现在政策文本中，主要指工业化和城镇化过程产生和蕴藏在废旧机电设备、电线电缆、通信工具、汽车、家电、电子产品、金属和塑料包装物以及废料中，可循环利用的钢铁、有色金属、稀贵金属、塑料、橡胶等资源（姚海琳等，2017），它是城市矿产产业的重要组成部分。这表明中国城市矿产产业相关政策随着产业的发展也在不断被细化与深化。

（2）从利用对象分析，这一阶段主题词"废旧家电""电子电器"相较于前两个阶段出现的频次有大幅提高。随着中国电子产品的更新换代周期大大缩短，电子垃圾堆积如山，对环境造成了严重污染。因此，国家政策在电子电器回收再利用方面给予了更多的关注，对于数量日益增多的废旧家电提出具体的、可操作的解决方案。

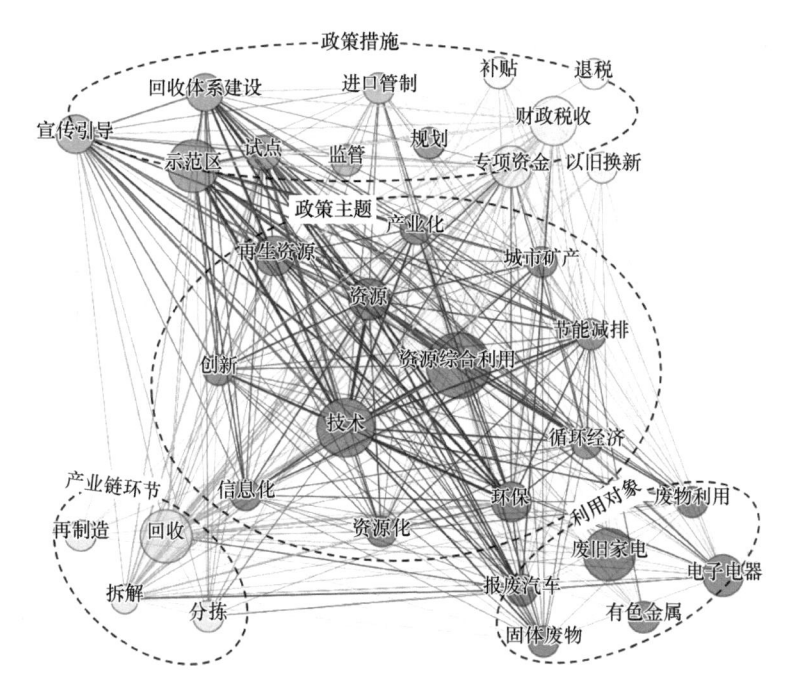

图 6-5　2009~2011 年政策关键词网络

圆圈越大，关键词出现的频次越高。圆圈灰度体现的是模块化度量值的大小，即衡量节点所在区域网络的结构聚集程度，聚集程度越高灰度越深

（3）从产业链环节分析，产业政策已涉及"回收""拆解""再制造"等多个环节，表明这一阶段政策的着力点已由产业链的单个环节开始向全产业链延伸。

（4）从政策措施维度分析，财政金融和示范工程是总频次较高的政策举措。政府一方面更加灵活地运用多样化的经济激励型政策工具，如设立专项资金、以旧换新、补贴、退税等政策对产业发展给予支持。另一方面，政府仍在积极探索产业发展规律，希望以示范工程建设等方式，由点及面，从而为更大范围的产业发展提供可复制、可推广的示范和标杆。

五、城市矿产政策战略深化阶段的特征分析

2012 年《废弃电器电子产品处理基金征收使用管理办法》颁布，通过成立处理基金落实电器电子领域生产者责任延伸制度。处理基金以及生产者责任延伸制度的确定，不仅是电子废弃物处理行业的标志性事件，也是城市矿产产业的标志性事件。电子废弃物行业成功破局，为城市矿产产业中的其他细分行业提供了参考（Liu et al.，2017）。此后，针对报废汽车、蓄电池、废旧轮胎回收利用的细分

领域政策陆续出台，我国城市矿产产业政策体系已由框架式的构建扩展到细分子领域的政策建设，进入到战略深化阶段。这一阶段中央政府颁布的相关政策迅速增长，多达 75 份，年均 15 份，是 1978~2002 年年均颁布政策数量的约 16 倍。对 75 份政策文本提取关键词，按维度分类及频次排序见表 6-4。

表 6-4　2012~2016 年政策高频关键词

维度	主题词	频次	维度	主题词	频次
政策主题	技术	1496	利用对象	固体废物	437
	资源综合利用	686		电子电器	219
	节能减排	574		蓄电池	152
	循环利用	505		废旧轮胎	149
	再生资源	501		报废汽车	130
	循环经济	437		废弃物	79
	资源化	319	产业链环节	再制造	157
	清洁生产	231		拆解	115
	创新	217		回收	103
	研发	214		分拣	74
	产业化	213	目标规划	规划	133
	能源	212	财政金融	基金补贴	199
	环保	201		财政税收	193
	技术装备	199		专项资金	122
	信息化	183	政策措施	投融资	83
	规模化	173	示范工程	示范基地	598
	城市矿产	152		试点	372
	绿色消费	141	宣传教育	宣传引导	124
	生态	129			

将 2012~2016 年得到的城市矿产政策高频词汇编制成共词矩阵，运用 Gephi 文本挖掘软件将共词矩阵制成网络图并进行聚类分析，结果如图 6-6 所示。

由表 6-4 和图 6-6 的分析结果可知。

（1）从政策主题分析，"技术"在这一阶段出现的频率最高，"研发""创新""技术装备"等与此相关的词汇的频率也有所增加，这表明我国城市矿产产业政策的着力点开始向技术创新领域倾斜。政府将技术创新作为产业转型升级的重要路径，以此促进产业从投资驱动、规模扩张的发展模式向以创新为驱动的发展模式转变。

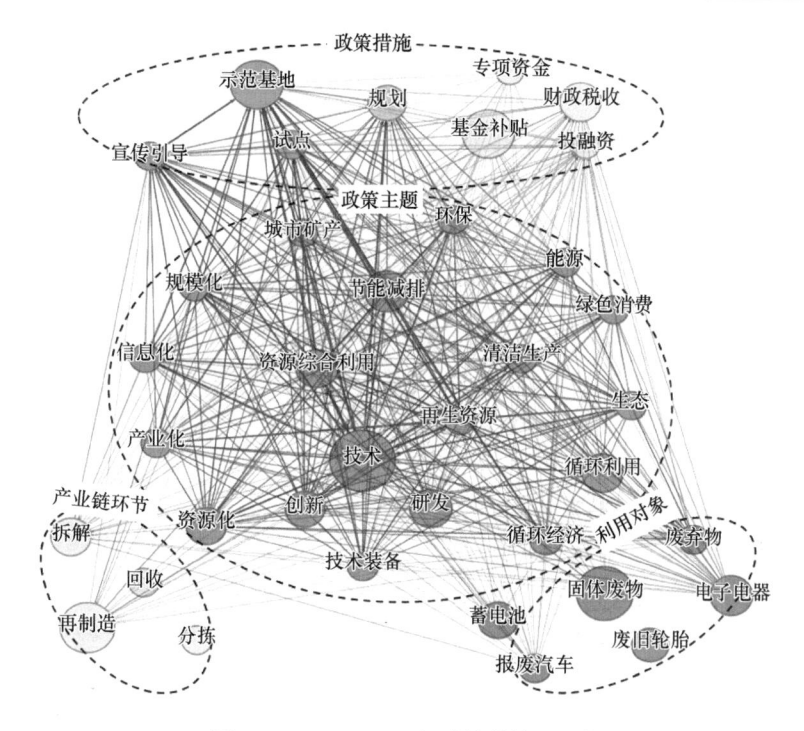

图 6-6 2012~2016 年政策关键词网络

圆圈越大,关键词出现的频次越高。圆圈灰度体现的是模块化度量值的大小,即衡量节点所在区域网络的结构聚集程度,聚集程度越高灰度越深

(2)从利用对象分析,循环利用的范围已从最初"废旧物资"这一笼统的对象转变为更为具体的"电子电器""报废汽车""蓄电池""废旧轮胎"等细分品类。这表明居民的生活废弃物开始逐渐成为城市矿产的重要对象。此外,在回收处置的途径、技术、规范等方面,各种新增的废弃物与工业废弃物也有较大的差异。因此,针对各类废弃物的专业化、差异化政策不断出台。

(3)从产业链环节分析,政策作用环节仍不断向再制造、回收、分拣、拆解等领域延伸,推动整体产业链的纵向扩张和发展。但与前阶段不同的是,"再制造"的频次首次超越"回收",成为产业链环节中的最高频次词汇,这表明政府充分认识到提升深加工能力是产业可持续发展的重要方向,由此针对再制造等环节的政策持续出台。

(4)从政策措施分析,这一阶段财政金融政策工具的使用频次有较大提升,特别是"基金补贴""财政税收"等举措,在所有政策工具中占据较高频次。这表明,一方面基金补贴已成为中国废弃电器电子产品处理行业的政策核心。另一方面,税收政策作为重要的宏观调控手段,具有政策灵活、效果明显的特点,成为政府扶持城市矿产产业发展的重要手段。此外,我们也发现,在各个发展阶段,宣传引导一直是一项高频工具，这也表明，除了法规管制和经济型政策外，政府也非常重视通过宣传引导等社会型政策工具加强全社会对城市矿产的了解，引导全体公民自觉行动、充分参与并发挥作用。

六、研究结论

通过对我国城市矿产产业政策发展演进过程的系统梳理和阶段性特征分析，本节得出以下结论。

（1）从政策发展历程分析，我国城市矿产政策体系经历了探索起步、初步形成、快速发展和战略深化四个阶段。在探索起步阶段，我国尚未明确提出"城市矿产"这一概念，更未形成独立的政策体系，与城市矿产相关的举措主要分布于环境保护领域的政策条文中。在初步形成阶段，一方面，政府开始将市场机制引入城市矿产管理；另一方面，开始在企业层面全面实施清洁生产，政策关注点由末端治理向源头预防和全过程控制污染转变。在快速发展阶段，城市矿产作为助推经济结构转型、实现可持续发展的有效手段而得到政府大力扶持。从此，我国城市矿产产业政策进入了一个以全面规划为引导、以试点示范为特征的快速发展时期。在战略深化阶段，政府开始注重从技术支持等层面来扶持产业的发展，生产者延伸制度和基金补贴等标志性制度开始建立，细分子行业的专项政策不断出台，政策体系不断完善，政策内容不断深化。

（2）从政策演进规律分析，政策主题逐渐由宏观向具体转变，经历了"保护环境—保护环境和保障资源供给—资源综合利用—技术升级"逐渐细化具体的转变。城市矿产对象逐渐由工业废弃物向生产和生活废弃物转变。产业链环节逐渐由仅关注回收环节延伸到关注回收、拆解、再制造等环节，作用于全产业链的协调发展。政策措施逐渐由单一型向复合型转变，在探索起步阶段，法规管制等规制型工具是政府部门对城市矿产产业进行管理的主要政策手段。随着产业的发展和市场经济制度的逐渐建立，政府开始采取政策工具的多元化融合方式来规范城市矿产产业的发展，规制型、经济激励型和社会型工具不断被采用。

（3）从政策演进的动力因素分析，外部宏观环境和产业自身特点共同作用影响着我国城市矿产产业政策的演进历程。从宏观环境来看，改革开放以后，我国经济的快速发展与人口的迅速增加使环境污染问题突出。为此，中央政府确定了保护环境的基本国策，并将废弃物的回收和利用作为治理环境污染的有效手段（Zhang et al.，2007）。随着我国迈入工业化、城市化加速阶段，资源需求量快速增加，而粗放式的经济增长模式造成资源浪费，资源保障年限下降。同时，我国环境污染问题仍未得到有效解决。废弃物中蕴含着大量的有价资源，对其进行资源化利用能够突破我国面临的资源与环境双重约束（Hu et al., 2011），由此政府的政策理念开始由防止环境污染向变废为宝转变。为解决我国当前面临的产能过剩、产业结构转型升级等问题，政府提倡大力发展节能环保等战略性新兴产业，城市矿产产业作为环保产业的重要组成部分而得到政府大力扶持。此时，城市矿产产业的战略性地位不断提升，以技术创新推动产业发展的路径不断明晰。从产业自身特点来看，我国城市矿产产业尽管取得了长足的发展，但与世界发达国家相比，仍处于发展的初级阶段。因此，一方面，产业发展亟须针对性强、易操作、可监管的举措对产业进行规范；相较于其他政策工具，法规管制等规制型政策更具备以上特点和优势，能够发挥很好的优势。另一方面，为改善产业发展环境、直接提供产业发展所需的生产要素，政府大量运用了"财政金融""示范工程"等方面的政策工具，为企业提供资金、土地、技术等关键生产要素，来克服产业基础薄弱的障碍。随着产业规模的不断扩张，产业发展的瓶颈主要集中在"再制造"等技术创新要求高的深加工环节，产业政策的主题由此向技术升级转变，产业政策的作用环节也因此由单一的回收环节向回收、分拣、拆解、再制造全产业链的整体协调发展转变。由此可见，外部环境和产业自身特点交互作用，共同影响，推动了我国城市矿产产业政策的演进变迁。

第二节 城市矿产产业的政策作用机制

城市矿产在我国工业化和城市化加速推进过程中孕育兴起，中央政府支持与地方政府推动共同促进了城市矿产产业发展。然而现有文献主要关注中央政府的政策现状及评价，忽视了地方政府产业政策的作用机制研究。本节选取我国首批"城市矿产"示范基地之一的湖南汨罗循环经济产业园[①]进行纵向案例研究，构建城市矿产"产业政策—本地能力—竞争优势"的政策影响机制理论模型，从本地能力理论视角探索地方政府的政策演化及其作用机制，回答"城市矿产产业政策如何影响企业竞争优势形成"的研究问题。

一、研究设计

（一）研究框架

随着城市矿产作为一个新兴产业的孕育兴起，城市矿产日益成为政府部门

[①] 2012 年汨罗工业园经湖南省发改委批准，更名为湖南汨罗循环经济产业园，所以本书统一用湖南汨罗循环经济产业园。

资源战略的重要组成部分（Simoni et al.，2015），城市矿产开发潜力测算为产业政策制定提供了基础条件（Zuo et al.，2019）。城市矿产开发的政策问题研究逐渐增多，现有文献主要包括政策现状分析和政策工具效果等两个方面。从政策现状分析来看，美国、德国和日本等为代表的发达国家在环境立法及回收系统建立上比较完善，为城市矿产产业发展创造了良好的制度环境（Zeng et al.，2015；Simoni et al.，2015；Gutberlet，2015）。我国城市矿产产业政策主要是试点示范及财税支持，很多城市矿产基地难以获得足够的废弃物原料，应"加快构建废弃物循环利用体系"①，我国城市矿产产业政策应扩大作用范围及提升先进制造水平。从政策工具效果来看，发达国家法规管制、消费引导和政府采购等环境型及需求型的政策工具运用较多，并运用生命周期理论评价城市矿产的环境绩效（Khandelwal et al.，2019）。

我国城市矿产政策从以环境型政策为主逐渐转变为强化供给型政策，需求型政策则很少，政策工具越来越丰富及向全产业链环节扩散（Wang et al.，2018；Yao and Zhang，2018）。现有城市矿产政策研究主要集中在中央政府层面的政策文本及政策效果分析，对城市矿产产业发展现状与问题进行了深入解析，但对于区域情境下城市矿产产业政策如何发挥作用的影响机制缺乏理论探讨。Lall和Teubal（1998）按照政策作用方式将产业政策分为功能型政策和选择型政策，功能型政策是指对多部门和企业产生外部性的普惠型政策（如园区载体、基础设施等），选择型政策是促进特定产业及企业发展的特惠型政策（如试点示范、财税支持等），两种政策逻辑对于破解政策作用机制理论黑箱有望提供新的洞察。

产业政策能够促进本地能力建设，进而影响企业竞争优势的形成，即本地能力是产业政策发挥作用的关键机制（Lazzarini，2015；Uzunca，2018）。本地能力是任何能改进企业绩效的企业、产业和国家层面资源能力的本地集体财产（Klein et al.，2013）。根据Combs等（2011）、Lazzarini（2015）、Nason和Wiklund（2018）等提出的资源能力分类方式，本节将本地能力分为通用能力和专用能力两个有机组成部分。通用能力是指在基础设施、要素资源、制度禀赋等区域层面的资源能力（Lazzarini，2015），其能撬动战略性资源或重组资源来创造企业增长新途径（Nason and Wiklund，2018）；专用能力是指专利技术、知识技能、生产设备等企业层面的资源能力，该资源能力是企业差异化竞争的战略基础（Barney et al.，2011），但专用能力过度积累可能导致企业战略刚性问题（Combs et al.，2011）。从产业政策与本地能力的关系来看，Lazzarini（2015）提出产业政策在企业、产业和国家层面促进资源能力积累和混合，其中资源能力积累过程包括功能型政策

---

① 《习近平：高举中国特色社会主义伟大旗帜 为全面建设社会主义现代化国家而团结奋斗——在中国共产党第二十次全国代表大会上的报告》，https://www.gov.cn/xinwen/2022-10/25/content_5721685.htmhttps://www.gov.cn/xinwen/2022-10/25/content_5721685.htm[2024-08-15]。

影响区域通用能力、选择型政策影响企业专用能力，混合过程是指专用资源转化为新的专用资源或通用资源。从本地能力与竞争优势的关系来看，本地能力具有区域特色及难流动性，支撑了产业或企业获得竞争优势，现有竞争优势理论主要有基于区域要素禀赋的比较优势（Lin and Chang，2009）、产业链企业本地化的集群优势（Porter，1998）和产业价值链协同创新的生态优势（Adner，2017），本地能力的积累和协同形成了城市矿产产业竞争优势。

综上所述，现有文献对政策作用机制基本形成了"产业政策—本地能力—竞争优势"的逻辑框架共识，为进一步研究城市矿产产业政策作用机制提供了核心构念及影响关系。但已有研究主要分析政策现状及效果来回答"What"的问题，产业政策与本地能力理论在现有文献中相对割裂（Lazzarini，2015），对地方政府发展城市矿产的政策演化及其作用机制等"How"的问题缺乏研究。本节借鉴 Lazzarini（2015）等提出本地能力理论视角的政策作用机制框架以及 Teece 等（1997）、Cimoli 等（2009）等的本地能力理论，引入产业发展阶段作为政策演化的权变因素（Livesey，2012），根据"条件—过程—结果"范式模型，以产业政策工具为影响条件、本地能力建设为过程机制、竞争优势形成为发展结果，构建出城市矿产产业政策作用机制研究框架（图6-7）。

图6-7　城市矿产产业政策作用机制研究框架

（二）研究方法与数据分析

本节采用单案例纵向研究方法，以我国汨罗市城市矿产产业作为研究对象，对地方政府产业政策的作用机制进行探索性研究（图6-8）。首先，案例研究方法能够对实践现象有丰富细致的描述（Yin，2009），特别适合回答本节研究中"How"的问题，从而提出契合实践逻辑的新理论（Sandberg and Tsoukas，2011）；其次，采用长时间跨度的纵向案例分析，可以确认关键事件发生时序，有助于识别构念间因果关系（Eisenhardt，1989）；最后，选取具有代表性的单案例进行纵向研究，有助于洞察政策作用的内在机制及构建动态理论模型。本节采用理论抽样原则（Eisenhardt，1989），通过单案例纵向研究方法来保障理论探索深度及加深对同类事件的理解，具体案例选择上有四个标准。

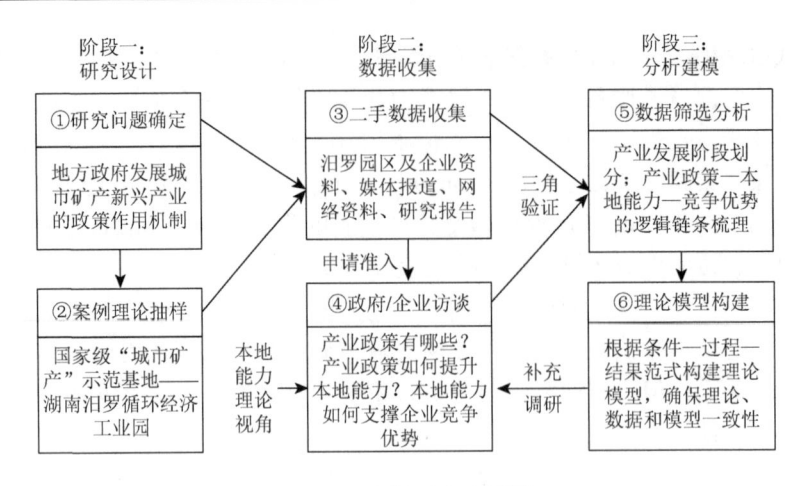

```
阶段一:              阶段二:              阶段三:
研究设计            数据收集            分析建模

①研究问题确定  →  ③二手数据收集  →  ⑤数据筛选分析
地方政府发展城      汨罗园区及企业资    产业发展阶段划
市矿产新兴产业      料、媒体报道、网    分;产业政策—本
的政策作用机制      络资料、研究报告    地能力—竞争优势
                                        的逻辑链条梳理
       ↓              ↓ 申请准入           ↑
②案例理论抽样  →  ④政府/企业访谈  →  ⑥理论模型构建
国家级"城市矿        产业政策有哪些?    根据条件—过程—
产"示范基地——      产业政策如何提升    结果范式构建理论
湖南汨罗循环经济    本地能力?本地能力  模型,确保理论、
工业园              如何支撑企业竞争    数据和模型一致性
                    优势
```

图 6-8 案例研究流程图

（1）案例对象的代表性。湖南汨罗循环经济产业园是国家发展改革委等部委 2010 年批复的首批七个国家级"城市矿产"示范基地之一，也是国家循环经济标准化试点单位，其"八化"发展之路被中国经济学泰斗厉以宁教授称为"汨罗模式"。

（2）案例对象的典型性。汨罗市政府从 2000 年开始正式支持城市矿产产业发展，历经从回收拆解到零部件及终端产品制造的产业链逐步升级过程，产业发展及政策演化的典型性有助于揭示政策作用机制的动态过程。

（3）案例对象的重要性。汨罗市从一个以农业经济为主的县级市逐步成长为以城市矿产产业为第一大支柱产业的经济强县，汨罗市案例是政府主导的综合型"城市矿产"示范基地，汨罗政府主导型的产业政策发挥了重要作用。

（4）案例资料的可获得性。研究团队对汨罗市城市矿产行业进行了长期研究，并于 2016~2017 年为汨罗循环经济产业园提供再生铝产业整合的咨询服务，积累了大量二手资料及获得了一手数据的便利进场条件。

本节数据收集从汨罗循环经济产业园管委会和企业网站、政府工作报告、行业蓝皮书/白皮书、新闻报道等二手资料入手，于 2015~2017 年先后三次对汨罗循环经济产业园管委会、中南再生资源交易中心和典型企业进行访谈及内部资料收集。通过二手资料和一手数据的同时收集与相互验证，有效避免威胁案例研究信度的回溯性解释、印象管理等问题（Eisenhardt and Graebner，2007）。本节采用案例内纵向数据分析的研究方式，按照时间顺序纵向组织数据资料，以故事线的方式展示研究内容。首先，从梳理案例发展历史和关键事件开始，研究团队五位成员分别对多种来源数据进行交叉与综合验证，确保数据资料的一致性和真实性；其次，对城市矿产产业政策作用过程进行研究，理清产业政策、本地能力与竞争优势之间影响关系；最后，根据文献回顾部分提出的"产业政策—本地能力—竞争优势"理论框架，不断与现有理论文献对话，发掘潜在的理论涌现（Eisenhardt，1989）。

本节依据关键政策事件及产业链构建情况等两方面标准划分城市矿产产业发展的三个阶段（图 6-9）：①形成期（2000~2004 年），2000 年汨罗市委、市政府大力发展再生资源回收产业，成为政策发挥作用的起点，标志性事件为 2000 年 2 月汨罗市政府开始筹建交易市场，直至 2004 年湖南汨罗循环经济产业园区一期工程建成，标志着以回收环节为主的初期阶段结束，这一阶段汨罗市城市矿产回收交易量从 2.3 万 t 迅速增长到 58.3 万 t，并一跃成为全国性的再生资源交易市场；②扩张期（2005~2014 年），2005 年国家层面首次出台支持循环经济发展的政策意见，汨罗市城市矿产产业以工业园区为载体开启了从回收环节向加工制造环节扩张的新阶段，直到 2014 年汨罗循环经济产业园成为湖南省新型工业化示范基地，标志着以生产制造环节发展为主的扩张期结束，城市矿产产业链本地化集聚基本形成；③升级期（2015~2017 年），2015 年汨罗市与长沙经济技术开发区（简称经开区）共建飞地园区，这标志着汨罗市城市矿产产业开始撬动外部中高端资源能力实现高质量发展新阶段，城市矿产产业链向研发技术创新及终端产品等高附加值方向跨越升级，初步形成了城市矿产产业创新生态。

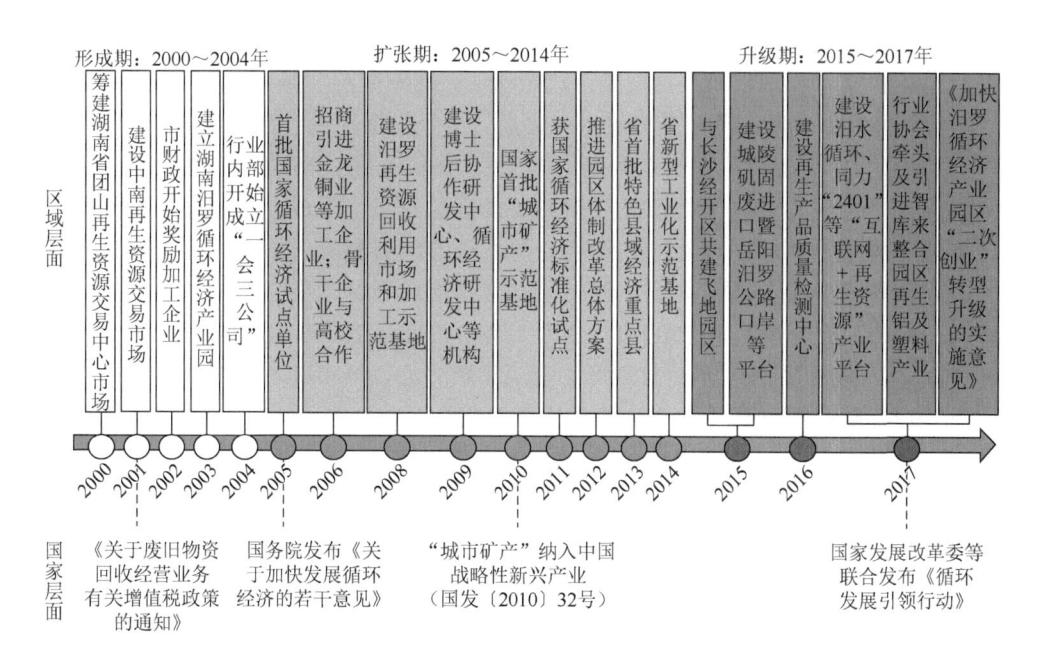

图 6-9　2000~2017 年汨罗市城市矿产新兴产业发展历程

二、城市矿产产业与政策的共演过程

（一）城市矿产产业形成期

汨罗市过去是一个以农业为主的县级市，本地居民逐渐形成了废品回收的传统，到 20 世纪 90 年代末废旧物品收购队伍已达 4000 人左右。随着废旧资源交易规模增大，本地居民自发形成的废旧资源回收交易市场带来的二次环境污染、公路交通阻塞等社会问题越来越多，汨罗市政府不得不对自发市场进行规范化管理和集中管理回收市场，并开始思考如何因势利导做大回收产业。

2000 年伊始，汨罗市政府根据"建立专业市场、健全回收网络、加快资源集散、壮大再生产业"的发展思路，开始主动培育发展城市矿产回收产业。汨罗市政府以建立回收交易市场平台及规范交易行为为切入点，2000 年筹建汨罗团山再生资源交易中心市场，2001 年联合邵阳客商投入 5000 万元共建占地 5 万平方米的中南再生资源交易市场，并于 2004 年之后陆续成立中小企业信用担保协会、财智会计咨询服务公司、恒源资产管理公司和中小企业信用担保公司等管理融资中介机构，以此奠定了中南地区回收网络枢纽的中心地位。正如中南再生资源交易中心负责人所言"政府搭建交易市场提供了正规场所，有利于进取心强的个体户发展壮大成为回收商，也吸引了外地、外省回收商和客户"。随着本地回收交易市场规模扩大，地方政府顺势建设工业园区，2003 年 7 月汨罗市政府动工兴建湖南汨罗循环经济产业园，为下一阶段延伸发展生产制造环节提供生产要素、平台载体等通用能力。

这一阶段地方政府产业政策是以建设交易市场和工业园区等功能型政策为主，通过平台载体强化了城市矿产相关要素资源禀赋，形成了回收网络枢纽及生产要素等本地通用能力。通过政府功能型政策的因势利导，城市矿产产业链上游回收及拆解环节企业迅速集聚，形成了以交易市场平台为中心的枢纽型产业网络结构。城市矿产交易量从 2000 年 2.3 万 t 迅速增长到 2004 年 58.3 万 t，年均增长率 124.4%，成为中南地区最大的再生资源集散中心，城市矿产回收环节规模及成本等比较优势得以强化。典型证据如表 6-5 所示。

表 6-5 汨罗市城市矿产产业形成期的典型证据

一级构念	二级构念	典型证据
产业政策	功能型政策	专业平台：2000 年筹建湖南省团山再生资源交易中心市场，2001 年建立中南再生资源交易市场，对回收市场实行划行归市、分类设区
		园区载体：2003 年开始，先后投资近 4 亿元建设再生资源产业园的水电路网等，投资近 2 亿元建设环保设施
		中介服务：2004 年成立中小企业信用担保协会、财智会计咨询服务公司、恒源资产管理公司和中小企业信用担保公司等（简称"一会三公司"）

续表

一级构念	二级构念	典型证据
产业政策	选择型政策	资金支持：2002年汨罗市财政开始制定政策支持城市矿产产业的回收及加工企业发展
本地能力	通用能力	回收网络枢纽：建立交易市场之后，市场范围覆盖除西藏、台湾以外的全国其他省级行政区，成为全国三大再生资源市场之一
		生产要素集聚：交易市场平台和工业园区载体建立，为回收企业规模化和延伸发展加工制造业集聚了低成本生产要素
		区域产业品牌：中南再生资源交易市场提供正规场所和规范管理，吸引越来越多的回收商入驻，市场影响力也越来越大
	专用能力	回收企业壮大：通过交易市场建设及政策支持，一批本地土生土长的回收个户迅速壮大成为规模化经营的回收商
竞争优势	网络结构	枢纽型网络结构：以中南再生资源交易市场为核心平台，连接各区域回收网点和再生资源集聚的枢纽中心
	竞争优势	成本规模比较优势：回收交易市场再生资源带来了规模和价格优势，以及城市矿产回收行业先行优势

（二）城市矿产产业扩张期

汨罗市城市矿产产业形成期做大了产业链回收环节及形成了区域特色产业品牌，但也遇到了回收环节附加值低、产业规模受物流运输半径限制等瓶颈问题。为将本地城市矿产回收交易市场的材料优势转化为产业优势，汨罗市政府和本地企业都开始思考如何向加工制造等高价值方向推动产业链扩张升级。正如湖南平桂制塑科技实业有限公司总经理所言"以前我们就是收来卖去，赚个废品倒手的钱，现在是把废料做成高质量的产品，使废品价值最大化"。

2005年，汨罗市抓住国家出台《国务院关于加快发展循环经济的若干意见》政策机遇，成为首批国家循环经济试点单位，开启了政企联动促进产业链升级的新阶段。一方面，通过产业链招商引资优惠政策加速加工制造企业入驻。2005年举全县之力推行"以奖代投"扶持政策，并制定了《招商项目落户工作程序规定》及实施细则，2008年进一步出台招商引资优惠政策，并在全球金融危机期间设立1亿元企业周转金。园区管委会相关负责人认为，"招商奖励政策尽管在初期加重了本级财政负担，但确保了产业快速发展，随着企业成长和返奖比例逐年降低，产业的财政贡献日益明显"。另一方面，汨罗市通过争取国家支持及开展试点示范等促进加工制造企业快速成长。2005~2014年先后推进首批国家循环经济试点单位（2005年）、国家首批"城市矿产"示范基地建设（2010年）、国家循环经济标准化试点（2011年）等，帮助专业拆解及加工制造企业扩大产能、改进工艺和更新设备等。

该阶段地方政府以精准招商引资及试点示范等选择型政策为主，直接刺激企业投资设厂及扩张产能，有效积累了城市矿产产业链的专业拆解和再生产品制造能力。通过选择型政策的精准助力，再生铜、铝、塑料等加工制造企业加速聚集，并与本地回收企业建立了产业链供需对接合作，形成了以湖南汨罗循环经济产业园为核心载体的链条型产业网络结构。城市矿产工业产值从 2004 年的 21 亿元快速增长到 2014 年的 310 亿元，年均增长率为 30.9%，税收年均增长率也达到 32.8%。扩张期典型证据如表 6-6 所示。

表 6-6 汨罗市城市矿产产业扩张期的典型证据

一级构念	二级构念	典型证据
产业政策	功能型政策	专业平台：2006 年筹资 1.2 亿元启动交易市场二期工程建设，新增市场面积 800 亩；2010 年建立固体废弃物处理中心
		营商环境：积极推行限时办结制度、服务承诺制度和跟踪服务制度
	选择型政策	招商引资优惠政策：制定招商引资程序、实施细则及优惠政策，对加工制造重点企业项目量身定制优惠政策
		精准招商平台企业：2008 年引进湖南省同力循环经济发展有限公司，作为回收利用市场和加工示范基地的平台公司
		试点示范：2005~2014 年国家循环经济试点单位、首批国家"城市矿产"示范基地建设、国家循环经济标准化试点等
本地能力	通用能力	政务服务效能：汨罗循环经济产业园管委会作为政务服务的主体，对从招商到项目落地全过程进行服务
	专用能力	专业拆解能力：湖南万容科技股份有限公司自 2008 年入园，和湖南省同力循环经济发展有限公司一起成为再生资源专业拆解处理节点的平台型支撑企业
		加工制造能力：本地一批原始资本积累较多的回收商积极进入城市矿产加工制造环节，引进了宁波市金龙铜业有限公司、湖南振升铝材有限公司等一批加工制造企业
		配套服务能力：2013 年政府支持建设成汨罗市最大的众发物流园、君悦大酒店等配套服务项目
竞争优势	网络结构	链条型网络结构：以循环经济产业园为核心载体的链条型网络结构，加工制造企业成为产业主导力量
	竞争优势	产业链集群优势：企业逐步向产业链中下游延伸，产业集群规模迅速扩大，产品的加工度明显提高

注：1 亩≈666.7 平方米

（三）城市矿产产业升级期

城市矿产产业在扩张期壮大了加工制造企业集群，但加工制造环节持续扩张带来了中低端产能过剩问题。2014 年城市矿产行业全面进入量价齐跌"寒冬"，废钢铁、废塑料、废有色金属等 8 个主要品种平均价格跌幅 15%，再生资源销量下降15%，行业平均利率下降10%到20%。在行业发展寒冬和环保整治的双重压力下，城市矿产企业积极寻求转型创新升级，产业政策转向产业链提质新阶段。

2015年开始，汨罗市政府开始重塑产业创新升级新动力，推动城市矿产产业链向高新技术及终端产品方向高质量发展。一方面，地方政府促进城市矿产产业嵌入全省整机制造产业链。2015年汨罗市与长沙经开区按照市场化方式共建全省首个飞地园区，为本地企业嵌入长沙工程机械及汽车等整机产业链提供了连接纽带。汨罗市普乐投资开发有限公司董事长认为，"汨罗飞地园区应该成为经济工作的前沿、政治舞台的边缘，必须遵循市场主导的原则，在招商、融资、制度和营运上进行市场化新探索"。2015~2017年，汨罗市先后建设城陵矶固废进口暨岳阳汨罗公路口岸、再生产品质量检测中心、"互联网+再生资源"产业平台，为产业链升级整合外部创新资源能力。另一方面，引导龙头企业做大做强及发挥引领作用。汨罗市政府积极引进先进整机制造龙头企业，引导行业协会组建铜业集团、铝业集团等龙头企业，以及聘请中南大学智库团队协助再生铝行业协会整合规模企业。

该阶段地方政府以服务载体平台及龙头企业培育等均衡型政策组合为主，促进了城市矿产产业的创新要素、先进制造及技术转化等本地通用及专用能力协同创新。通过均衡型政策逻辑的专业服务能力支撑，产业向价值链高端环节升级突破，湖南天惠新材料科技有限公司等一批龙头企业深度对接中国南车股份有限公司、中国五矿集团有限公司等大型知名企业，跨界的立体型网络结构逐步成型。2017年全市城市矿产工业产值达到549亿元，完成税收9.36亿元，规模以上企业129家（高新技术企业35家），产业价值链协同创新的生态优势初步形成。升级期典型证据如表6-7所示。

表6-7 汨罗市城市矿产产业升级期的典型证据

一级构念	二级构念	典型证据
产业政策	功能型政策	专业平台：2015~2017年建设城陵矶固废进口暨岳阳汨罗公路口岸、再生产品质量检测中心、"互联网+再生资源"产业平台、飞地园区等
		公共服务：促进园区企业与中南大学等20多家科研院所深度合作，2018年举办中国（汨罗）循环经济创新发展研讨会
		目标规划、营商环境：《园区产业发展战略规划》《加快汨罗循环经济产业园区"二次创业"转型升级的实施意见》
	选择型政策	资金支持、人才支持：汨罗市政府设立园区转型升级专项基金、科技创新引导基金，高端人才引进的"四海揽才"工程
		资金土地税收支持：引进及支持组建铜业集团、铝业集团等龙头企业
		技术支持、试点示范：推动企业自主创新和品牌建设，支持培育国家级、省级企业技术中心和工程技术研究开发中心

续表

一级构念	二级构念	典型证据
本地能力	通用能力	创新要素资源：通过打造技术创新平台和对接外部科研院所的技术创新资源，撬动外部创新要素来提升本地企业技术创新能力
		技术转化网络：将中南大学、长沙矿冶研究院、中国矿业大学等高校科研院所的技术在本地实现产业化转化的服务网络能力
	专用能力	先进制造能力：企业产品认证及质量升级，精密制造能力开始形成
		产品创新能力：本地龙头骨干企业利用创新平台及资源进行前沿领域创新，如汨罗市东兴塑业有限公司积极推进3D打印技术应用创新
竞争优势	网络结构	立体网络结构：城市矿产产业向价值链高端环节升级突破，跨产业链和跨区域立体化产业网络逐步成型
	竞争优势	产业生态优势：先进制造、技术创新、"互联网+回收"等协同创新发展，产业生态优势初步形成

三、政府角色演化与城市矿产产业政策逻辑转换

（一）城市矿产产业的政府角色演变

案例分析表明，地方政府发展城市矿产的产业政策源于创造性地执行中央政府政策与系统性地解决发展瓶颈问题，且其角色定位呈现出从政府主导向市场主导的连续演变特征。城市矿产产业形成期的政府角色处于主导地位，汨罗市政府积极把握了2001年财政部、国家税务总局出台废旧物资回收经营免收增值税的政策优惠机遇，从产业链的回收环节切入来支持发展城市矿产新兴产业。地方政府扮演了引领广大中小回收商集聚本地的"领航员"角色，将本地自发形成的零散回收市场转变为政府背书的城市矿产回收交易集散中心，从而解决了自发市场带来的环境污染及规模化发展问题。中央政府的增值税减免政策强有力地刺激了地方政府及相关企业发展城市矿产新兴产业的积极性，这印证了Mathews和Tan（2011）提出的中国情境下中央政府自上而下的财政刺激政策是必要的。

在城市矿产产业扩张期，政府与市场联动发展，汨罗市政府积极响应2005年国务院发布加快发展循环经济及2010年建设"城市矿产"示范基地的政策意见，着力推动产业链向中下游加工制造环节延伸发展。这一阶段地方政府扮演了向下精准招商引资、向上争取国家试点示范政策支持的"营销员"角色，有效解决了回收环节附加值低和地方政府财政资源不足的瓶颈问题。城市矿产产业升级期

则是以市场力量为主导，汨罗市政府顺应始于 2014 年的中国经济"新常态"及高质量发展政策导向，进一步促进城市矿产产业链向高附加值方向升级。地方政府扮演促进区域内外参与者协同创新发展的"服务员"角色，试图解决本地创新资源能力不足的瓶颈问题，该角色接近于 Mazzucato（2011）提出激发创新的创业型政府。因此，地方政府发展城市矿产产业既有积极落实中央政府政策的执行者角色，将产业政策嵌入国家经济及法律框架，也有引导产业持续发展的领航员、营销员和服务员角色，最终形成政府与市场的战略合作关系。

（二）城市矿产产业的政策逻辑演化

案例分析表明，政府角色连续演变下产业政策作用逻辑也相应演化，以此构建"回收拆解—材料加工—精密制造—终端产品"的城市矿产产业链。城市矿产产业发展的起点是放任型政策，汨罗市本地居民自发形成的回收市场一直处于以非正式回收渠道为主的自然缓慢发展状态，此时本地市场化力量薄弱及新兴产业缺乏自生能力（Lin and Chang, 2009）。城市矿产形成期汨罗市政府通过交易市场平台及园区载体建设等强功能政策，吸引城市矿产回收行业先行企业加速集聚。在 2000～2004 年环境立法及实施不完善的背景下，汨罗市政府通过建设中南再生资源交易市场等强功能政策，促进本地居民自发形成的非正式回收队伍及加工作坊向正规化、规模化方向提升，基本避免了 Yong 等（2019）发现的马来西亚等发展中国家在电子废弃物政策上忽视非正式或半正式回收行动带来的低效回收利用问题。

城市矿产扩张期的汨罗市产业政策转变为招商优惠及试点示范等强选择政策，这种以特定企业为施策对象的选择型政策促进了加工制造企业快速增长及新企业进入（Trippl et al., 2015）。强选择政策直接刺激了城市矿产企业集聚化发展，2010 年湖南汨罗循环经济产业园成为中国"城市矿产"示范基地后获得财政部 28 975 万元的资金支持，制造企业数量的增长速度明显加快，这与 Jiao 和 Boons（2017）等提出中央政府支持示范基地的财税激励政策创造了一批大规模及综合性的废弃物回收利用产业园区的观点相一致。城市矿产升级期汨罗市政府采取兼顾功能性和选择性的均衡型政策，促进以城市矿产产业创新生态为架构、本地龙头企业为核心的新兴产业提质升级，该政策逻辑能够促进产业创新升级和降低企业前沿创新风险（Mazzucato, 2011; Aghion et al., 2015）。汨罗市作为政府主导的综合型"城市矿产"示范基地，政府支持搭建了与外部创新要素资源对接的服务平台。因此，城市矿产产业政策逻辑在各阶段具有显著的动态演化特征，呈现出从放任型政策到强功能政策、强选择政策和均衡型政策的顺次演化（图6-10）。

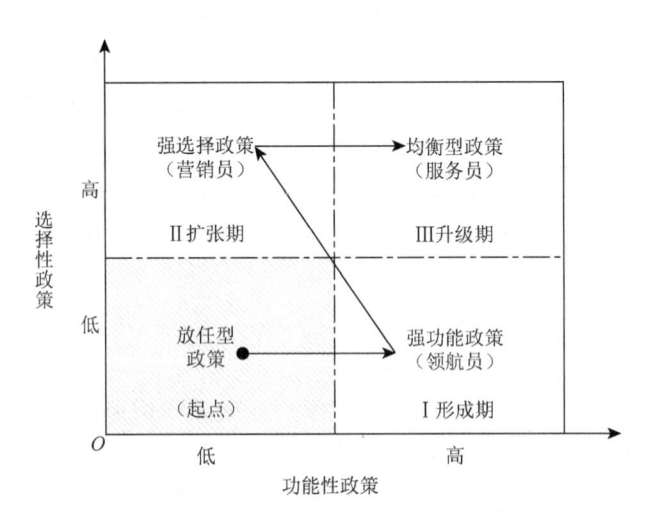

图6-10　城市矿产产业发展的政府角色及政策逻辑演化

四、提升本地能力的城市矿产政策作用机制

案例中汨罗市政府培育发展城市矿产新兴产业是一个本地能力建设的过程，中央政府、地方政府、中介机构和城市矿产企业等主要参与者共同影响产业相关本地能力的构建，从而促进产业竞争优势的形成。从中央政府与地方政府之间的政策作用机制来看，我国城市矿产产业发展相对欧美发达国家而言起步相对较晚，中央政府在废弃物回收立法及强制措施等制度环境建设上相对滞后，其对国家级"城市矿产"示范基地等政策支持主要是财政资金补贴，这对地方政府产业政策的弥补制度缺陷功能和区域差异化竞争特性产生了重要影响。一方面是地方政府的城市矿产产业政策需要弥补回收立法不完善的制度缺陷，汨罗市政府支持建设回收交易市场、"互联网+回收"系统等枢纽型平台来缓解非正规回收渠道缺乏规模效应及二次环境污染问题，一定程度上承担了弥补制度缺陷的开放市场中介功能（Dutt et al., 2016）；另一方面是地方政府的城市矿产产业政策更强调积极争取中央政策资源，汨罗市积极成为示范基地、标准化试点等从中央政府获得品牌背书及财政资金等政策支持，这是湖南汨罗、天津子牙、四川达州等政府主导型"城市矿产"示范基地吸引行业先行企业的政策资源保障，地方政府为强化政策资源的差异化优势，更愿意主动执行中央政策。

从地方政府与城市矿产企业间的政策作用机制来看，地方政府的产业政策既可以直接影响城市矿产企业的本地能力建设，也可以通过中介机构来间接作用于城市矿产企业本地能力的构建过程。功能型产业政策有助于形成产业通用能力，而选择型产业政策影响企业专用能力构建（Lazzarini，2015）。案例中汨罗城市矿产产业在形成期和升级期的功能型政策发挥作用明显，在形成期地方政府通过建设交易市场和园区载体等硬件平台强化了本地回收网络枢纽及低成本生产要素等通用能力，以及在升级期通过"互联网＋回收"系统、研发平台等专业服务构建了创新要素、技术网络等新通用能力，该政策作用路径具体为"功能型政策—本地通用能力（城市矿产产业）—企业竞争优势"。选择型政策则在城市矿产产业扩张期和升级期发挥了重要作用，在扩张期汨罗市政府通过招商引资及试点示范等强选择政策来刺激企业在专业拆解、加工制造等企业专用能力上的投资积累，升级期的支持龙头企业政策直接强化了其研发技术和先进制造等核心能力，该政策作用路径具体为"选择型政策—本地专用能力（城市矿产企业）—企业竞争优势"。

从地方政府与中介机构、城市矿产企业间的政策作用机制来看，中介机构在产业政策传导过程中发挥了积极作用，间接影响城市矿产企业的本地能力建设过程。案例中汨罗市政府在产业形成期支持成立了行业协会、商会等桥梁型中介机构来规范行业发展及提供政企信息交互，如产业形成期成立的"一会三公司"是连接地方政府与回收企业来传导管理融资等服务的中介机构，解决产业发展初期的企业经营不规范及资金短缺等通用能力瓶颈问题；同时在产业扩张期及升级期引入了湖南省同力循环经济发展有限公司、汨罗市普乐投资开发有限公司等提供专业运营服务的平台型中介机构，采用政府支持平台、平台市场化运营的方式为本地企业提供产业公共服务，类似于 Dutt 等（2016）提出的开放市场中介能够起到弥补制度环境薄弱地区市场化力量不足的作用。地方政府引入中介机构加速了产业集群化和生态化发展，如德国的 DSD 公司就是政府许可专门组织回收包装废弃物的非营利中介机构的典型代表。

综上所述，城市矿产产业政策通过影响本地能力建设过程来构筑产业竞争优势，地方政府创造性地执行中央政府政策是作用机制的前提条件，政策作用机制包括功能型政策通过本地要素资源禀赋来影响产业通用能力提升、选择型政策促进企业专用能力建设的直接作用过程，以及中介机构在地方政府与城市矿产企业之间发挥了政策连接桥梁及弥补市场化产业服务力量不足的重要作用，两种机制有机结合逐步培育出产业比较优势、集群优势和生态优势。本节根据文献综述部分提出的"条件—过程—结果"理论框架，构建出地方政府发展城市矿产产业的政策作用机制模型（图6-11）。

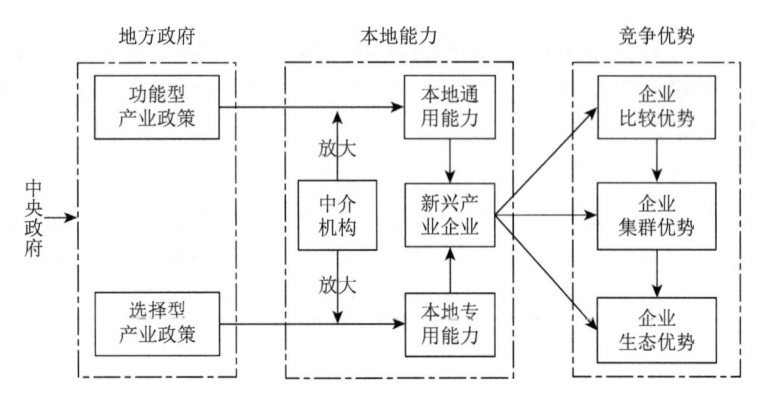

图 6-11 城市矿产产业发展的政策作用机制模型

五、研究结论

地方政府的产业政策如何影响城市矿产产业竞争优势的形成？现有文献无法解释这一理论黑箱问题。本节通过对汨罗市城市矿产新兴产业发展（2000～2017年）的纵向案例研究，从本地能力理论视角探讨了产业政策演变及其作用机制，探索性地构建了地方政府发展城市矿产产业的"产业政策—本地能力—竞争优势"政策作用机制模型。主要得出以下结论。

（1）地方政府角色具有连续演化特征，随着城市矿产产业发展阶段演进，从政府主导的领航员向政企联动的营销员、市场主导的服务员转变。城市矿产产业发展过程中地方政府并不是退居为纯粹的公共服务型政府，而是通过转变政策作用方式，政府角色从领航员、营销员逐步向服务员转变。随着本地市场机制的逐步发育成熟，政府主导地位下降与城市矿产企业主导地位上升的动态耦合关系形成，政府发挥积极重要作用的方式也相应从直接主导向间接支持转变。

（2）随着地方政府角色演变，政策逻辑相应呈现"强功能政策—强选择政策—均衡型政策"的震荡交替演化格局。以直接干预程度低的强功能政策为切入点有利于在城市矿产产业形成期吸引行业早期进入者集聚及培植市场化基因，城市矿产产业扩张期的强选择政策加速产业链上下游企业的本地化扎根，城市矿产产业升级期的产业公共服务及龙头企业培育等均衡型政策促进区域内外资源能力整合及协同创新，产业政策逻辑与城市矿产产业发展阶段任务相匹配，从回收拆解环节入手逐步培育出城市矿产产业链。

（3）城市矿产产业政策通过影响本地能力建设，促进城市矿产企业竞争优势的形成。本地能力在产业政策逻辑演化与城市矿产企业竞争优势之间发挥重要的中介作用，政策作用路径具体为"功能型政策—本地通用能力（城市矿产产业）—企业竞争优势"和"选择型政策—本地专用能力（城市矿产产业）—

企业竞争优势"两条直接路径，以及"选择型/功能型政策—中介组织—本地能力（城市矿产产业）—企业竞争优势"的间接影响路径。政策影响机制有序切换为强功能政策挖掘本地禀赋通用能力形成城市矿产企业比较优势、强选择政策积累本地专业能力获得城市矿产企业集群优势、均衡型政策跨界协同本地能力创造城市矿产企业生态优势。

参 考 文 献

黄萃, 赵培强, 李江. 2015. 基于共词分析的中国科技创新政策变迁量化分析.中国行政管理,（9）：115-122.

李江, 刘源浩, 黄萃, 等. 2015. 用文献计量研究重塑政策文本数据分析：政策文献计量的起源、迁移与方法创新. 公共管理学报,（2）：138-144, 159.

王春梅, 黄科, 郭霖. 2014. 基于社会网络分析的南京创新政策研究.科技管理研究,（15）：25-28.

姚海琳, 向艳芳, 王昶, 等. 2017. 1987—2015年中国城市矿产政策的文献量化研究. 资源科学, 39（6）：1059-1070.

钟伟金, 李佳. 2008. 共词分析法研究（一）：共词分析的过程与方式. 情报杂志, 27（5）：70-72.

周宏春. 2008. 变废为宝：中国资源再生产业与政策研究.北京：科学出版社.

Adner R. 2017. Ecosystem as structure: an actionable construct for strategy. Journal of Management, 43（1）：39-58.

Aghion P, Cai J, Dewatripont M, et al. 2015. Industrial policy and competition. American Economic Journal: Macroeconomics, 7（4）：1-32.

Barney J B, Ketchen D J, Jr, Wright M. 2011. The future of resource-based theory: revitalization or decline?. Journal of Management, 37（5）：1299-1315.

Cimoli M, Dosi G, Stiglitz J E. 2009. Industrial Policy and Development: The Political Economy of Capabilities Accumulation. Oxford: Oxford University Press: 19-38.

Combs J G, Ketchen D J, Jr, Ireland R D, et al. 2011. The role of resource flexibility in leveraging strategic resources. Journal of Management Studies, 48（5）：1098-1125.

Dutt N, Hawn O, Vidal E, et al. 2016. How open system intermediaries address institutional failures: the case of business incubators in emerging-market countries. Academy of Management Journal, 59（3）：818-840.

Eisenhardt K M. 1989. Making fast strategic decisions in high-velocity environments. Academy of Management Journal, 32（3）：543-576.

Eisenhardt K M, Graebner M E. 2007. Theory building from cases: opportunities and challenges. Academy of Management Journal, 50（1）：25-32.

Gutberlet J. 2015. Cooperative urban mining in Brazil: collective practices in selective household waste collection and recycling. Waste Management, 45：22-31.

Hu J, Xiao Z B, Zhou R J, et al. 2011. Ecological utilization of leather tannery waste with circular economy model. Journal of Cleaner Production, 19（2/3）：221-228.

Jiao W T, Boons F. 2017. Policy durability of circular economy in China: a process analysis of policy translation. Resources, Conservation and Recycling, 117：12-24.

Khandelwal H, Dhar H, Thalla A K, et al. 2019. Application of life cycle assessment in municipal solid waste management: a worldwide critical review. Journal of Cleaner Production, 209: 630-654.

Klein P G, Mahoney J T, McGahan A M, et al. 2013. Capabilities and strategic entrepreneurship in public organizations. Strategic Entrepreneurship Journal, 7: 70-91.

Lall S, Teubal M. 1998. "Market-stimulating" technology policies in developing countries: a framework with examples from East Asia. World Development, 26 (8): 1369-1385.

Lazzarini S G. 2015. Strategizing by the government: can industrial policy create firm-level competitive advantage? .Strategic Management Journal, 36 (1): 97-112.

Lin J, Chang H J. 2009. Should industrial policy in developing countries conform to comparative advantage or defy it? A debate between Justin Lin and Ha-Joon Chang. Development Policy Review, 27 (5): 483-502.

Liu Z, Tang J, Li B Y, et al. 2017. Trade-off between remanufacturing and recycling of WEEE and the environmental implication under the Chinese Fund Policy. Journal of Cleaner Production, 167 (20): 97-109.

Livesey F. 2012. Rationales for industrial policy based on industry maturity. Journal of Industry, Competition and Trade, 12: 349-363.

Mathews J A, Tan H. 2011. Progress toward a circular economy in China. Journal of Industrial Ecology, 15: 435-457.

Mazzucato M. 2011. The entrepreneurial state. Soundings, 49 (49): 131-142.

Nason R S, Wiklund J. 2018. An assessment of resource-based theorizing on firm growth and suggestions for the future. Journal of Management, 44 (1): 32-60.

Porter M E. 1998. Clusters and New Economics of Competition. Boston: Harvard Business Review.

Sandberg J, Tsoukas H. 2011. Grasping the logic of practice: theorizing through practical rationality. Academy of Management Review, 36 (2): 338-360.

Simoni M, Kuhn E P, Morf L S, et al. 2015. Urban mining as a contribution to the resource strategy of the Canton of Zurich. Waste Management, 45: 10-21.

Teece D J, Pisano G, Shuen A. 1997.Dynamic capabilities and strategic management. Strategic Management Journal, 18: 509-533.

Trippl M, Grillitsch M, Isaksen A, et al. 2015. Perspectives on cluster evolution: critical review and future research issues. European Planning Studies, 23 (10): 2028-2044.

Uzunca B. 2018. A competence-based view of industry evolution: the impact of submarket convergence on incumbent-entrant dynamics. Academy of Management Journal, 61 (2): 738-768.

Wang C, Geng H J, Zuo L S, et al. 2018. China's urban minerals policies: evolution, problems and countermeasures: a quantitative research. Journal of Cleaner Production, 197: 114-123.

Yao H L, Zhang C H. 2018. A bibliometric study of China's resource recycling industry policies: 1978—2016. Resources, Conservation and Recycling, 134: 80-90.

Yin R K. 2009. Case Study Research: Design and Methods. 4th ed. Thousand Oaks: SAGE Publications.

Yong Y S, Lim Y A, Ilankoon I M S K. 2019. An analysis of electronic waste management strategies and recycling operations in Malaysia: challenges and future prospects. Journal of Cleaner Production, 224: 151-166.

Zeng X L, Song Q B, Li J H, et al. 2015. Solving e-waste problem using an integrated mobile recycling plant. Journal of Cleaner Production, 90: 55-59.

Zhang K M, Wen Z G, Peng L Y. 2007. Environmental policies in China: evolvement, features and evaluation. China Population, Resources and Environment, 17 (2): 1-7.

Zuo L S, Wang C, Corder G D. 2019. Strategic evaluation of recycling high-tech metals from urban mines in China: an emerging industrial perspective. Journal of Cleaner Production, 208: 697-708.

第七章　城市矿产开发的政策效应研究

城市矿产产业的发展有利于破解我国面临的资源与环境的双重约束。因此，我国政府将城市矿产产业定为支撑我国未来发展的战略性新兴产业，并制定出台一系列支撑产业发展的产业政策。然而，现有研究认为产业政策对产业发展存在促进、抑制与无影响三种效应。科学评估我国城市矿产政策影响效应，成为影响我国城市矿产政策未来走向的关键因素。为此，本章以"科学认识我国城市矿产产业政策影响效应"为基本研究问题，首先对城市矿产政策效果进行评估，在此基础上，识别城市矿产产业政策存在的门槛效应，揭示城市矿产政策影响机理，以期为完善我国城市矿产政策体系提供建议。

第一节　城市矿产政策效果评估

按照政策作用维度的不同，城市矿产政策效应可以分为经济效应、环保效应与创新效应。由于城市矿产产业属于高科技行业，技术创新能力是决定其产业竞争的关键核心要素，并且从城市矿产开发利用政策的演变趋势可以看出政策着力点开始更多地关注技术创新，以期促进城市矿产产业从投资驱动、规模扩张的发展模式向创新驱动的发展模式转变。因此，本节主要聚焦于城市矿产政策对技术创新的影响效应。

然而，研究城市矿产政策的创新效应，首先应对城市矿产政策工具进行分类与筛选，在此基础上评估政策工具对技术创新的影响。在众多的政策工具中，税收优惠与财政补贴是产业政策应用最为普遍、影响最大的两项产业政策，且税收优惠与财政补贴具有差异化的属性，税收优惠属于事后补助，财政补贴属于事前补助。因此，本节选取税收优惠和财政补贴两种政策手段，先评估各单项政策工具的创新效应，然后揭示税收优惠与财政补贴两项政策工具交互作用对城市矿产技术创新的影响。

一、理论分析与研究假设

在各国所制定的创新政策体系中，税收优惠和财政补贴是最普遍采用的干预措施（Liu et al., 2016）。但是，税收优惠和财政补贴对创新的影响一直存在争议。

通过查阅相关文献，学者对政府激励企业创新的有效性存在不同的看法，研究结论主要分为三类：一些学者的研究表明税收优惠和财政补贴对创新绩效的影响具有明显的积极激励效应，他们认为这两种政策工具对企业研发投入水平有显著的正向影响，并且能通过研发投入的增加提高企业的创新绩效（柳光强，2016）；另一些研究结果则提出了截然不同的观点，认为税收激励与财政补贴不仅没有正向的激励作用，甚至有一定程度的抑制作用（D'Andria and Savin，2018），这些研究从挤出效应、资源配置扭曲等方面验证了政府激励对创新绩效的负面效应；还有少部分学者认为政府支持对创新的激励效应具有不确定性（Cappelen et al.，2012；Guan and Yam，2015）。从对现有文献进行的梳理可以看出，学术界有关税收优惠和财政补贴对企业创新产出的影响尚未得出一致结论。因此，本节将对相关文献进行梳理分析，并根据现有理论基础对税收优惠和财政补贴对城市矿产企业创新产出的影响提出假设。

（一）单项政策工具的影响效应

税收优惠政策是政府为了扶持特定产业而给予该产业中相关纳税人的各种优惠性税收待遇，以达到补贴特定纳税人及其活动的目的（柳光强，2016）。大多数国家将税收优惠作为引导企业增加研发投入，提升企业创新能力的重要手段。在促进研发作为创新和竞争力的途径的过程中，中国提供了有形的税收激励来支持企业的创新行为，如国务院 2006 年颁布的《国家中长期科学和技术发展规划纲要（2006—2020 年）》明确指出，应加强税前扣除，鼓励自主创新。此后，中国的 R&D（research and development，研究与开发）税收激励手段逐渐丰富。

虽然世界各国政府普遍采用税收激励来鼓励企业开展创新活动，但学者对税收激励是否真正能提高企业的创新产出仍未得出一致的结论。税收优惠政策效果的不确定性，使得其在不同国家、不同产业以及不同区域的实施效果受到研究者的广泛关注。有研究表明，税收激励可以刺激企业增加 R&D 投资，对促进企业提高创新产出具有重要作用（Castellacci and Lie，2015）。通过增加企业可用研发资本来帮助企业降低所面临的研发风险的不确定性，进一步挖掘自身的技术创新潜力（Bronzini and Piselli，2016；Jaffe and Le，2015）。然而，其他研究表明税收激励在刺激企业创新方面的作用有限（Dang and Motohashi，2015；Lu et al.，2017）。与事前资助不同，税收优惠是事后补贴。这意味着公司必须能够提前为项目提供资金，这可能对存在融资约束的中小企业不利。虽然目前关于税收激励效果的研究结论并不一致，但大多证明税收激励可以通过降低研发成本和现金流的不确定性来刺激企业增加创新投资，进而提高创新绩效（Castellacci and Lie，2015）。初创期的城市矿产企业面临外部性和研发资源短缺问题，具有包容性特征的税收优惠政策可以帮助企业克服融资障碍，降低创新风险。在此讨论的基础上，我们提出了以下研究假设。

H7-1a：税收优惠对城市矿产企业的创新产出产生正向影响。

财政补贴是中国产业政策的一个组成部分，是政府调控企业行为的重要方式。与间接政府支持不同，财政补贴是政府用于激励创新的直接政策工具。财政补贴主要包括研发补贴和价格（或消费者）补贴。研发补贴可以帮助企业获得核心技术和竞争实力，并显著增加企业申请专利的可能性。价格（或消费者）补贴有利于减轻潜在消费者的负担，从而创造需求和实现商业化（Lu et al.，2017）。可见，财政补贴可以应用于公共研发、市场化和市场渗透等创新链的全过程。

尽管财政补贴被各国政府普遍采用，但是和税收优惠一样其对企业创新产出的影响仍是不确定的。一些研究显示，财政补贴对中国上市公司的创新行为有负面影响（即挤出）（Yu et al.，2016），他们强调政府补贴能够取代或挤出公司的原始创新投资，而其他一些研究则表明财政补贴可以刺激企业更有效地开展创新活动（Czarnitzki and Lopes-Bento，2013），他们认为挤出效应可能不会那么容易产生。一方面，技术创新具有很强的不确定性，财政补贴增加了企业可配置资源，在一定程度上帮助企业分担创新风险带来的损失（Greco et al.，2017）。如果政府能够为企业提供一定的财政支持，帮助企业在创新之初走出"死亡之谷"，就会提高企业开展创新活动的积极性。另一方面，政府补贴还具有信号传递的属性，它传达了政府当前关注的重点领域以及未来的发展前景（伍健等，2018）。政府补贴向外界提供了该企业发展前景较好的积极信号，这将使获得政府补贴的企业更有利于获得外部融资（Lu et al.，2017）。充足的外部融资为企业的创新活动提供足够的资源，进一步促进创新产出的提升。城市矿产产业作为一个新兴产业具有创新风险高、收益不确定、产业体系薄弱等特点（Rong et al.，2013），因此，政府直接补贴可以降低企业的 R&D 成本，提供积极的信号效应，从而鼓励企业投资于 R&D 活动。基于这些理论，本节提出如下假设。

H7-1b：财政补贴对城市矿产企业的创新产出有正向影响。

（二）政策组合的交互效应

前文我们已经讨论了税收优惠和财政补贴对企业创新产出的单项政策效应，而与政府支持政策影响有关的另一个重要方面是要考虑每个政策工具之间的潜在相互作用。有关政策工具之间的相互作用的研究越来越受到重视，因为技术创新过程涉及市场失灵、瓶颈阻碍、研发风险以及行动者等多方面的复杂因素，而这些并不能通过单一的政策就能得到解决，而是需要政策工具之间的相互组合发挥作用。Guerzoni 和 Raiteri（2015）提出，在不控制其他可用政策工具的情况下，对单一政策工具的评估可能导致偏差。因此，政策研究领域逐渐由单一政策研究向政策组合研究转变，以探究有关政策组合的制定、执行及作用机制等复杂问题（Howlett and Rayner，2013）。尽管不同的政策工具由不同的政府部门制定，并且具有不同的利益相关者，但是这些政策工具之间并不是孤立的，相同领域之间的不同工具可以相互补充或替代，而政策工具的选择也并不独立于先前采用的其他政策工具（Cheng and Yi，2017）。

随着政策组合逐渐受到关注，关于政策组合相对于单一政策工具的实施效果是增强的还是削弱这一问题也成了学术界的研究热点。然而，政策工具之间的相互作用是高度不确定的，可能会相互补充和加强，也可能会彼此削弱。在现有研究中，有些学者认为政策工具之间具有相互促进的作用。他们认为没有任何单一政策工具能够有效解决技术创新过程中存在的障碍、瓶颈或风险，这通常需要不同政策工具之间的组合运用。例如，研发支持政策、负外部性内化政策和信息型政策需要结合实施。具体到税收优惠和财政补贴两种最常采用的政策工具，二者的目标都是有效指导企业进行投资、融资和制定市场战略，最终实现企业利益协同的结果，因此可以推测税收优惠与财政补贴之间存在互补效应。一些研究则认为，两种政策工具的结合可能具有互斥效应。从前面的分析中可以看出，税收优惠和财政补贴对企业行为的影响机制存在差异。这些差异将造成政策目标间的相互排斥，财政补贴和税收优惠由于不同的激励机制而对同一个企业甚至同一个创新项目产生不同的影响（Marino et al.，2016）。也有学者指出，由于缺乏协调，政策组合之间经常存在重叠和不连贯性，这将会对最终实施结果产生不利影响（Kivimaa and Kern，2016）。由以上分析可知，税收优惠和财政补贴对城市矿产企业创新产出的交互影响是具有不确定性的，因此本节提出如下假设。

H7-2a：税收优惠与财政补贴的组合正向影响城市矿产企业的创新产出。

H7-2b：税收优惠与财政补贴的组合负向影响城市矿产企业的创新产出。

（三）研发投入的中介效应

从前文的分析可以看出，现有研究大多认为政策支持在促进企业创新中发挥着重要作用，能够增强企业的竞争优势。通过对这些文献的深入分析发现一些研究还表明政府鼓励企业进行技术创新的过程通常伴随着 R&D 投资的发生。例如，Lach（2002）使用以色列公司的面板数据进行研究，结果表明 R&D 补贴极大地刺激了小公司的私人 R&D 投资，但对大公司产生了负面影响。由对现有文献的整理可知，政府激励对企业 R&D 投资有一定的影响，政府的激励措施缓解了企业面临的资金短缺问题，为企业的 R&D 投资提供了财政支持。

另外，一些研究表明较高的 R&D 投资将有助于提高企业的创新绩效（Liu et al.，2017；Fang et al.，2014）。从企业创新过程来看，企业的创新成果并不是直接来源于政策支持，而是由 R&D 投资支持的 R&D 活动转化产生的。因此，政策工具对企业创新产出的影响离不开 R&D 活动这一中间过程，而 R&D 活动通常伴随着 R&D 投资，这意味着政策工具对企业创新产出的影响是需要通过影响 R&D 投资实现的。根据上述分析，R&D 投资在政策工具与企业创新产出之间具有中介作用。因此，本节提出以下研究假设：

H7-3a：R&D 投资在税收优惠与城市矿产企业的创新产出之间具有中介作用。

H7-3b：R&D 投资在财政补贴与城市矿产企业的创新产出之间具有中介作用。

根据前面的理论分析及假设，图 7-1 显示了税收优惠和财政补贴对城市矿产企业创新产出的影响，以及研发投入在这一过程中所发挥的中介作用。

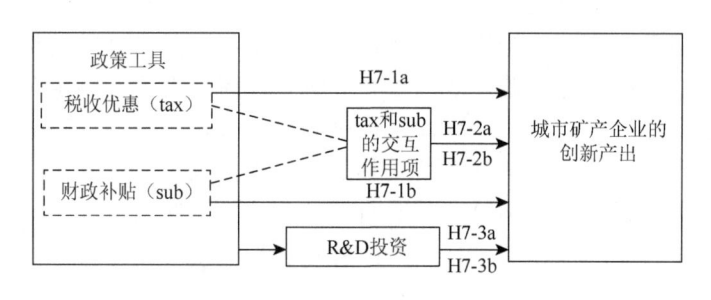

图 7-1　研究框架

二、研究设计

（一）样本选择和数据来源

由于城市矿产产业在中国还属于新兴产业，产业层面的数据统计口径以及完整性不能满足本节实证研究的要求，并且政府实施的税收优惠和财政补贴也主要是作用于微观企业。因此，本节从企业层面来研究税收优惠和财政补贴两种政策工具对城市矿产产业创新的影响。在选择样本企业之前，需要首先明确城市矿产产业涉及的业务的范围，这将有利于确定企业选择的标准，使样本的选取更具有严谨性。2010 年 5 月，《国家发展改革委 财政部关于开展城市示范基地建设的通知》首次将"城市矿产"界定为"工业化和城镇化过程产生和蕴藏在废旧机电设备、电线电缆、通讯工具、汽车、家电、电子产品、金属和塑料包装物以及废料中，可循环利用的钢铁、有色金属、稀贵金属、塑料、橡胶等资源"(姚海琳等,2017)。本节借鉴以往研究中对样本企业的筛选方法,根据企业主营业务范围来确定。因此,在初步筛选时将主营业务涉及上述业务领域的企业均纳入研究样本。此外,本节还剔除样本期间内 ST[①]、*ST[②] 企业样本数据,以及上市时间不到三年的企业。最后,选取了 75 家我国城市矿产行业上市公司作为研究样本。

城市矿产产业在我国起步较晚,根据对产业发展的具体情况分析发现其在 2013 年之后才初具规模。因此,本节研究的时间跨度为 2013~2017 年。上市企业相关数据主要来源于上海证券交易所和深圳证券交易所每年披露的企业年报以及国泰安 CSMAR 数据库,其中税收优惠和财政补贴数据通过所选取上市企业的年报手工整理而来,专利数据来自国家知识产权局和上市公司招股说明书。关于数据来源,有以下两点需要特别说明。①本节选取城市矿产产业上市公司的数据,剔除了该产业中的非上市公司。这是由于,与非上市公司相比上市公司的管理更加规范、数据更加可信,从而使得得出的实证结果更加可靠。②实证研究采用的数据时间段为 2013~2017 年,原因如下:2012 年,科技部和国家发展改革委等部门联合发布了《废物资源化科技工程"十二五"专项规划》。此后,我国政府对城市矿产产业创新的投资逐渐增加。此外,2013 年党的十八届三中全会提出深化财税体制改革,将"加强对税收优惠特别是区域税收优惠政策的规范管理"[③]作为改革的重要目标。因此,2013 年调整后的税收优惠和财政补贴政策更加完善,数据也更具有代表性和完整性。从以上说明可以看出,本节选取 2013~2017 年的数据具有较高的精确度和可靠性。

(二)变量设置

1. 被解释变量

本节被解释变量为企业创新产出。现有文献主要从研发投入和创新产出两个方面对企业创新产出进行测量。对于研发投入,现有文献大多将 R&D 投资作为衡量企业创新产出的重要指标。然而,有文献指出由于 R&D 活动的高失败率和高不确定性,与 R&D 投资相比,创新产出更能直观地反映企业的创新绩效。关

---

① ST,英文为 special treatment(特别处理),上市公司出现财务状况或者其他状况异常,导致其股票存在终止上市风险,或者投资者难以判断公司前景,其投资权益可能受到损害,交易所对该公司股票交易实行风险警示处理。

② 根据《深圳证券交易所股票上市规则》(2023 年 8 月修订版),被实施退市风险警示情形的,股票简称前冠以"*ST"。

③ 《中共中央关于全面深化改革若干重大问题的决定》,https://www.gov.cn/zhengce/2013-11/15/content_5407874.htm[2024-04-29]。

于创新产出，现有研究主要提出了两种测量方法：一种是企业专利申请、专利授权或专利引用的数量；另一种是企业开发新产品的数量或新产品的销售收入。由于企业年报中一般不会披露新产品数据，使得该变量数据难以获取。因此，本节选用城市矿产企业的专利申请数量来衡量其创新绩效。相比于专利授权数量，专利申请数更有利于体现企业当期的创新能力。

2. 解释变量

本节解释变量包括税收优惠和财政补贴。为了获取更加精确的数据信息，本节手动收集企业年报中披露的所获得的税收优惠、财政补贴的项目及数据。关于税收优惠变量值的选取，从有关税收优惠的实证研究来看，普遍使用实际税率或退税作为替代变量。但实际税率更多地会涉及难以计算的所得税负，因此选取从上市公司年度报告中获得的退税金额来表示税收优惠。退税金额一般由企业纳税金额决定，为了减少企业纳税金额的干扰，选用"ln（1 + 收到的税费返还/缴纳的税费）"作为税收优惠的衡量指标。本节研究的另外一个解释变量是财政补贴，一般来说每一单位财政补贴对于不同规模的企业所产生的效用是不同的。为了减小企业规模的影响，现有文献一般采用补贴强度这一指标来表示财政补贴变量。因此，我们采用企业年报中政府补贴数额与企业资产总额的比例作为财政补贴的代理变量。

3. 中介变量

本节以研发投入为中介变量。现有文献一般将研发强度作为衡量研发投入的重要指标，因此选用研发强度作为研发投入的衡量指标。在企业年报和招股说明书中收集当年的研发投资总额和资产总额，将研发投资总额与资产总额的比值的自然对数作为研发强度，以提高检验效果。

4. 控制变量

本节还加入以下控制变量来描述城市矿产企业的其他异质因素。

（1）企业规模。前文已提到对于不同规模的企业税收优惠或研发补贴的绝对数额产生的效用是不同的。同时，大企业和小企业在创新资源方面也具有差异。一般来说，企业的规模会对企业的创新绩效产生很大的影响。本节借鉴王昀和孙晓华（2017）的研究成果，利用企业总资产的自然对数来表示企业规模。

（2）现金流。R&D 活动是一种高成本、高风险的投资活动，需要投入大量的现金流。Weng 和 Söderbom（2018）发现，由于信贷市场的信息不对称和代理问题，R&D 对现金流波动非常敏感。由此可见，企业的现金流是否充足是企业开展 R&D 活动的重要因素。本节用 ln（年末货币/总资产）来表示企业的现金流。

（3）财务杠杆。资产负债率是表征财务杠杆最常用的指标，也是反映公司债务状况的重要指标。高负债使得企业提高创新绩效的能力薄弱，削弱了技术研发的积极性。因此，本节对财务杠杆 ln（总负债/总资产）这一变量进行控制。

（4）所有权属性。有研究发现由于官僚主义和缺乏激励，国有股在公司中的比例会对企业创新活动产生负面影响（Jiao et al.，2015）。可以看出，产权特征对企业创新产出具有显著影响。本节将其设置为虚拟变量，如果企业的控制者是国有法人则值为 1，否则为 0。

（5）企业年龄。企业年龄代表了企业一般经验的积累，一些研究已经阐明了企业年龄对于解释创新活动的重要性。Almus 和 Czarnitzki（2012）指出因为年轻的公司没有特别明显的知识资源和研发资源可供其支配，因此他们必须对研发活动投入更多；而 Dai 和 Cheng（2015）的研究表明有资历的公司由于其技术的成熟性可能不愿意创新，也不愿意申请公共研发促进计划和资金。我们按企业成立以来的年份来计算企业年龄，即"ln（观测年份–企业成立年份+1）"。

（6）股权集中度。股东持股比例是公司内部治理的重要指标，直接影响着资源的配置。由以往相关研究可知，股权集中度对企业的创新活动也具有一定的影响，因此本节将采用十大股东持股比例的自然对数来表示股权集中度。主要变量含义及具体形式见表 7-1。

表 7-1 变量含义及具体形式

变量类型	变量名称	变量符号	具体形式
被解释变量	企业创新产出	lnpat	ln（1+专利申请数）
解释变量	税收优惠	lntax	ln（1+收到的税费返还/缴纳的税费）
	财政补贴	lnsub	ln（财政补贴/总资产）
中介变量	研发投入	lnrd	ln（研发投入/总资产）
控制变量	企业规模	lnsize	ln（总资产）
	现金流	lncash	ln（年末货币资本/总资产）
	财务杠杆	lnlev	ln（总负债/总资产）
	所有权属性	own	国有控股企业：1，其他：0
	企业年龄	lnage	ln（观测年份–成立年份+1）
	股权集中度	lnh10	ln（公司前十大股东比例）

（三）模型设定

为了验证 H7-1a 和 H7-1b，本节设定如下两个模型：

$$\ln \text{pat}_{i,t} = \beta_{01} + \beta_{11} \ln \text{tax}_{i,t} + A \cdot \text{controls}_{i,t} + \gamma_i + \varepsilon_{i,t} \quad (7\text{-}1)$$

$$\ln \text{pat}_{i,t} = \beta_{02} + \beta_{12} \ln \text{sub}_{i,t} + A \cdot \text{controls}_{i,t} + \gamma_i + \varepsilon_{i,t} \quad (7\text{-}2)$$

此外，为了验证税收优惠与财政补贴之间的相互作用，本节构建如下模型：

$$\ln \mathrm{pat}_{i,t} = \beta_{03} + \beta_{13}\ln\mathrm{tax}_{i,t} + \beta_{23}\ln\mathrm{sub}_{i,t} + \beta_{33}(\ln\mathrm{tax}_{i,t} \times \ln\mathrm{sub}_{i,t}) + A \cdot \mathrm{controls}_{i,t} + \gamma_i + \varepsilon_{i,t} \tag{7-3}$$

其中，$\ln\mathrm{pat}_{i,t}$ 表示企业 i 在 t 年专利申请数的自然对数；$\ln\mathrm{tax}_{i,t}$ 和 $\ln\mathrm{sub}_{i,t}$ 分别表示企业 i 在 t 年收到的税收优惠和财政补贴的自然对数；$\ln\mathrm{tax}_{i,t} \times \ln\mathrm{sub}_{i,t}$ 是税收优惠和财政补贴的交互项；$\mathrm{controls}_{i,t}$ 是一个控制变量矩阵，包括企业规模、财务杠杆、现金流、所有权属性、企业年龄和股权集中度；β_{ij}（$i=0,1,2,3$；$j=1,2,3$）是回归模型的系数；γ_i 表示不可观测的时间效应；$\varepsilon_{i,t}$ 是随机干扰项；A 为控制变量系数。

接下来，本节引入中介效应模型来检验研发投入在政策工具和城市矿产企业创新产出的关系中是否具有中介效应。根据 Preache 和 Hayes（2008）及 MacKinnon 等（1995）的研究，如果满足以下三个条件，那么可以证明中介变量在解释变量与被解释变量之间具有中介作用。①解释变量单独作为被解释变量的自变量时，回归系数显著；②解释变量单独作为中介变量的自变量时，回归系数显著；③同时将解释变量和中介变量作为被解释变量的自变量时，中介变量的偏回归系数显著，而解释变量的偏回归系数不再显著（完全中介效应）或显著但系数明显减小（部分中介效应）。因此，根据这一理论本节在式（7-1）和式（7-2）的基础上构建以下回归模型：

$$\ln\mathrm{rd}_{i,t} = \beta_{04} + \beta_{14}\ln\mathrm{tax}_{i,t} + A \cdot \mathrm{controls}_{i,t} + \gamma_i + \varepsilon_{i,t} \tag{7-4}$$

$$\ln\mathrm{rd}_{i,t} = \beta_{05} + \beta_{15}\ln\mathrm{sub}_{i,t} + A \cdot \mathrm{controls}_{i,t} + \gamma_i + \varepsilon_{i,t} \tag{7-5}$$

$$\ln\mathrm{pat}_{i,t} = \beta_{06} + \beta_{16}\ln\mathrm{tax}_{i,t} + \beta_{26}\ln\mathrm{rd}_{i,t} + A \cdot \mathrm{controls}_{i,t} + \gamma_i + \varepsilon_{i,t} \tag{7-6}$$

$$\ln\mathrm{pat}_{i,t} = \beta_{07} + \beta_{17}\ln\mathrm{sub}_{i,t} + \beta_{27}\ln\mathrm{rd}_{i,t} + A \cdot \mathrm{controls}_{i,t} + \gamma_i + \varepsilon_{i,t} \tag{7-7}$$

其中，β_{04}、β_{05}、β_{06}、β_{07}、β_{14}、β_{15}、β_{16}、β_{17}、β_{26}、β_{27} 均表示回归方程的变量系数。式（7-1）和式（7-2）是检验中介效应的第一步，即在没有中介变量的情况下，分别检验税收优惠和财政补贴对企业创新产出的影响。式（7-4）和式（7-5）是中介效应的第二步，用来分别检验税收优惠和财政补贴对 R&D 投资的影响。中介效应检验的第三步是将中介变量分别添加到式（7-1）和式（7-2）中形成式（7-6）和式（7-7），以检验研发投入和政策工具同时作为企业创新产出的自变量时二者的显著性及系数变化情况。这里，$\ln\mathrm{rd}_{i,t}$ 表示企业 i 在第 t 年的研发投入，式（7-4）～式（7-7）中其他变量的含义与式（7-1）、式（7-2）中的含义相同。

三、实证结果

（一）变量描述性统计分析

表 7-2 为主要变量的描述性统计结果，包括变量的均值、标准差、最小值和

最大值等。从表 7-2 可以看出，企业创新产出的均值为 2.6713，标准偏差为 1.4472，说明城市矿产企业的创新水平是不平衡的。

表 7-2　主要变量描述性统计

变量	观测值	均值	标准差	最小值	最大值
lnpat	375	2.6713	1.4472	0	5.9375
lntax	375	0.1401	0.2486	0	1.9893
lnsub	375	0.0046	0.0168	0	0.3193
lntax×lnsub	375	0.0005	0.0009	0	0.0068
lnrd	375	1.1969	0.5184	0	0.0843
lnsize	375	22.4148	1.1545	16.1613	25.9544
lnage	375	2.9521	0.4701	1.7918	4.1431
lnlev	375	0.3920	0.1404	−0.2165	1.2220
lncash	375	0.1148	0.0781	0.0095	0.6853
own	375	0.2400	0.4277	0	1.0000
lnh10	375	0.2921	0.1075	0.0645	0.5602

（二）模型检验

当面板数据的时间序列中存在单位根时，时间序列数据可能存在伪回归。为了避免伪回归，本节采用了两种经典的单位根检验方法：Levin-Lin-Chu 检验（LLC）和 Im-Pesaran-Shin 检验（IPS）。前者适用于相同根检验，后者适用于不同根检验。检验结果如表 7-3 所示。从表 7-3 中可以看出，所有变量都通过了两种方法的单位根检验。因此，本节使用的面板数据时间序列是稳定的，不会产生伪回归。此外，为了检验模型中变量之间是否存在多重共线性问题，我们进行了方差膨胀因子（variance inflation factor，VIF）检验。检验结果如表 7-4 所示，发现变量的最大 VIF 为 1.99，平均值为 1.31，两者都远小于 10，故不必担心存在多重共线性。

表 7-3　面板单位根检验

变量	LLC 统计量	LLC P 值	IPS 统计量	IPS P 值	是否平稳
lnpat	−24.9450	0.000	−2.068	0.003	平稳
lntax	−32.1236	0.000	−4.583（D）	0.000	平稳
lnsub	−1400	0.000	−20.545	0.000	平稳

续表

变量	LLC		IPS		是否平稳
	统计量	P 值	统计量	P 值	
lntax×lnsub	−160	0.000	−1.951	0.018	平稳
lnrd	−31.6958	0.000	−2.456	0.000	平稳
lnsize	−24.5230	0.000	−2.011	0.000	平稳
lnage	−40.2193	0.000	−50.685	0.000	平稳
lnlev	−840	0.000	−3.255	0.000	平稳
lncash	−47.1522	0.000	−2.932	0.000	平稳
lnh10	−50.8589	0.000	−1.946	0.019	平稳

注：括号里的 D 表示变量数据进行了一阶差分

表 7-4 VIF 检验

变量	VIF	1/VIF
lnsub	1.04	0.958
lntax	1.12	0.897
lntax×lnsub	1.04	0.960
lnrd	1.35	0.742
lnsize	1.99	0.503
lnage	1.17	0.853
lnlev	1.70	0.590
lncash	1.27	0.789
lnh10	1.07	0.936
VIF 平均值	1.31	

（三）回归结果分析

在处理面板数据时，究竟应该使用固定效应模型（fixed effects model）、随机效应模型还是混合 OLS（ordinary least square method，普通最小二乘法）模型是影响回归结果精确度的一个根本问题。因此，我们对上述模型进行了豪斯曼检验，检验结果拒绝随机效应的原假设。随后，为确定采用固定效应模型还是混合回归模型本节进行了 F 检验，检验结果接受原假设，说明固定效应模型不适用。因此，我们使用混合回归模型对假设进行检验。检验结果如表 7-5 所示。

表 7-5　面板数据回归结果

变量	模型 1	模型 2	模型 3	模型 4	模型 5	模型 6	模型 7
lntax	−1.359*** (0.262)		−1.388*** (0.260)	−0.510*** (0.096)		−0.053 (0.094)	
lnsub		7.901** (3.997)	6.280* (3.866)		2.280* (1.471)		2.063 (1.343)
lntax×lnsub			148.247** (70.367)				
lnrd						2.559*** (0.050)	2.561*** (0.048)
lnsize	0.502*** (0.076)	0.444*** (0.078)	0.504*** (0.076)	0.153*** (0.281)	−0.132*** (0.029)	0.110*** (0.028)	0.107*** (0.027)
lnage	−0.236 (0.146)	−0.223 (0.151)	−0.247* (0.146)	−0.102* (0.054)	−0.099* (0.055)	0.025 (0.051)	0.029 (0.051)
lnlev	0.785 (0.588)	0.811 (0.608)	0.850* (0.589)	0.343 (0.216)	−0.361 (0.224)	−0.093 (0.204)	−0.114 (0.204)
lncash	4.050*** (0.917)	3.683*** (0.945)	4.031*** (0.911)	1.251*** (0.336)	1.122*** (0.348)	0.848*** (0.323)	0.810** (0.012)
own	−1.553*** (0.168)	−1.480*** (0.172)	−1.550*** (0.166)	−0.517*** (0.061)	−0.491*** (0.063)	−0.229*** (0.063)	−0.222*** (0.062)
lnh10	0.235 (0.609)	0.553 (0.635)	0.292 (0.614)	0.084 (0.223)	0.187 (0.234)	0.020 (0.211)	0.074 (0.213)
截距	−8.393*** (1.570)	−7.445*** (1.605)	−8.560*** (1.559)	−2.143*** (0.576)	−1.778** (0.591)	−2.908*** (0.554)	−2.893*** (0.545)
年份	控制	控制	控制	控制	控制	控制	控制
样本数	375	375	375	375	375	375	375
调整后的决定系数	0.293	0.249	0.308	0.259	0.207	0.915	0.916
F	13.67***	10.92***	12.34***	11.53***	8.60***	326.6***	328.61***

注：括号内的数值为异方差稳健标准误

***、**、*分别代表 1%、5%和 10%水平下显著

我们运用模型1和模型2来检验前文所提出的H7-1a和H7-1b。其中，H7-1a预测税收优惠对城市矿产企业的创新绩效有正向影响。模型1的结果表明，税收优惠的回归系数为−1.359，在1%的水平上显著，表明税收优惠政策对城市矿产企业的创新产出不仅没有促进作用，反而起到了抑制作用，检验结果拒绝 H7-1a。在模型2中，财政补贴的回归系数为7.091，显著水平为5%。这一回归结果验证了H7-1b：财政补贴对城市矿产企业的创新产出有正向影响。

进一步，我们设定模型3来检验两种政策工具之间的交互作用。实证结果

发现交互变量（ln tax×ln sub）与城市矿产企业创新产出显著正相关（$\beta_{33}=148.247$，$P<0.05$），即税收优惠和财政补贴的组合正向影响城市矿产企业的创新产出，支持了 H7-2a 的判断，H7-2b 未得到验证。实证结果表明，税收优惠与财政补贴可以相互促进，相互增强彼此对城市矿产企业创新产出的影响。一方面，税收优惠和财政补贴都具有提高企业创新产出的作用，二者具有相同的政策目标，企业倾向于同时充分利用这两种政策工具进行创新活动。另一方面，作为两种不同的政策工具，税收优惠和财政补贴对企业创新活动的支持方式不同。这种多元化的政府扶持方式有助于建立稳定的创新政策体系，降低城市矿产企业进行创新的风险。

在证明了这两种政策工具对城市矿产企业的创新产出都具有显著影响的基础上，本节进一步探讨了这两种政策工具对城市矿产企业创新的产出的影响机制。我们在模型中引入研发投入这一中介变量，以检验政策工具如何通过影响研发投入来影响城市矿产企业的创新绩效。首先，表 7-5 中的模型 1 和模型 2 表明，两种政策工具对城市矿产企业的创新绩效都具有显著影响。其次，在以模型 4 和模型 5 中以研发投入为因变量，以两种政策工具为自变量，进行回归分析。模型 4 和模型 5 的回归结果显示 $\beta_{14}=-0.510$，$P<0.01$ 和 $\beta_{15}=2.280$，$P<0.1$ 表明税收优惠和财政补贴对城市矿产企业研发投入的影响均显著，然而影响方向却不同。最后，将研发投入作为自变量加入到模型 1 和模型 2 中，得到相应的模型 6 和模型 7。通过观察模型 6 和模型 7 的回归结果，可以判断研发投入的中介效应。在模型 6 中，研发投入与企业创新产出呈显著正相关（$\beta_{26}=2.559$，$P<0.01$），但税收优惠的影响不再显著，这说明研发投入在税收优惠与城市矿产企业创新产出的关系中具有完全中介作用。同样，在模型 7 中，研发投入是正向显著的（$\beta_{27}=2.561$，$P<0.01$）而财政补贴的影响也不再显著，表明研发投入在财政补贴与城市矿产企业创新产出的关系中也具有完全中介作用。综上所述，回归分析的结果支持了 H7-3a 和 H7-3b，这表明研发投入在政策工具对企业创新产出产生影响的过程中具有中介作用。

四、有关内生性问题的处理

一些研究表明政府所实施的政策举措是具有偏好性的，这导致本节选取的税收优惠和财政补贴两个解释变量并不是严格的外生变量。因此，为了有效地解决内生问题对结果的影响，本节在上述模型中加入解释变量的滞后项构建动态面板数据模型，并利用系统广义矩方法再次验证税收优惠和财政补贴两种政策工具对城市矿产企业创新产出的影响。sys-GMM（system gaussian mixture model，系统广义矩估计）估计结果如表 7-6 所示。

表 7-6　sys-GMM 估计结果

项目	模型 1	模型 2	模型 3	模型 4	模型 5	模型 6	模型 7
lntax	−0.380* (0.223)		−0.368*** (0.139)	−0.162** (0.081)		−0.002 (0.074)	
lnsub		1.796*** (0.505)	0.917** (0.454)		0.380** (0.196)		2.893 (8.616)
lntax×lnsub			31.139 (46.397)				
lnrd						2.639*** (0.174)	2.532*** (0.165)
lnsize	−0.436* (0.259)	−0.231 (0.189)	−0.232*** (0.147)	−0.039 (0.211)	−0.025 (0.065)	−0.123 (0.114)	−0.127 (0.056)
lnage	2.053** (0.900)	−0.629 (0.505)	0.693* (0.386)	−0.039 (0.082)	0.143 (0.151)	0.406 (0.406)	0.276* (0.144)
lnlev	2.665*** (0.766)	2.622*** (0.676)	3.165*** (0.603)	0.753*** (0.241)	0.822*** (0.201)	0.356 (0.335)	0.861*** (0.295)
lncash	4.152*** (0.967)	4.541*** (0.763)	4.649*** (0.709)	1.035*** (0.298)	1.268*** (0.248)	0.971** (0.482)	1.603*** (0.350)
own	1.040 (1.249)	−0.309 (0.747)	−0.572 (0.403)	−0.356 (0.315)	−0.156 (0.231)	0.559 (1.515)	0.126 (0.202)
lnh10	−0.353 (1.004)	−1.845*** (0.652)	−0.458 (0.693)	−0.393 (0.345)	−0.341 (0.294)	0.689 (0.556)	0.132 (0.423)
截距	−3.794 (3.742)	3.895*** (3.326)	−3.195 (2.765)	0.781 (1.330)	0.653 (1.266)	0.595 (1.515)	1.100 (1.007)
一阶自回归模型	0.000	0.000	0.000	0.004	0.001	0.000	0.000
二阶自回归模型	0.355	0.265	0.261	0.313	0.255	0.221	0.244
Sargan 检验	0.573	0.645	0.166	0.472	0.368	0.950	0.263

注：括号内的数值为异方差稳健标准误

***、**、*分别代表 1%、5%和 10%水平下显著

sys-GMM 估计结果的有效性一般需要首先通过以下两个检验的验证：第一个是 Sargan 检验，它主要是针对 GMM（generalized method of moments，广义矩估计）工具变量过多可能产生的过度识别问题；第二个是二阶序列相关检验，用来检验扰动项无自相关的假设。其中 Sargan 检验的原假设为所有工具变量均有效，二阶序列相关检验的原假设是差分方程的残差序列不存在二阶序列相关。表 7-6 中的估计结果显示 Sargan 检验结果表明所有的工具变量都是有效的，并且差分方程的残差序列只存在一阶序列相关，不存在二阶序列相关。总的来看，模型通过了 Sargan 检验和二阶序列相关检验，因而 sys-GMM 的估计结果是一致且可靠的。

从模型 1 和模型 2 的回归结果可以看出，税收优惠和财政补贴对城市矿产企业创新产出的影响仍然显著，并且税收优惠是负向影响而财政补贴是正向影响，这与表 7-5 的结果是一致。此外，交互变量虽然不显著但其系数符号仍然为正，表明税收优惠和财政补贴两种政策工具之间仍是具有相互促进作用的。关于研发投入的中介作用，sys-GMM 的回归结果显示，研发投入在两种政策工具和企业创新产出之间仍具有全中介效应。对于一些控制变量，sys-GMM 模型和混合 OLS 模型的结果存在一定的差异。原因是静态面板模型没有考虑可能的缺失变量和内生问题，所以导致回归结果存在偏差。总之，表 7-5 和表 7-6 中核心解释变量的回归分析结果是一致的，这验证了我们的结果的稳健性。

五、研究结论

本节利用 2013～2017 年微观企业层面的面板数据库，实证检验了税收优惠和财政补贴对我国城市矿产企业创新产出的影响。本节研究主要得出以下结论。

（1）税收优惠对城市矿产企业的创新产出有负面影响，而对财政补贴具有促进作用。两种政策工具效果不同的主要原因可能是财政补贴是事前激励，补贴收入是确定的，并且财政部门会引导补贴的使用领域。此外，财政补贴的种类很多并具有针对性，能够有效地实现政策目标。财政补贴通过支持企业的研发项目来减小企业承担的技术不确定性风险，从而提高企业进行创新的积极性。与财政补贴相比，税收优惠对企业性质、所处的行业或创新方向等没有严格的要求，企业可以不受限制地利用这种税收优惠来为任何他们认为回报率高的项目提供资金。城市矿产产业在我国还是一个新兴产业，该领域的大多数企业还处于小规模阶段，他们更注重利润而不是技术研发。这导致企业利用获得的税收优惠来扩大公司的规模或增加投资回报率高的项目，而不是增加研发投资。

（2）税收优惠和财政补贴两种政策工具对城市矿产企业的创新产出具有相互促进效应，表明税收优惠与财政补贴相互正向调节另一方与企业创新产出的关系。这与 Edmondson 等（2019）的研究结果相似，他们认为单个政策工具不仅发挥自身作用而且能够产生广泛的反馈机制，对同一领域的其他工具也产生影响。其他一些研究还表明，各国呈现出增加实施多种政策措施的趋势，逐渐使政策组合更加多样化。

（3）研发投入在政策工具与城市矿产企业创新产出之间的中介效应，在更基本的微观层面对企业创新产出的影响因素和机制进行了探索。结果表明，研发投入在税收优惠、财政补贴和城市矿产企业创新产出之间具有完全中介作用。此外，研发投入在两个中介效应模型中均对城市矿产企业创新产出具有正向促进作用，这与大多数研究得出的政府激励能够有效地影响企业的 R&D 投资行为结论相一致。

第二节 城市矿产政府补贴的门槛效应研究

当前，我国面临着资源环境的问题，为解决资源和环境双重约束，中国政府投入大量补贴资金促进城市矿产产业发展，使补贴效果备受关注。但有研究发现政府补贴对企业绩效的影响存在不确定性，政府补贴同时具有促进和抑制两种效应：一方面，给予补贴能够激励企业创新、扩大规模、提升效率；但另一方面，过度的补贴又可能诱发逆向选择和道德风险等问题，严重影响补贴使用效率。这表明不同程度的补贴力度对企业绩效的影响具有差异性。但现有研究并没有回答促进城市矿产产业技术研发的最优补贴水平是多少，这成为影响政府制定城市矿产补贴决策的关键因素。因此，本节以城市矿产企业为研究对象，重点评估城市矿产政府补贴对企业技术研发的门槛效应，目的在于揭示促进城市矿产技术研发的适度补贴水平，以期为城市矿产产业高质量发展提供理论支撑与政策建议。

一、理论分析与研究假设

以往研究依据公共产品理论和信号理论证实了补贴激励效应的存在。根据公共产品理论，由于研发活动具有公共产品的性质——非竞争性和非排他性，市场失灵导致了大量企业在技术研发上的"搭便车"现象，致使企业自身促进技术进步的动力不足。政府补贴可以降低企业研发成本，弥补因研发活动正外部性造成的利润损失，提高研发活动的回报率从而刺激企业推动技术进步的积极性，这极大地提高了企业配置资源的效率，从而有机会促进企业生产效率的改进；信号理论认为，市场经济中具有信息优势的主体可以通过"信号传递"行为将信息传递给信息劣势主体来平衡信息市场。由于信息不对称所造成的企业融资困难问题市场无法有效解决，政府作为信息优势主体，其补贴企业所释放的信号，正如名牌商品向消费者传递的质量信息，给外界传递出积极的投资信息，从而增强了企业的融资引力，便利的融资无疑对企业生产效率的提高有着积极影响。

更多研究发现了补贴的挤出效应。补贴是政府对企业的无偿转移支付，会使企业获得超额利润或是提升其偿债能力。从自身动力来看，超额利润使企业经营者出现懈怠、得过且过吃大锅饭的心理，从而出现企业 X-无效率（Leibenstein，1966），与面临倒闭风险和债务危机的企业相比，获得补贴的企业缺乏提高生产效率的动力。从寻租理论看，政府补贴作为资金生产要素的一种，企业有大量需求而其供给受限，使少数特权企业获得了谋取超额收入的机会，布坎南和克鲁格曼将这种收入称为"租金"，企业为了谋求这种超额收入而进行"寻租"活动。在没有完善监督机制的前提下，提高生产率的资源没有被科学分配和利用，从而导致企业效率下降。从信息不对称理论看，虽然前文提到政府作为信息优势主体可以向投资者传递信号，但相对于拥有自身完全信息的企业，政府则处于劣势一方，作为优势方的企业对自身财务等信息的刻意隐瞒，导致政府甄别信息成本加大，政府补贴企业面临着事前逆向选择和事后道德风险的问题，前者可能导致补贴资金错配而影响其效果发挥，后者可能导致受补贴企业乱用补贴资金而造成生产效率损失。

通过理论分析可以发现，补贴效应异质性需要不同的前提条件，就补贴抑制效应来说，过量的补贴额度可能是超额利润、寻租行为、道德风险产生的重要诱因，这同时说明补贴激励效应需要在适度的区间内才能有效发挥，因此额度多寡极有可能是补贴发挥作用的重要条件。对于城市矿产企业来说，相较于进行外部性和风险性较大的研发投入，大多数企业更倾向于扩大生产规模，以获得稳定可预期的规模效益，这也是城市矿产产业普遍产品附加值低、产能过剩严重的原因（周汉城，2016）。当政府出于扶持产业目的给予适度补贴时，一定程度上能够减轻企业的研发风险，促使企业有意愿增加研发投入，提高产品技术含量和经济价值。但当政府补贴强度过高时，公司经营者倾向于主动使用部分用于提高全要素生产率的资源与政府建立政治联系，从而获得当地政府自由裁量权下的补贴资金（潘越等，2009），建立政治联系最直接的途径就是寻租（任曙明和张静，2013），而寻租带来的成本能造成大量效率损失。基于此，我们提出以下假设。

H7-4：政府补贴对城市矿产企业生产效率呈现非线性影响。

H7-5：政府补贴对城市矿产企业生产效率存在门槛效应，适度补贴能够促进企业生产效率提高，高额补贴可能抑制生产效率提高。

H7-6：适度补贴能够有效刺激企业研发投入，高额补贴会显著增加企业寻租成本。

二、研究设计

（一）样本选择与数据来源

城市矿产产业作为战略性新兴产业，在我国近年来才得到快速发展，专门针对该产业的相关统计数据还比较少，故本节利用城市矿产上市公司披露的相关数据进行研究。城市矿产企业的界定采用如下方法：根据国家发展改革委、财政部联合下发的《关于开展城市矿产示范基地建设的通知》的范围划分，"工业化和城镇化过程产生和蕴藏在废旧机电设备、电线电缆、通讯工具、汽车、家电、电子产品、金属和塑料包装物以及废料中，可循环利用的钢铁、有色金属、稀贵金属、塑料、橡胶等资源"属于城市矿产的定义范畴。我们借鉴李晓钟等（2016）的做法，通过主营业务范围对企业进行筛选，凡主营业务属于以上 9 种具体产品及服务的企业，本节将其划分到城市矿产企业的范畴。

本节样本的研究区间为 2012~2016 年沪、深两市 A 股上市公司，样本选取基于以下几点考虑：①上市公司数据公开易得，公司财务制度最为规范，以其为研究对象更具代表性；②国务院在 2010 年发布《关于加快培育和发展战略性新兴产业的决定》并于 2012 年开始实施《"十二五"国家战略性新兴产业发展规划》，之后中央和地方陆续出台了相应的补贴政策。大部分城市矿产企业借着良好的政策环境于 2012 年前后上市，2012 年之后的数据具有完整性。

按照以上原则，本节通过同花顺、证券之星等证券交易软件中的板块分类收集了属于循环经济板块、固废处理板块、节能环保板块共 206 家上市公司，根据巨潮资讯网上公开的公司年报中的主营业务，比照《战略性新兴产业重点产品和服务指导目录（2016 版）》人工筛选出 56 家企业城市矿产企业。本节剔除了数据异常、ST 公司等样本，并在计算全要素生产率的过程剔除了总产出、资本存量、中间投入、工业增加值为负值、为零值的样本，最终获得 5 年 51 家城市矿产上市公司数据，共 255 个观测值。

（二）研究方法及模型设定

本节所采用的 2012~2016 年上市公司数据属于同时包含时间序列和截面的面板数据，由于面板数据回归相比于一般时间序列回归降低了多重共线性、控制了个体的异质性，且具有普遍适用性能够更好地解释复杂的经济问题。所以本节使用平衡的面板数据模型对研究假设进行实证检验。首先为了检验政府补贴对全要素生产率的非线性影响关系，设定如下两个基础模型：

$$\ln\text{TFP}_{it} = C + \alpha\text{SUB}_{it} + \beta X_{it} + a_i + \varepsilon_{it} \quad (7\text{-}8)$$

$$\ln\text{TFP}_{it} = C + \alpha\text{SUB}_{it} + \delta_1\text{SUB}_{it}^2 + \beta X_{it} + a_i + \varepsilon_{it} \quad (7\text{-}9)$$

其中，被解释变量 lnTFP 表示全要素生产率对数形式；C 表示常数项；核心解释变量 SUB 表示政府补贴；SUB^2 表示补贴的平方项；X 表示控制变量集合（研发投入、企业规模、资产负债率、股权集中度、员工薪酬、企业年龄、产品市场竞争、时间虚拟变量）；α、δ_1 表示各变量的弹性系数和系数向量集合；a 表示不可观测的对因变量有影响的因素；ε 表示随机扰动项；i、t 分别表示企业个体和年份。本节在式（7-8）的基础上加入 SUB^2 得到式（7-9），若 δ_1 显著，则认为补贴对全要素生产率有非线性影响。

进一步地，若 H7-4 成立，为了检验 H7-5，我们采用 Hansen（1999）的门槛回归模型对政府补贴的门槛效应进行实证分析。首先门槛模型相比于其他检验区间效应的方法避免了人为设置阈值进行分组的主观性弊端；其次门槛模型能够计算出具体阈值，这为政府补贴城市矿产企业提供了有价值的参考，实际意义重大。因此本节设定基础面板门槛模型如下：

$$\ln\text{TFP}_{it} = \mu_t + \varphi K_{it} + \alpha_1 \text{SUB}_{it} I(\sigma_{it} \leq \omega) + \alpha_2 \text{SUB}_{it} I(\sigma_{it} \leq \omega) + e_{it} \quad (7\text{-}10)$$

其中，μ 表示个体异质性，包括了变量中不能观测或被忽略的因素；$I(\cdot)$ 表示指示函数，当括号中的条件被满足时 I 为 1，否则为 0；σ 表示门槛变量，本节将核心解释变量政府补贴（SUB）设为门槛变量测度其对 TFP 的门槛效应；ω 表示门槛值，实际可能有多个门槛值，方程设定以此类推；e 表示随机扰动项；K 表示对全要素生产率有显著影响的控制变量集合；φ、α_1、α_2 表示系数向量集合和解释变量弹性系数。其余符号意义与上文一致。

（三）变量设计

（1）被解释变量：全要素生产率（lnTFP）。关于微观层面的全要素生产率有很多测算方法，学术界关注最多的有三种，即 OLS 回归法、OP 法[①]和 LP 法[②]。其中 OLS 回归法有同时性偏差和样本选择性偏差的缺陷，OP 法使用投资作为代理变量解决了前述缺陷但调整成本的存在使其不能完全反映全要素生产率，LP 法使用中间投入作为代理变量避免了这些问题，因此本节参照鲁晓东和连玉君（2012）的做法使用 LP 法计算企业全要素生产率并对其进行对数化处理，同时以 OP 法计算所得 TFP 作为因变量进行稳健性检验。

使用 LP 法计算 TFP 需要获得企业工业增加值、劳动力投入、中间投入和资本投入数据，其中本节使用收入法计算工业增加值，公式为：固定资产折旧＋劳动者报酬＋生产税净额＋营业盈余，劳动力投入用员工人数表示，中间投入用公司购买商品和接受劳务支出表示，资本投入用固定资产投资表示。并使用以 2012 年为基期的生产者购进价格指数、固定资产价格指数和工业生产者出厂价格指数对中间投入、资本投入和工业增加值指标进行平减以消除价格波动的影响，价格指数原始数据来自《中国统计年鉴—2016》。

（2）解释变量：政府补贴（SUB）。由于企业规模差异，补贴的绝对数额对不同公司的影响并不相同。以往文献普遍采用补贴强度这一指标来代替政府补贴变量以消除这种规模差异的影响（王昀和孙晓华，2017）。因此，本节使用政府补贴

[①] OP 法(Olley-Pakes approach)是一种基于成本函数的方法，它通过测量不同生产要素的成本变化来计算 TFP。

[②] LP 法（Lucas-Pigou approach）是一种基于生产函数的方法，它通过测量不同生产要素对经济增长的贡献来计算 TFP。

强度作为核心解释变量。这里统一采用当年所有补贴之和作为公司政府补贴的最终数额。政府补贴强度来源于公司财务报表附表营业外收入分支项目政府补助数额与主营业务收入比值。

（3）控制变量。根据潘罗斯企业成长理论和已有文献的研究，本节控制了以下可能对全要素生产率有影响的变量。

技术进步（TP）。大量文献研究已经表明，技术进步是企业全要素生产率增长的主要路径（李平，2016），而技术进步必须有充足的研发投入作为支撑，因此，本节以研发投入作为技术进步的替代指标控制了其对 TFP 的影响，同样，为了消除规模差异的影响，我们使用研发强度指标（公司当年研发支出/主营业务收入）表示技术进步变量。

企业规模（SIZE）。企业规模差异能给企业带来不同优势，小企业更具活力，大企业拥有更多资源优势易形成规模经济。因此，企业规模对公司 TFP 的影响是可以预见的。本节借鉴以往研究（孙晓华和王昀，2014）使用公司总资产自然对数表示企业规模。

资产负债率（DEBT）。根据詹森（Jensen）的自由现金流理论，财务杠杆（资产负债率）有益于企业生产率的提高。但有研究表明，资产负债率是一个公司债务状况的体现，高负债的公司对于促进全要素生产率增长而进行投资的能力偏弱，且会削弱其技术创新的积极性。因此本节控制资产负债率变量（公司总负债/公司总资产）。

股权集中度（h10）。股东持股比例是公司内部治理的重要指标，公司内部治理直接影响着资源配置情况，已有研究普遍发现了股权集中度对企业绩效的"支持效应"和"掏空效应"。本节使用公司前十大股东持股比例表示股权集中度。

员工薪酬（lnWAGE）。员工薪酬体现着公司对员工的激励，较高的薪酬能够刺激员工的生产积极性；同时员工薪酬代表企业对劳动力的投入力度，体现了企业间人力资源成本的差异。本节使用企业当年发放工资总额的对数值表示。

产品市场竞争（COM）。所处行业的市场竞争程度越高，企业提升自身生产率的动力越强，产品市场竞争显著促进了企业全要素生产率的增长。本节使用公司主营业务毛利率表示产品市场竞争。

企业年龄（GROW）是指企业从成立之日起到研究时间的年份数量，它是衡量企业发展的一个重要指标，反映了企业的历史、稳定性和成熟度。

此外本节还控制了时间虚拟变量来考虑特定年份事件等影响因素；鉴于下文模型采用固定效应模型，而凡在时间上恒定的解释变量都必定随固定效应变换而消失，且样本企业的经营业务性质相同，因此本节并未控制行业虚拟变量。计算全要素生产率的相关指标和其他变量均来自公司年报公开数据，本节使用国泰安数据库统一收集并进行手工整理。为了避免极端值对回归分析的影响，本节对于主要连续变量进行了缩尾处理（winsorize），变量定义如表 7-7 所示。

表 7-7 变量定义表

变量类型	变量符号	变量名称	测量方法
被解释变量	lnTFP	全要素生产率	根据 LP 法计算
解释变量	SUB	政府补贴	公司当年补贴收入/当年营业收入
控制变量	TP	技术进步	公司当年研发支出/当年营业收入
	SIZE	企业规模	公司总资产取自然对数
	DEBT	资产负债率	公司总负债/公司总资产
	h10	股权集中度	公司前十大股东持股比例
	lnWAGE	员工薪酬	企业当年发放工资总额的对数值
	COM	产品市场竞争	公司主营业务毛利率
	GROW	企业年龄	企业成立的年份

三、实证结果

（一）变量描述及模型检验

1. 变量描述性统计

表 7-8 为主要变量的统计性描述结果，全要素生产率自然数对数均值为 2.771，标准差为 0.054，说明城市矿产企业整体发展水平较为均衡，企业间波动小。政府补贴强度均值为 0.024，说明城市矿产行业政府补贴水平较高，这与政府补贴向战略性新兴产业倾斜的情况相符，标准差为 0.055，最大值最小值相差 0.768，25%分位数、50%分位数和 75%分位数差别较大，说明企业间的补贴强度差异大。技术进步均值为 0.027，与政府补贴强度均值相当，与政府补贴强度相比其波动较小，标准差为 0.025，最大值仅为 0.133，说明尽管公司获得了高额补贴也未有效推动技术进步。其他控制变量详见表 7-8。

表 7-8 主要变量描述性统计

变量	样本	均值	标准差	最小值	25%分位数	50%分位数	75%分位数	最大值
lnTFP	255	2.771	0.054	2.682	2.729	2.766	2.812	2.875
SUB	255	0.024	0.055	0.000	0.005	0.011	0.027	0.768
TP	255	0.027	0.025	0.000	0.005	0.028	0.036	0.133
SIZE	255	22.290	0.997	20.758	21.502	22.241	23.031	24.200
DEBT	255	0.459	0.177	0.075	0.314	0.446	0.604	0.865
h10	255	0.583	0.148	0.222	0.469	0.583	0.702	0.926
lnWAGE	255	16.419	1.530	12.801	15.461	16.704	17.585	18.639
COM	255	0.279	0.109	0.082	0.196	0.284	0.362	0.481

2. 模型检验

当面板数据的时间序列中存在单位根过程时，时间序列数据会因不平稳而导致伪回归，为了避免这种情况本节使用两种经典的检验方法对序列进行单位根检验，第一种是 Levin-Lin-Chu 检验（LLC）用于检验同一根，第二种是 IPS 用于检验不同根，结果如表 7-9 所示。可以看到包括一阶差分后的 TP、h10、SIZE、lnWAGE 变量所有 8 个变量均通过了两种方法的单位根检验。为了检验变量之间的多重共线性问题，本节进行了 VIF 检验，结果显示，各变量最大 VIF 值为 2.14，均值 1.44 都低于 5，表明模型不存在多重共线性问题。因此，本节使用这 8 个变量进行面板估计。

表 7-9 面板单位根检验

变量	LLC 统计量	LLC P 值	IPS 统计量	IPS P 值	是否平稳
lnTPF	−13.74	0.00	−1.96	0.03	是
SUB	−32.32	0.00	−4.23	0.00	是
TP	−21.40	0.00	−2.69（D）	0.00	是
lnh10	−11.54	0.00	−3.23（D）	0.00	是
SIZE	−19.98	0.00	−6.69（D）	0.00	是
lnWAGE	−8.11	0.00	−2.30（D）	0.00	是
COM	−15.45	0.00	−1.98	0.03	是
DEBT	−13.02	0.00	−2.10	0.01	是

注：括号里的 D 表示变量数据进行了一阶差分

之前设置的模型中，α 为不可观测的对因变量有影响的因素，而这些因素可能与自变量有关，产生固定效应；也有可能与自变量无关，产生随机效应。为了判断模型类型以确定使用何种方法消除这些效应，本节对模型的效应类型进行豪斯曼检验，豪斯曼统计量的 P 值为 0.042 小于 0.05，拒绝随机效应的原假设，因此，本节使用面板固定效应模型。此外本章节还对模型的截面相关性、异方差进行了检验，结果表明模型不存在截面相关但存在异方差。关于变量内生性问题，理论上自变量和因变量之间可能存在相互影响的关系，而且模型中也可能有遗漏变量的问题，一般情况下使用两阶段最小二乘法（two stage least squares，2SLS）解决内生性问题，但由于模型存在异方差，使用 GMM 方法比 2SLS 工具变量回归更有效率。因此本节在对模型进行固定效应回归的同时使用 GMM 方法对模型进行稳健性回归。

（二）回归分析

1. 补贴对全要素生产率的平均影响效应

由于回归模型存在异方差和可能的内生性，因此本节通过捕获 Huber-White 标准误和进行 GMM 以得到更加稳健的估计，其中内生变量为政府补贴（SUB）和技术进步（TP），工具变量为内生变量的滞后一期。表 7-10 为在式（7-8）、式（7-9）基础上得到的固定效应模型（FE）和 GMM 共 4 个回归结果，从 F 统计量来看，4 个模型都在 1%水平下显著，说明自变量对因变量有较强的解释力；组内 R^2 的值均在 0.5 以上，说明模型有较好的拟合效果。线性模型和非线性模型之间的变量系数的符号一致、大小相似且都具显著性。GMM 中，三阶自回归检验数 P 值均大于 0.1，说明序列之间不存在高阶自相关性，Hansen 检验和 Sargan 检验的 P 值均在 0.8 以上说明本节所选取的工具变量具有有效性。从 GMM 结果的系数符号看，除股权集中度外其他变量与固定效应一致，模型稳健性得到了保证，补贴强度系数绝对值升高说明变量的内生性使固定效应回归低估了补贴对公司 TFP 的影响程度。

表 7-10 补贴强度对 TFP 的影响估计结果

自变量	FE1	GMM1	FE2	GMM2
SUB	−0.069** (0.029)	−0.573** (0.262)	−0.285** (0.124)	−0.848** (0.417)
TP	−1.297*** (0.448)	−0.867*** (0.257)	−1.346*** (0.429)	−0.799*** (0.231)
SUB^2			0.258* (0.132)	4.646** (2.231)
TP^2	5.935* (3.127)	5.023* (2.896)	6.585*** (3.084)	4.272* (2.460)
SIZE	0.029*** (0.010)	0.042*** (0.004)	0.028*** (0.009)	0.042*** (0.004)
COM	0.113*** (0.031)	0.074*** (0.025)	0.118*** (0.028)	0.076*** (0.026)
DEBT	−0.053** (0.020)	−0.044** (0.021)	−0.057*** (0.020)	−0.043** (0.021)
h10	−0.068*** (0.022)	0.068** (0.027)	−0.062*** (0.021)	0.069** (0.028)
lnWAGE	0.004** (0.002)	0.003* (0.002)	0.005** (0.002)	0.004* (0.002)
时间虚拟变量	控制	控制	控制	控制

续表

自变量	因变量				
	FE1	GMM1	FE2	GMM2
C	2.123*** (0.215)	1.794*** (0.066)	2.120*** (0.208)	1.774*** (0.061)
组内的拟合优度	0.566	—	0.577	—
F 统计量	28.00***	38.52***	4484.49***	41.74***
二阶自回归检验数	—	0.001	—	0.001
三阶自回归检验数	—	0.267	—	0.276
Hansen 检验的 P 值	—	0.931	—	0.861
Sargan 检验的 P 值	—	0.939	—	0.879
观测值	255	204	255	204

注：括号内为稳健性标准误；C 表示常数项

***、**、*分别代表 1%、5%和 10%水平下显著

从表 7-10 发现，政府补贴一次项的弹性系数均显著为负，说明现阶段政府补贴对城市矿产企业全要素生产率存在显著的平均抑制效应，根据前文的分析，政府补贴对全要素生产率有非线性影响，补贴额度的设置不合理可能是造成补贴平均负效率的重要原因。从 FE2 和 GMM2 回归结果可以看出，加入 SUB^2 后 FE2 模型中的 TP^2、DEBT 等控制变量显著性提高且 SUB^2 具有一定显著性，表明加入政府补贴平方项具有合理性，同时在考虑内生性的 GMM2 模型中 SUB^2 在 5%水平下显著，这表明政府补贴和全要素生产率之间存在非线性关系。假设 H7-4 得到验证，政府补贴对全要素生产率的影响并非一成不变，而是随着补贴强度的变化而变化，存在着合理的补贴区间，这进一步说明了不合理的补贴额度设置对全要素生产率的抑制作用。

4 个模型中大部分控制变量均呈现出较高水平的显著性。其中，技术进步对企业生产率的影响呈现出和政府补贴一样的非线性趋势。现阶段，技术进步的抑制作用可能是由于研发投入对企业生产率存在滞后效应，技术进步的平方项系数显著为正说明随着研发投入的不断积累其促进生产率提高的作用显现。企业规模均通过了 1%水平下的显著性检验且系数为正，说明企业规模越大，能够产生规模经济并利用更多的资源来提升全要素生产率。产品市场竞争系数显著为正印证了本节的预期，充满竞争的市场会刺激公司提升生产率的动力。资产负债率在促进全要素生产率方面并没有发挥财务杠杆的作用，系数显著为负，表明较高的资本风险增加了企业经营的不确定性从而抑制了生产效率提高。股权集中度固定效应模型系数显著为负、GMM 系数显著为正，说明控制了内生性后，股权的集中对生产率的"支持效应"显现。员工薪酬在 FE1、FE2 中显著为正，在 GMM 中显著性下降，一定程度上说明了薪酬激励对全要素生产率的促进作用。

2. 政府补贴对全要素生产率的门槛效应

为了验证 H7-5，探究政府补贴企业的最佳区间，本节使用面板数据门槛回归模型对模型内生区分的补贴范围进行分组检验，本节将政府补贴（SUB）作为门槛变量，得到不同门槛区间内政府补贴对全要素生产率的弹性系数。首先对模型进行 1000 次的自举（bootstrap）抽样检验门槛效应显著性，若单门槛显著存在，则进行双门槛检验，双门槛检验的同时对单门槛进行回检，以此类推。表 7-11 为门槛效应检验结果。

表 7-11 政府补贴门槛效应检验结果

门槛数	F 统计量	临界值		
		1%	5%	10%
单门槛	4.790**	7.065	3.487	2.537
双门槛	30.263***	6.078	2.515	0.766
三门槛	30.572***	8.923	6.143	1.598

***、**分别代表 1%、5%水平下显著

从表 7-11 可以看出，单门槛检验 F 统计量大于 5%水平下的临界值，双门槛检验和三门槛检验的 F 统计量均大于 1%水平下的临界值，回检后门槛没有发生变化，说明模型存在三门槛效应。门槛值的置信区间如表 7-12 所示，前两个门槛值的置信区间较窄，置信度高，虽然第三个门槛值的置信区间较宽，但也在合理范围内，因此设定如下面板固定效应三门槛回归模型来对补贴的门槛效应进行检验：

$$\ln \text{TFP}_{it} = \mu_i + \varphi K_{it} + \theta_1 \text{SUB}_{it} I(\text{SUB} \leq \omega_1) + \theta_2 \text{SUB}_{it} I(\omega_1 < \text{SUB} \leq \omega_2) \\ + \theta_3 \text{SUB}_{it} I(\omega_2 < \text{SUB} \leq \omega_3) + \theta_4 \text{SUB}_{it} I(\sigma_{it} > \omega_3) + e_{it} \quad (7\text{-}11)$$

其中，$\omega_i (i=1,2,3)$ 表示区间常数；$\theta_i (i=1,2,3)$ 表示回归方程变量系数。

表 7-12 政府补贴三门槛置信区间

门槛值	95%置信区间
0.0153	[0.015, 0.015]
0.0164	[0.016, 0.016]
0.0273	[0.000, 0.108]

本节根据获得的三个门槛值对门槛模型进行回归分析，结果如表 7-13 所示。从表 7-13 可以看出，控制变量在固定效应回归和门槛回归中的系数和显著性基本保持稳定，再次说明变量设置的合理性，同时表明将政府补贴分区间对全要素生

产率的回归是稳健的。在三个门槛值划分的四个区间内，除政府补贴系数 θ_1 和 θ_3 不显著外，其他两个系数至少在 5% 水平下显著，通过显著性检验的门槛效应和区间系数估计验证了 H7-5，表明政府补贴强度在小于 0.016 和大于 0.027 的区间内对企业生产率产生了异质性影响。根据门槛回归的结果本节按照政府补贴发挥作用的方向将政府补贴强度划分为三个阶段，第一阶段（SUB≤0.0153）为政府补贴促进作用发挥阶段，这一阶段随着政府补贴强度从弱到强，其对生产率的作用从不显著到显著正向变化。补贴小于 0.0153 时少量额度无法激发补贴促进作用，随着额度增加，当其处于 0.0153~0.0164 时政府补贴正向作用显现。第二阶段（0.0164＜SUB≤0.0273）为政府补贴无效率阶段，这一阶段随着政府补贴强度超过 0.0164，其对生产率的影响从显著正向过渡为不显著影响的无效率部分。第三阶段（SUB＞0.0273）为政府补贴抑制作用阶段，当政府补贴强度大于 2.7% 时其对生产率的效果彻底过渡为负向抑制作用。

表 7-13　政府补贴门槛效应回归结果

自变量	门槛回归	T 值	固定效应回归	T 值
TP	-1.166^{***} (0.256)	-4.56	-1.297^{***} (0.448)	-2.89
TP^2	5.253^{**} (1.912)	2.75	5.935^{*} (3.127)	1.90
SIZE	0.038^{***} (0.004)	8.70	0.029^{***} (0.010)	2.94
COM	0.109^{***} (0.020)	5.37	0.113^{***} (0.031)	3.68
DEBT	-0.045^{**} (0.014)	-3.20	-0.057^{**} (0.020)	-2.60
h10	-0.047^{**} (0.018)	-2.69	-0.068^{***} (0.022)	-3.14
lnWAGE	0.003 (0.002)	1.27	0.004^{**} (0.002)	2.02
SUB	—	—	-0.069^{**} (0.029)	-2.43
SUB≤0.0153	-0.322 (0.283)	-1.14	—	—
0.0153＜SUB≤0.0164	4.551^{**} (1.212)	3.76	—	—
0.0164＜SUB≤0.0273	-0.030 (0.181)	-0.16	—	—
SUB＞0.0273	-0.275^{**} (0.091)	-3.01	—	—

注：括号内为稳健性标准误

***、**、*分别代表 1%、5% 和 10% 水平下显著

在第一阶段，当政府补贴强度小于 0.0153 时，政府补贴对全要素生产率产生并不显著的负向影响。这可能是由于城市矿产产业属于资金密集型产业，企业前期资金需求大、短期收益不明显，因此少量的政府补贴不能显著影响企业的生产效率；当政府补贴强度在 0.0153~0.0164 时，变量系数为 4.551 且通过了 5%的显著性检验，说明在此区间政府补贴对全要素生产率产生了明显的促进作用。政府补贴合理地补足了企业的研发、设备购买等预算缺口，进入正常影响企业全要素生产率的途径。在第二阶段，政府补贴强度进入 0.0164~0.0273，其系数为-0.030，但并不显著，属于政府补贴正效应向负效应过渡的无效率阶段。在第三个阶段，补贴强度大于 0.0273，系数在 5%水平下显著为-0.275，说明当补贴强度超过 0.0164 的门槛后对全要素生产率的影响从显著为正过渡为不显著并进一步表现为抑制作用，在此阶段，高额补贴下的寻租活动、生产经营懈怠、地方政府保护弱者的心态，让补贴资金流入一些低效率企业大大削弱了补贴绩效的发挥。

（三）稳健性检验

为检验以上实证结果的稳健性，本章节使用 OP 法再次测算了全要素生产率，并使用补贴强度对其进行线性固定效应回归和门槛回归，结果如表 7-14 所示。

表 7-14 稳健性检验

自变量	门槛回归	T 值	线性固定效应回归	T 值
TP	-2.024*** (0.506)	-4.36	-2.120*** (0.696)	-3.05
TP^2	11.899*** (3.671)	3.24	11.115** (5.213)	2.13
SIZE	0.034*** (0.008)	4.51	0.025 (0.015)	1.65
COM	0.229*** (0.041)	5.60	0.223*** (0.053)	4.17
DEBT	-0.097*** (0.024)	-4.12	-0.091*** (0.032)	-2.80
h10	-0.088*** (0.025)	-3.50	-0.082** (0.033)	-2.48
lnWAGE	0.005* (0.003)	1.72	0.004 (0.003)	1.40
SUB	—	—	-0.402** (0.156)	-2.58
SUB≤0.0143	-0.096 (0.498)	-0.19	—	—
0.0143<SUB≤0.0173	2.536** (1.219)	2.08	—	—

续表

自变量	门槛回归	T 值	线性固定效应回归	T 值
0.0173＜SUB≤0.0270	0.307 (0.331)	0.93	—	—
SUB＞0.0270	−0.364** (0.133)	−2.74	—	—

注：括号内为稳健性标准误

***、**、*分别代表1%、5%和10%水平下显著

对OP法计算的TFP进行门槛回归的结果显示，政府补贴强度具有三个显著门槛 0.0143、0.0173 和 0.0270，这与上文得出的门槛值相比略有浮动，各区间系数情况：第一区间不显著、第二区间显著为正、第三区间不显著、第四区间显著为负，与上文结果保持一致。各控制变量系数显著性和符号保持稳健。同时我们还根据上文补贴阶段的划分对TFP进行了分区间回归，结果显示在促进作用阶段补贴系数显著为正，抑制作用阶段补贴系数显著为负。以上两种检验结果表明，本节实证结果具有稳健性。

四、政府补贴门槛效应的内在机理检验

前述的实证研究发现了政府补贴对城市矿产企业全要素生产率异质性影响的门槛区间，划分出了促进作用和抑制作用两个不同阶段；那么，其中的内在影响机制是什么，这对于我们更加深入理解政府补贴门槛效应至关重要，为了验证H7-6，结合上文的理论分析和结果解释，本节引入研发投入（$\ln R$）和寻租成本（RENT）两个变量，分阶段考察政府补贴是否在促进作用阶段刺激了研发投入；而在抑制作用阶段增加了寻租成本，从而导致了政府补贴对生产效率门槛效应的产生。其中研发投入变量参照成力为和戴小勇（2012）的做法使用企业研发投入对数值表示，寻租变量参照毛其淋和许家云（2016）的做法使用企业管理费用和总资产的比值表示。据此建立如下检验模型：

$$\ln R_{it} = C + c_1 \text{SUB}_{it} + bP_{it} + a_i + \varepsilon_{it} \quad (7\text{-}12)$$

$$\text{RENT}_{it} = C + c_2 \text{SUB}_{it} + dU_{it} + a_i + \varepsilon_{it} \quad (7\text{-}13)$$

其中，$\ln R$表示研发投入；RENT表示寻租成本；a_i表示固定效应；b、d、c_1、c_2表示回归方程变量系数；C是常数项；ε_{it}表示随机扰动项；P和U分别表示影响研发投入和寻租成本的控制变量集合。回归结果如表7-15、表7-16所示，F统计量均通过了显著性检验，R^2在分别0.3和0.7左右，说明方程结果具有一定解释力。在促进作用发挥阶段，政府补贴强度对研发投入的回归系数显著为正，说明政府补贴在此阶段刺激了城市矿产企业的研发投入，科学技术是提高企业全要素生产率和产品附加值的根本推动力，而城市矿产企业高研发投入和高风险的特性让其外部性更加显著，企业受到能力和资金的限制不能承受这样的风险，而适度

政府补贴（SUB≤0.016）减轻了研发不确定性和外部性带来的风险，企业技术研发的需求得到了有力支持，同时政府补贴额度并未达到直接产生超额利润的程度，政府补贴对研发的回归系数在1%的显著性水平上为正，表明企业愿意充分利用政府补贴资金，从而降低企业研发成本、提升企业价值的激励效应出现，在这个阶段，增加研发投入无疑是政府补贴发挥正向作用最有效的途径；在抑制作用阶段，政府补贴强度对寻租成本回归系数显著为正，说明政府补贴在此阶段增加了城市矿产企业的寻租成本，追求经济效益是企业发展的基本原动力，政府补贴对寻租成本的回归系数在1%的显著性水平下为1.663，这验证了本节的假设，高额的政府补贴（SUB>0.027）促使市场参与主体出于自身利益最大化考虑选择更加直接的途径（寻租）为自己谋利，企业通过寻租获得高额政府补贴从而直接取得超额利润，这极大地降低了企业将补贴资金投入研发等高风险承担活动的积极性，导致企业提升生产率动力缺乏、"寻补贴"、事后道德风险等抑制效应出现，寻租成本的存在更加直接地挤出了企业生产性资金，因此政府补贴抑制作用显著。以上实证结果验证了H7-6，在一定程度上表明通过研发投入和寻租影响企业生产效率是政府补贴门槛效应的重要内在机制。

表 7-15　补贴门槛效应的内在机理检验

自变量	因变量（lnR）	
	SUB≤0.016	SUB>0.027
SUB	160.930*** (59.995)	−62.198* (31.040)
SIZE	23.804* (14.211)	−219.850*** (60.373)
$SIZE^2$	−0.470 (0.319)	5.125*** (1.390)
GROW	0.926** (0.453)	0.914 (0.725)
DEBT	−5.871** (2.581)	−0.613 (8.338)
lnTFP	−33.853*** (9.084)	−84.332** (36.183)
h10	−5.170 (3.469)	1.259 (7.060)
年份	控制	控制
C	−181.960 (158.401)	2595.412*** (690.233)
R^2	0.304	0.553
F 统计量	4.250***	2.690**
样本	162	58

注：括号内为稳健性标准误

***、**、*分别代表1%、5%和10%水平下显著

表 7-16　补贴门槛效应的内在机理检验

自变量	因变量（RENT）	
	SUB≤0.016	SUB>0.027
SUB	−1.635 （1.284）	1.663*** （0.513）
COM	−0.492*** （0.118）	−0.519*** （0.177）
lnWAGE	−0.022* （0.012）	−0.065** （0.030）
AGE	−0.001 （0.005）	−0.023** （0.011）
DEBT	−0.125** （0.059）	−0.309** （0.142）
SIZE	−0.100*** （0.024）	−0.141** （0.052）
h10	0.141* （0.080）	−0.093 （0.124）
年份	控制	控制
C	2.548*** （0.421）	4.702*** （1.146）
R^2	0.714	0.860
F 统计量	26.980***	15.320***
样本	162	58

注：括号内为稳健性标准误

***、**、*分别代表 1%、5%和 10%水平下显著

五、研究结论

本节利用 2012~2016 年 51 家资源循环利用上市公司面板数据对政府补贴与企业全要素生产率的影响关系进行了面板数据实证分析。研究结果显示以下内容。

政府补贴对城市矿产企业全要素生产率呈现非线性影响；面板门槛效应回归结果表明，政府补贴对全要素生产率的影响存在三门槛效应，按照补贴发挥作用的内在机制划分为促进作用发挥阶段（SUB≥0.016）、无效率阶段（0.016<SUB≤0.027）和抑制作用阶段（SUB>0.027），其中（0.0153，0.0164]为最优补贴区间。内在机理检验结果表明，政府补贴在促进作用发挥阶段有效地刺激了企业研发投入，在抑制作用阶段导致了企业寻租成本增加。

参 考 文 献

成力为，戴小勇. 2012. 研发投入分布特征与研发投资强度影响因素的分析：基于我国 30 万个工业企业面板数据. 中国软科学，（8）：152-165.

李平. 2016. 提升全要素生产率的路径及影响因素：增长核算与前沿面分解视角的梳理分析. 管

理世界，（9）：1-11.
李晓钟，吴振雄，张小蒂. 2016. 政府补贴对物联网企业生产效率的影响研究：基于沪深两市 2010—2013 年公司数据的实证检验.中国软科学，（2）：105-113.
柳光强. 2016. 税收优惠、财政补贴政策的激励效应分析：基于信息不对称理论视角的实证研究. 管理世界，（10）：62-71.
鲁晓东，连玉君. 2012. 中国工业企业全要素生产率估计：1999—2007. 经济学（季刊），11（2）：541-558.
毛其淋，许家云. 2016. 政府补贴、异质性与企业风险承担. 经济学（季刊），15（4）：1533-1562.
潘越，戴亦一，李财喜. 2009. 政治关联与财务困境公司的政府补助：来自中国 ST 公司的经验证据. 南开管理评论，12（5）：6-17.
任曙明，张静. 2013. 补贴、寻租成本与加成率：基于中国装备制造企业的实证研究.管理世界，（10）：118-129.
孙晓华，王昀. 2014. 企业规模对生产率及其差异的影响：来自工业企业微观数据的实证研究. 中国工业经济，（5）：57-69.
王昀，孙晓华. 2017. 政府补贴驱动工业转型升级的作用机理. 中国工业经济，（10）：99-117.
伍健，田志龙，龙晓枫，等. 2018. 战略性新兴产业中政府补贴对企业创新的影响. 科学学研究，（1）：158-166.
姚海琳，向艳芳，王昶，等. 2017. 1987—2015 年中国城市矿产政策的文献量化研究.资源科学，39（6）：1059-1070.
周汉城. 2016. 我国再生资源产业园区概况、面临的问题和发展趋势. 再生资源与循环经济，9（5）：18-21.
Almus M，Czarnitzki D. 2012. The effects of public r&d subsidies on firms' innovation activities: the case of Eastern Germany. Journal of Business and Economic Statistics，21（2）：226-236.
Bronzini R，Piselli P. 2016. The impact of R&D subsidies on firm innovation. Research Policy，45（2）：442-457.
Cappelen Å，Raknerud A，Rybalka M. 2012. The effects of R&D tax credits on patenting and innovations. Research Policy，41（2）：334-345.
Castellacci F，Lie C M. 2015. Do the effects of R&D tax credits vary across industries？A meta-regression analysis. Research Policy，44（4）：819-832.
Cheng Q，Yi H T. 2017. Complementarity and substitutability: a review of state level renewable energy policy instrument interactions. Renewable and Sustainable Energy Reviews，67：683-691.
Czarnitzki D，Lopes-Bento C. 2013. Value for money? New microeconometric evidence on public R&D grants in Flanders. Research Policy，42（1）：76-89.
D'Andria D，Savin I. 2018. A Win-Win-Win? Motivating innovation in a knowledge economy with tax incentives. Technological Forecasting and Social Change，127：38-56.
Dai X Y，Cheng L W. 2015. The effect of public subsidies on corporate R&D investment: an application of the generalized propensity score. Technological Forecasting and Social Change，90（2）：410-419.
Dang J W，Motohashi K. 2015. Patent statistics: a good indicator for innovation in China? Patent subsidy program impacts on patent quality. China Economic Review，35：137-155.

Edmondson D L, Kern F, Rogge K S. 2019. The co-evolution of policy mixes and socio-technical systems: towards a conceptual framework of policy mix feedback in sustainability transitions. Research Policy, (10): 103555.

Fang V W, Tian X, Tice S R. 2014. Does stock liquidity enhance or impede firm innovation?. The Journal of Finance, 69 (5): 2085-2125.

Greco M, Grimaldi M, Cricelli L. 2017. Hitting the nail on the head: exploring the relationship between public subsidies and open innovation efficiency. Technological Forecasting and Social Change, 118: 213-225.

Guan J C, Yam R C M. 2015. Effects of government financial incentives on firms' innovation performance in China: Evidences from Beijing in the 1990s. Research Policy, 44 (1): 273-282.

Guerzoni M, Raiteri E. 2015. Demand-side vs. supply-side technology policies: hidden treatment and new empirical evidence on the policy mix. Research Policy, 44 (3): 726-747.

Hansen B E. 1999. Threshold effects in non-dynamic panels: estimation, testing, and inference. Journal of Econometrics, 93 (2): 345-368.

Howlett M, Rayner J. 2013. Patching vs packaging in policy formulation: assessing policy portfolio design. Politics and Governance, 1 (2): 170-182.

Jaffe A B, Le T. 2015. The impact of R&D subsidy on innovation: a study of New Zealand firms. Working Papers, 26 (5): 1-24.

Jiao H, Koo C K, Cui Y. 2015. Legal environment, government effectiveness and firms' innovation in China: examining the moderating influence of government ownership. Technological Forecasting and Social Change, 96: 15-24.

Kivimaa P, Kern F. 2016. Creative destruction or mere niche support? Innovation policy mixes for sustainability transitions. Research Policy, 45 (1): 205-217.

Lach S. 2002. Do R&D subsidies stimulate or displace private R&D? Evidence from Israel. The Journal of Industrial Economics, 50 (4): 369-390.

Leibenstein H. 1966. Allocative Efficiency vs. "X-Efficiency". The American Economic Review, 56 (3): 392-415.

Liu C, Huang W L, Yang C. 2017. The evolutionary dynamics of China's electric vehicle industry-taxes vs. subsidies. Computers & Industrial Engineering, 113: 103-122.

Liu X L, Li X Y, Li H L. 2016. R&D subsidies and business R&D: evidence from high-tech manufacturing firms in Jiangsu. China Economic Review, 41: 1-22.

Lu C, Liu H C, Tao J, et al. 2017. A key stakeholder-based financial subsidy stimulation for Chinese EV industrialization: a system dynamics simulation. Technological Forecasting and Social Change, 118: 1-14.

MacKinnon D P, Warsi G, Dwyer J H. 1995. A simulation study of mediated effect measures. Multivariate Behavioral Research, 30 (1): 41.

Marino M, Lhuillery S, Parrotta P, et al. 2016. Additionality or crowding-out? An overall evaluation of public R&D subsidy on private R&D expenditure. Research Policy, 45 (9): 1715-1730.

Minetti R, Murro P, Paiella M. 2015. Ownership structure, governance, and innovation. European Economic Review, 80: 165-193.

Preacher K J, Hayes A F. 2008. Asymptotic and resampling strategies for assessing and comparing indirect effects in multiple mediator models. Behavior Research Methods, 40 (3): 879-891.

Rong K, Shi Y J, Yu J. 2013. Nurturing business ecosystems to deal with industry uncertainties. Industrial Management & Data Systems, 113 (3): 385-402.

Weng Q, Söderbom M. 2018. Is R&D cash flow sensitive? Evidence from Chinese industrial firms. China Economic Review, 47: 77-95.

Yan Z Q, Li Y. 2018. Signaling through government subsidy: certification or endorsement. Finance Research Letters, 25 (9): 90-95.

Yu F F, Guo Y, Le-Nguyen K, et al. 2016. The impact of government subsidies and enterprises' R&D investment: a panel data study from renewable energy in China. Energy Policy, 89: 106-113.

第八章　城市矿产开发的战略与政策

随着城市矿产产业成为我国战略性新兴产业，我国城市矿产产业步入快速发展期，产业规模与企业数量急剧增长，产业显示良好发展前景。然而，在产业快速发展的同时，多头管理、废弃物供需矛盾、低值化利用、二次污染以及再生产品需求不足等问题凸显，侧面暴露我国城市矿产治理体系存在的薄弱之处。"如何从国家战略与政策的角度明确我国城市矿产开发的方略"成为现在亟须解决的关键核心问题。因此，本章以明确我国城市矿产开发战略为出发点，确定城市矿产的开发策略，并提出优化我国政策体系的具体举措，以期为我国城市矿产发展提供管理建议。

第一节　城市矿产开发的总体战略

一、总体战略

党的二十大报告提出，实施全面节约战略，推进各类资源节约集约利用，加快构建废弃物循环利用体系。[①]面对环境污染、生态系统退化、资源约束趋紧的形势，必须培养尊重环境、顺应环境、保护自然的生态文明理念。城市矿产开发利用，将是降低海外依存度，有效缓解资源与环境双重约束，增强国内资源保障能力的重要战略举措。因此，实施城市矿产开发战略必须要服务于国家金属资源安全和生态文明建设。

（一）城市矿产开发战略要服务于国家金属资源安全

当前世界经济面临深度调整，中国经济正从要素驱动、投资驱动向创新驱动转型，依靠投资拉动的传统行业矿产保障压力有所缓解，战略性新兴产业对高技术矿产资源的需求激增。同时，国内金属资源可持续供应能力下降，金属资源海外供应存在一定安全风险。我国需要在合理保护国内资源的同时，拓展金属资源供给渠道，确保金属资源供给的稳定性、经济性。城市矿产进入可开发利用的成矿周期，"变废

---

① 《习近平：高举中国特色社会主义伟大旗帜　为全面建设社会主义现代化国家而团结奋斗——在中国共产党第二十次全国代表大会上的报告》，https://www.gov.cn/xinwen/2022-10/25/content_5721685.htm[2024-04-25]。

为宝"将开辟国家金属资源安全保障新渠道。城镇固体废弃物蕴含着丰富可回收资源，其中金属是主要有价物，与自然矿山相比是高品位城市富矿。因此，要将城市矿产战略性开发作为降低海外依存度、增强国内金属资源保障能力的重要战略举措。

（二）城市矿产开发战略要服务于生态文明建设战略

党的十八大以来，以习近平同志为核心的党中央始终把生态文明建设放在治国理政的重要战略位置，习近平总书记多次强调，"绿水青山就是金山银山，保护环境就是保护生产力，改善环境就是发展生产力"[①]。生态文明建设的目的就是要使人与自然和谐发展，使人口、环境与社会经济的发展相适应。传统的工业化过程往往以牺牲自然资源和环境为代价来换取经济增长，对于人口众多而人均资源占有量不高的中国来说，这种工业化道路不仅使经济发展难以为继，而且破坏生态和环境，直接妨碍人民生活质量的提高。城市矿产开发利用作为一种新型的保护资源与环境的经济发展模式，恰恰是一条切实可行的、能够避免大规模资源浪费和生态环境破坏的有效途径。因此，要将城市矿产开发战略纳入到生态文明建设中，使其成为支撑生态文明建设的重要举措。

二、基本原则

制定城市矿产产业发展战略要从产业发展全局出发，坚持以下基本原则。

（一）坚持维护国家金属资源安全

城市矿产是指蕴藏于城市中具有较高经济价值并可回收利用的二次资源，可以为工业生产提供替代原生金属资源的再生原料，也可以通过循环再造为社会生活直接提供再生产品，具有战略性开发价值。我国正处于工业化后期、新型城镇化快速发展期，经济社会对金属资源需求量依然很大。因此，城市矿产的开发利用要以保障国家金属资源安全作为出发点和落脚点。将城市矿产的开发利用纳入到国家矿产资源管理体系之中，使废弃资源再生作为保障国家金属资源安全的重要一环。对国家经济发展急缺、显著影响国民经济发展的战略性资源，要重点优先开发，切实利用城市矿产开发提高国家金属资源安全。

---

① 《让绿水青山造福人民泽被子孙——习近平总书记关于生态文明建设重要论述综述》，https://www.gov.cn/xinwen/2021-06/03/content_5615092.htm?eqid=c6a72c090003add000000002645a4b0b[2024-02-29]。

（二）坚持保护生态环境

城市矿产开发能充分利用废旧产品中的有用物质，变废为宝，化害为利，可产生显著的环境效益。城市矿产开发要坚持将保护治理生态环境作为其发展的基本原则。严格强化政府的日常监管，从根本上抓好宏观布局规划和制度流程设计。不断促进企业和产业间物质循环和能量循环，合理消化生产过程中产生的各种废弃物，实现产业之间的有效链接和生态型环保。同时，要因地制宜地选择主导产业链，根据主导产业链的副产物，引入相应的补链企业，将副产物转化为有用的原材料，提高回收利用率，解决城市矿产开发利用中"二次浪费"与"二次污染"问题。

（三）坚持创新驱动

技术创新是城市矿产产业得以快速、高质量发展的重要保证。城市矿产开发利用过程极易产生二次污染，解决这一问题的根本保障就是技术创新，采用先进技术和工艺，实现城市矿产开发利用的环境友好的目标。因此，城市矿产产业发展要以坚持创新驱动为基本原则。重点提高废弃电子电器产品、报废汽车拆解利用技术装备水平，鼓励新兴城市矿产精细化高值利用等关键技术与装备研发，形成从废物分类、处置到资源化一套完整的技术装备。同时也要重视产业技术和技能人才培养，加强产学研合作，开展关键技术开发，引进、消化、吸收国外先进技术，淘汰落后工艺、技术，向产品高端化发展。

（四）坚持社会广泛参与

城市矿产的开发涉及政府、生产商、消费者、零售商、科研机构和大学等多个利益主体，厘清不同利益主体的需求，才能有效促进城市矿产开发。因此，城市矿产开发需要坚持倡导社会广泛参与的原则。加强中央政府、地方部门、生产商、科研机构和大学之间的交流与合作，积极培育生产商主动性与创新性。同时，通过全范围的宣传教育，提高全民城市矿产开发利用意识，使民众认识到城市矿产产业的发展不只需要政府和企业两方的努力，更需要社会居民的广泛参与。在政府的带动和引导下，逐步实现由政府引导、生产商主导、消费者参与的城市矿产开发利用模式。

（五）坚持全生命周期管理

城市矿产全生命周期管理实质是产品生命周期管理的延伸，将物质资源由"生产—使用—报废"的直线模式延伸至"生产—使用—报废—再利用"的闭环模式。发达国家均强调生产商责任，高度重视产品从生产到最后处理全生命周期的管理，坚持"谁生产、谁处理"的原则。因此，我国应借鉴发达国家经验坚持实施产品全生命周期管理原则。构建我国"政府引导—生产商主导—消费者参与"的城市矿产开发利用模式，落实生产商责任制。政府引导生产商采用先进的环保材料，推广绿色产品设计，从源头减少资源消耗和对环境造成的压力。要求生产商利用大数据，建立产品追踪和废弃物再制造溯源信息系统，打造产品全生命周期追踪体系，促进形成城市矿产回收利用的社会氛围。

（六）坚持发挥政府与市场的作用

城市矿产开发利用首先是市场行为，必须遵守市场价值规律，而城市矿产产业具有环境和经济双重效应，它要求市场在生态环境的阈值内配置资源。因此，发展城市矿产产业需要政府管理和市场机制的有机结合。政府的作用在于通过恰当的制度安排，使经济主体的经济活动受到设定的资源限量与生态环境阈值的限制，而市场的力量在于如何在这种限制下更有效地利用资源和生态环境。通过建立规范经济主体行为的法律法规，并通过制定激励性和惩罚性的政策制度来引导市场参与城市矿产开发利用，充分发挥市场在资源配置中的决定性作用和更好发挥政府作用。

三、战略框架

为有效缓解资源短缺和生态恶化的双重约束，加快推动城市矿产产业结构调整和升级，实现经济发展方式转变，形成绿色产业结构、绿色发展方式和绿色消费模式。城市矿产开发战略的主要目标是保障国家金属资源安全，并推动我国城市矿产产业回收体系网络化、产业链条合理化、资源利用规模化、技术装备领先化、基础设施共享化、环保处理集中化和运营管理规范化。围绕这一目标，城市矿产产业发展需要统筹开发战略、绿色开发战略、技术先导战略、人才培育战略和开放带动战略的共同支撑，配合国家相关生产者责任制、基金制度、财税政策、技术政策、贸易政策、环保政策和消费政策等政策支持体系，构建完善的城市矿产开发战略与政策支持体系（图8-1）。

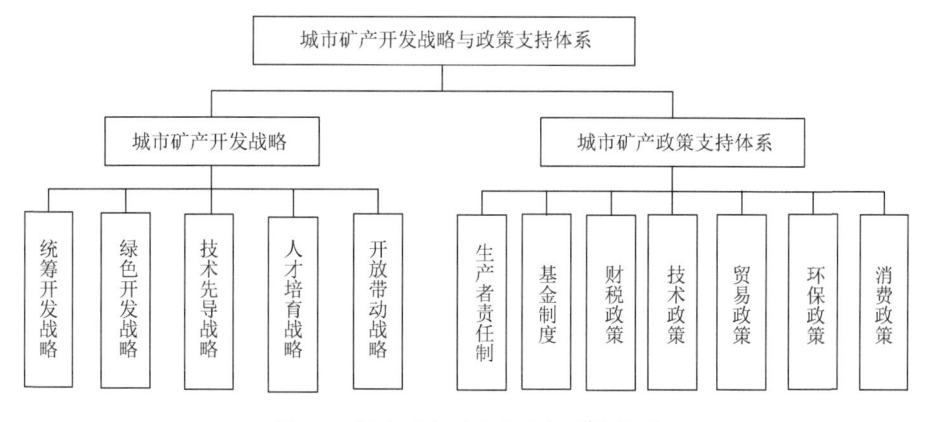

图 8-1　城市矿产开发战略与政策体系

（一）统筹开发战略

我国金属资源需求旺盛，而金属资源供给形势严峻，原生金属资源后续开发能力不足，对外依存度高，国家金属资源安全面临着较大风险。在此状况下，要实施对原生资源和再生资源的统筹开发战略。一方面，通过加大勘探技术和资源开发技术研发，以及充分利用"国内国际两个市场两种资源"来提升资源供给总量。另一方面，可借鉴以美国、德国、日本等发达国家积极开发利用城市矿产这一再生资源的做法，大力实施城市矿产作为保障性金属资源的发展战略。通过原生资源与再生资源的耦合配置实现我国资源的可持续利用，以保障国家金属资源安全。

（二）绿色开发战略

要以党的二十大提出的"必须牢固树立和践行绿水青山就是金山银山的理念，站在人与自然和谐共生的高度谋划发展"[①]为指导，不断优化产业资源配置，合理构建产业结构，形成产业间的关联共生，实现产业生产过程及消费过程的低碳运行，促进产业健康、协调、可持续发展。因此，要促使城市矿产全产业链形成一个相互关联的有机整体，通过物质传递方式把不同工厂、企业连接起来，使其之间实现资源共享、副产物互换，提高城市矿产开发的资源利用效率和环境友好度。同时，综合运用资源税、环境税等政策工具，加快建成涵盖生态环境成本的城市矿产开发利用管理体系，从而有效管制城市矿产开发利用中"二次浪费"与"二次污染"问题，实现城市矿产开发利用的生态化战略。

---

① 《习近平：高举中国特色社会主义伟大旗帜　为全面建设社会主义现代化国家而团结奋斗——在中国共产党第二十次全国代表大会上的报告》，https://www.gov.cn/xinwen/2022-10/25/content_5721685.htm[2024-04-25]。

（三）技术先导战略

科技创新是中国城市矿产产业转型升级的根本路径。当前，随着产品构造的复杂性以及更新换代的加速，废物种类和成分越来越复杂，材料分离、资源提取和污染控制的难度加大，对无害化处置技术的要求越来越高。在此背景下，我国应重点对一些量大、回收价值高的城市矿产开发技术进行前瞻布局。通过国家科技计划（专项、基金等）统筹支持符合条件的城市矿产开发利用共性关键技术研发，加快再利用、再制造等领域关键技术的前瞻性研发。同时，支持城市矿产开发利用企业与科研院所、高等院校组建产学研技术创新联盟，整合相关主体在城市矿产开发利用领域的科技资源，实现城市矿产相关技术协同创新。

（四）人才培育战略

随着城市矿产产业向高端转型发展，普通劳动力要素的促进作用明显降低，但随着产业技术密集型、资金密集型的特征日益凸显，高技能产业人才的需求将逐渐增大。因此，在城市矿产产业高速发展的同时，要加强相关专业人才的培养和专业知识的交流。根据我国城市矿产产业发展的总体要求，着力培养具有战略思维和战略眼光的决策人才，以及掌握高端技术的研发人才，培养并储备一批城市矿产资源循环利用领域的顶尖研发人才。推动各类高等教育和职业教育实施城市矿产产业紧缺人才培养工程，建立学校与企业合作的人才培养新机制，为今后企业的自主创新和核心竞争力的形成打下坚实的基础。

（五）开放带动战略

贯彻开放发展理念，加强城市矿产开发理念模式的国际交流，扩大关键技术和装备的进出口贸易规模。配合国际产能合作、对外承包工程，支持国内城市矿产企业到海外投资，增强境外资源就地转化加工能力，把海外城市矿产作为我国金属资源安全保障的来源之一。推动再制造产品进入国际市场，实施对标行动，保障再制造产品的性能稳定性、质量可靠性等达到国际标准。同时要积极开展城市矿产领域的技术合作和人才交流，合理适当地从国外引进先进技术和先进人才。但在推进国际合作的同时也要紧紧勒住"洋垃圾"进入的口子，坚持绿色、可持续的发展模式。

第二节 城市矿产开发策略

一、城市矿产开发基本策略

城市矿产开发利用的每一个环节都需要投入大量的时间、人力、物力、财力，一旦开发策略确定下来，短时间内很难进行调整。因此在构建回收网络、提升拆解处置技术、出台支持政策时，都必须要考虑城市矿产当前和未来的战略开发价值。

根据城市矿产演化趋势，在同时考虑城市矿产当前战略开发价值和未来开发价值的基础上，本节建立了城市矿产开发的基本策略矩阵，如图 8-2 所示。

	低（城市矿产当前战略开发价值）	高
高（城市矿产未来战略开发价值）	Ⅱ 储备策略 做好拆解、提炼等关键技术储备，着手建立回收系统，迎接报废高峰的到来	Ⅰ 重点开发策略 纳入重点开发目录，长期关注，从资金、政策等方面予以倾斜
低	Ⅲ 转移策略 不再将其作为高技术矿产来源的关注点，但可开发其内含的其他金属	Ⅳ 消化策略 纳入重点开发目录，高效回收利用当前存量，同时逐步转移资金、技术至未来重点回收种类

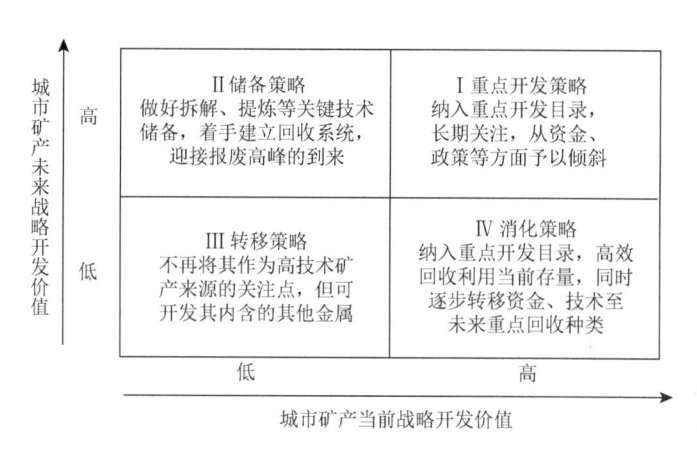

图 8-2 城市矿产开发的基本策略矩阵模型

重点开发策略是针对那些已经进入报废期，且还在快速增长，当前和未来的开发潜力均相当可观的城市矿产提出的。这一部分城市矿产是重点关注对象，应采取重点开发策略，从资金、政策等方面予以倾斜。

储备策略是针对那些当前回收价值比较小，战略性开发价值不高，但将持续增长，未来开发潜力大的城市矿产提出的。对具有此特点的城市矿产应该采取储备策略，做好拆解、提炼等关键技术储备，着手建立回收系统，迎接报废高峰的到来。

转移策略是针对已进入报废周期尾声，社会存量逐渐减少，未来开发潜力也不乐观，回收价值不大的城市矿产提出的。对这一部分的城市矿产应当采取转移策略，不再将其作为高技术矿产来源的关注点，但可开发其内含的其他金属。

消化策略是针对当前正处于报废高峰，但未来将逐步回落，可持续开发的时间不长的城市矿产提出的。对此类型的城市矿产应该采取消化策略，高效回收利用当前存量，同时逐步转移资金、技术至未来重点回收种类。

二、城市矿产开发的重点种类

根据前文建立的城市矿产开发基本策略模型，对 2015 年、2025 年、2035 年、2045 年城市矿产当前及未来战略性开发价值高低进行分析。

（一）2015 年城市矿产开发重点及策略

在 2015 年，智能手机（C2）、3C 产品锂离子电池（B6）、3C 产品镍镉电池（B4）、EV 锂离子电池（B2）、LCD/LED 显示屏（E5）、笔记本电脑（E1）、荧光灯（G3）、PHEV 锂离子电池（B1）在当前和未来均是高技术矿产重要来源，应作为重点支持对象，采取重点开发策略。台式电脑（E10）、LCD/LED 电视（E3）、风涡轮永磁电机（G1）当前战略性开发价值稍低，但已接近重点开发区域，且未来将进一步提升，同时光伏电板（G2）、（P）HEV 永磁电机（V1）、EV 永磁电机（V2）、平板（E6）、冰箱（E7）、HEV 镍氢电池（B3）、3C 产品镍氢电池（B5）当前战略性开发价值比较低，但未来战略性开发价值将接近中高水平，开发潜力大，对此应采取储备策略。功能手机（C1）、数码相机（E13）当前战略性开发价值较高，未来略有下降，应采取消化策略。其他城市矿产作为高技术矿产供应价值较低，可不做开发重点，对此部分应采取转移策略（图 8-3）。

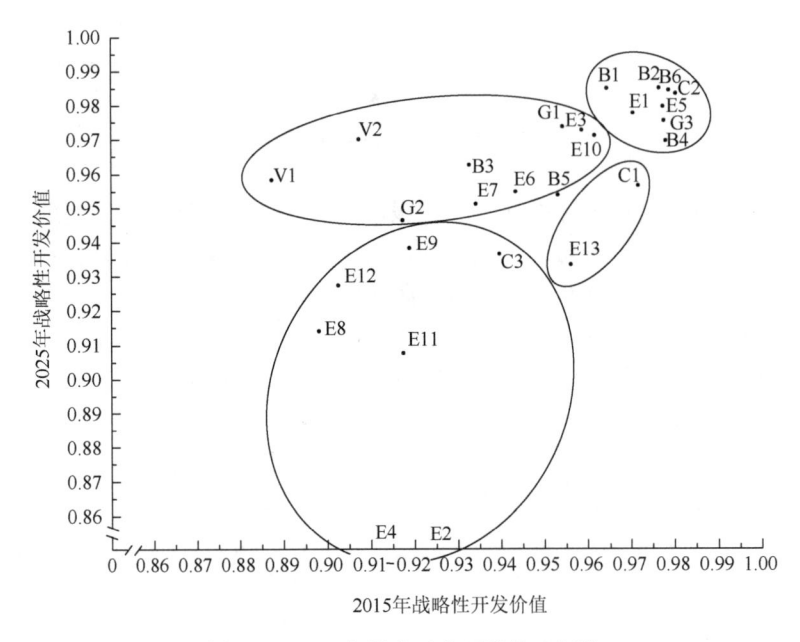

图 8-3　2015 年城市矿产开发策略矩阵

（二）2025 年城市矿产开发重点及策略

至 2025 年，针对风涡轮永磁电机（G1）、LCD/LED 电视（E3）、台式电脑（E10）、EV 永磁电机（V2）等城市矿产应由储备策略新增进入重点开发战略；HEV 镍氢电池（B3）战略性开发价值有所提升，但逐渐进入下降趋势，3C 产品镍镉电池（B4）战略性开发价值逐渐下降，但当前战略性开发价值仍较高，未来将进一步下降，对此应重点采取消化策略；空调（E9）、打印机（E12）战略性开发价值较 2015 年已有较大提升，但仍未达到开发规模，但未来逐渐接近中高水平，可采取储备策略；功能手机（C1）、数码相机（E13）报废高峰及回收高峰已过，高技术矿产回收价值降低，不再作为关注重点，应采取重点转移策略。如图 8-4 所示。

（三）2035 年城市矿产开发重点及策略

至 2035 年，（P）HEV 永磁电机（V1）由储备区域新增进入重点开发区域，对此种类型城市矿产的处理应采取重点开发策略；3C 产品镍氢电池（B5）战略性开发价值有所提升，但逐渐进入下降趋势，由储备区域进入消化区域，同样开发策略也要由储备策略转向消化策略；HEV 镍氢电池（B3）社会存量逐渐减少，战略性开发价值降低，正对策此种城市矿产的开发策略应由消化策略转向转移策略。如图 8-5 所示。

（四）2045 年城市矿产开发重点及策略

至 2045 年，由于技术替代，PHEV 锂离子电池（B1）在未来将迅速退出市场，战略性开发价值急剧下降，其开发策略应由重点开发策略转向消化策略；平板（E6）社会存量逐步增加，达到报废峰值，针对此的开发战略应由储备策略转向消化策略；3C 产品镍镉电池（B4）进入报废回收尾声，应由消化策略进入转移策略；其他城市矿产维持原有趋势。如图 8-6 所示。

综合以上各阶段分析，城市矿产动态开发重点及策略如表 8-1 所示。

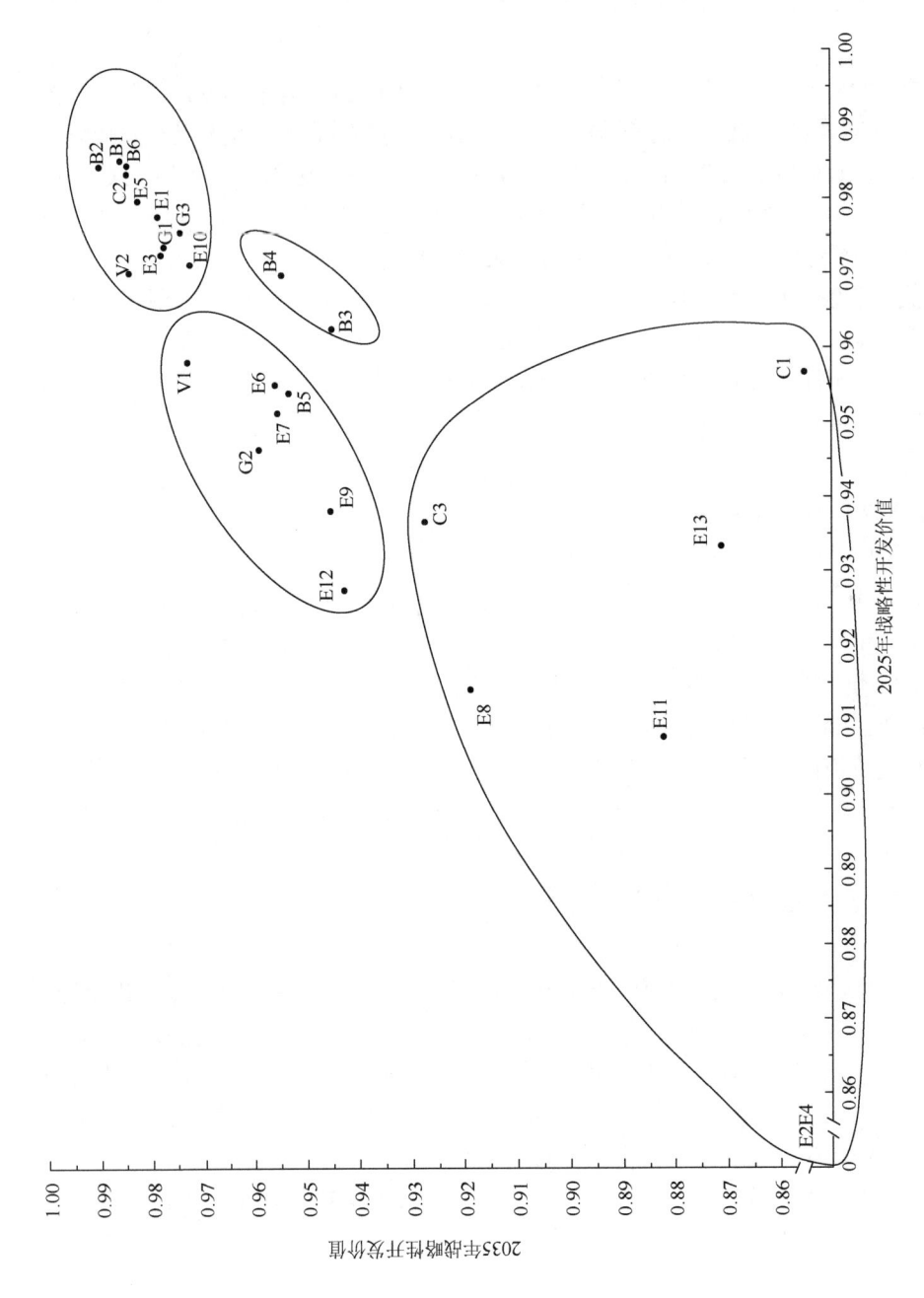

图 8-4　2025 年城市矿产开发策略矩阵

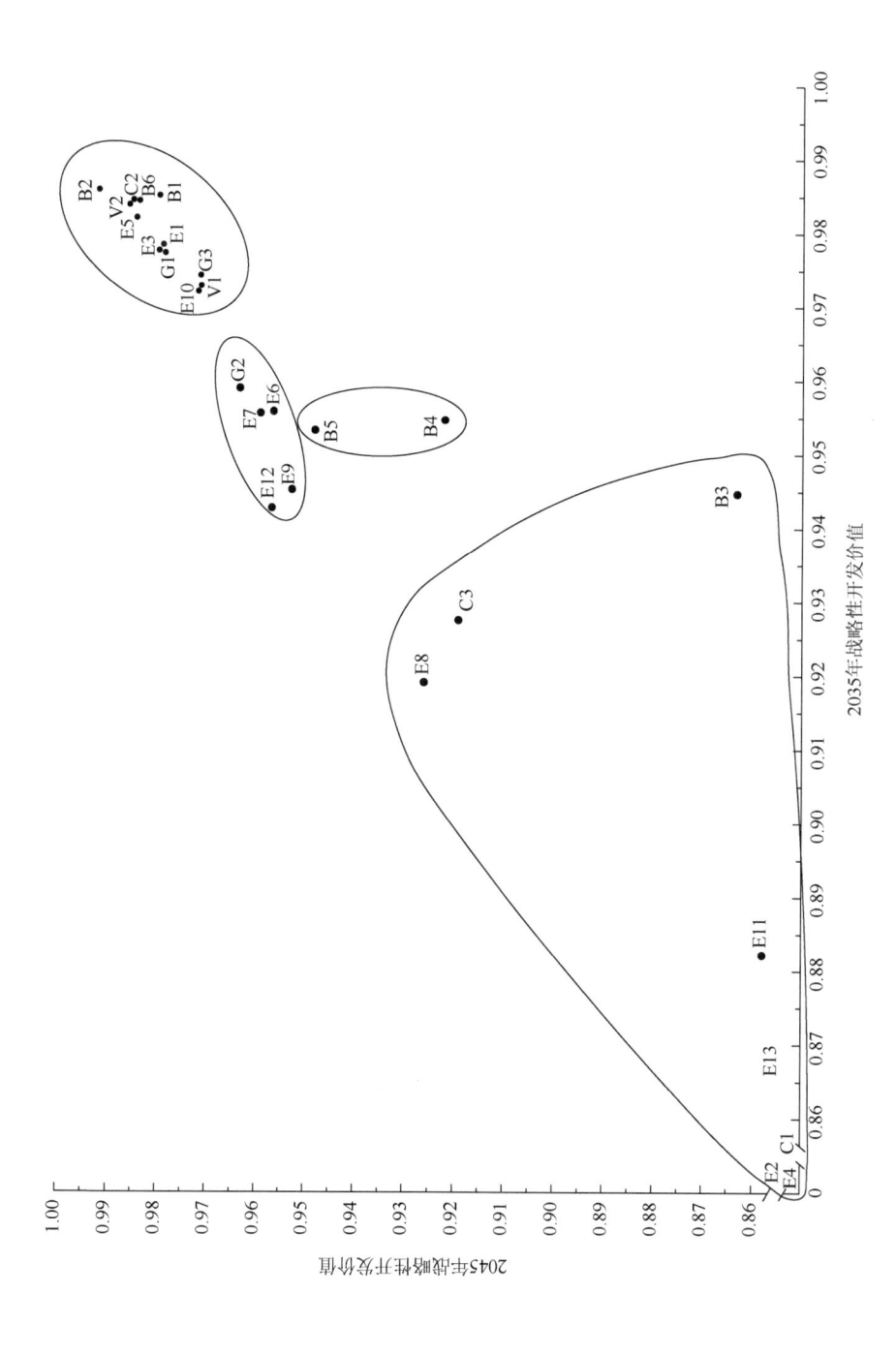

图 8-5 2035 年城市矿产开发策略矩阵

图 8-6 2045 年城市矿产开发策略矩阵

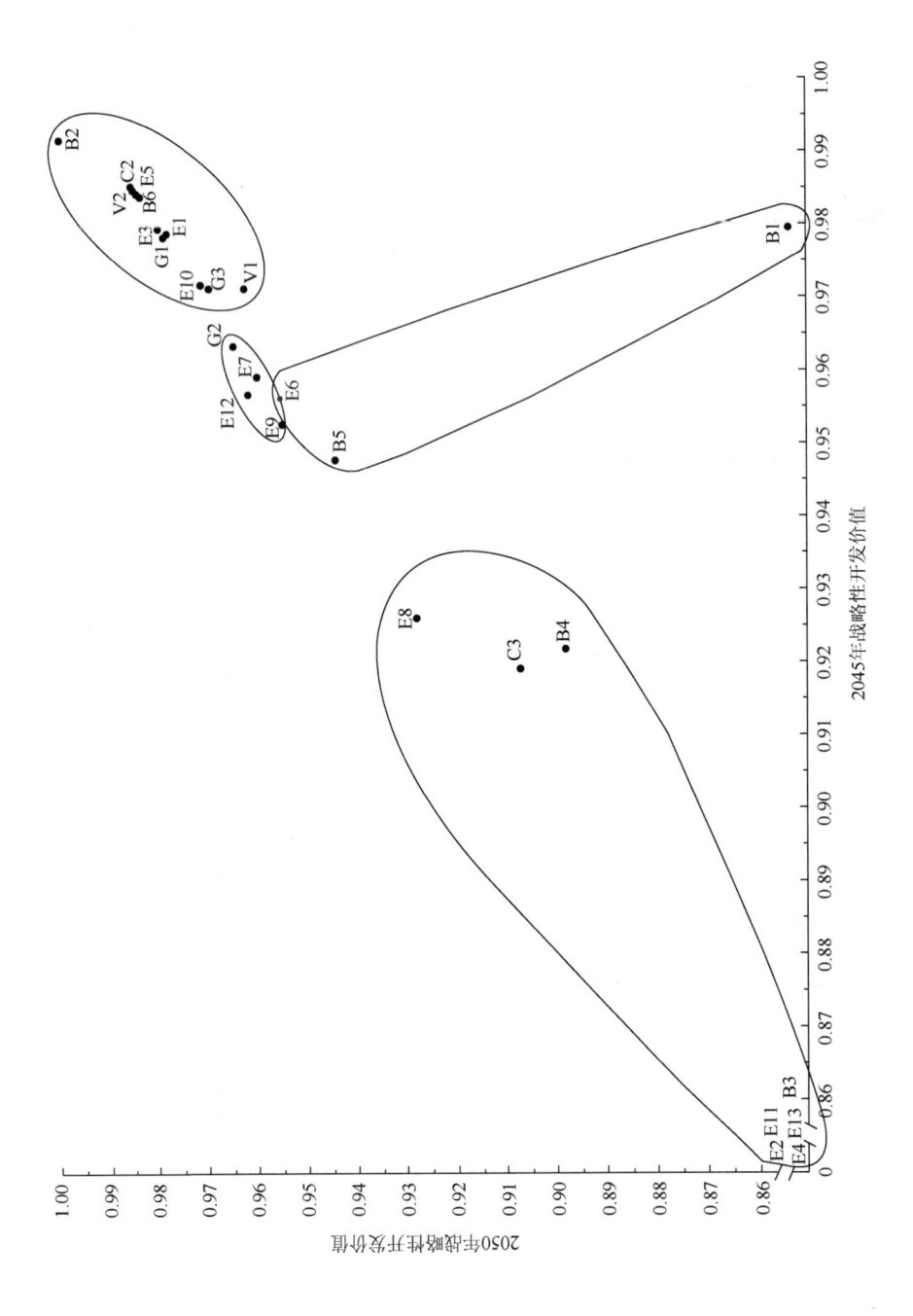

表 8-1 城市矿产动态开发重点及策略（2015～2045 年）

年份	重点开发策略	消化策略	储备策略	转移策略
	策略：纳入重点开发目录，长期关注，从资金、政策等方面予以倾斜	策略：纳入重点开发目录，高效回收利用当前存量，同时逐步转移资金、技术至未来重点回收种类	策略：做好拆解、提炼等关键技术储备，着手建立回收系统，迎接报废高峰的到来	策略：不再将其作为高技术矿产来源的关注点，但可开发其内含的其他金属
2015	智能手机（C2）、荧光灯（G3）、PHEV 锂离子电池（B1）、EV 锂离子电池（B2）、3C 产品镍镉电池（B4）、3C 产品锂离子电池（B6）、笔记本电脑（E1）、LCD/LED 显示屏（E5）	功能手机（C1）、数码相机（E13）	风涡轮永磁电机（G1）、光伏电板（G2）、(P)HEV 永磁电机（V1）、EV 永磁电机（V2）、LCD/LED 电视（E3）、平板（E6）、冰箱（E7）、台式电脑（E10）、HEV 镍氢电池（B3）、3C 产品镍氢电池（B5）	电话机（C3）、CRT 电视（E2）、CRT 显示屏（E4）、洗衣机（电路板）（E8）、空调（E9）、传真机（E11）、打印机（E12）
2025	智能手机（C2）、风涡轮永磁电机（G1）#、荧光灯（G3）、PHEV 锂离子电池（B1）、EV 锂离子电池（B2）、3C 产品锂离子电池（B6）、笔记本电脑（E1）、LCD/LED 电视（E3）#、LCD/LED 显示屏（E5）、台式电脑（E10）#、EV 永磁电机（V2）#	HEV 镍氢电池（B3）#、3C 产品镍镉电池（B4）#	光伏电板（G2）、(P)HEV 永磁电机（V1）、平板（E6）、冰箱（E7）、空调（E9）#、打印机（E12）#、3C 产品镍氢电池（B5）	功能手机（C1）#、电话机（C3）、CRT 电视（E2）、CRT 显示屏（E4）、洗衣机（E8）、传真机（E11）、数码相机（E13）#
2035	智能手机（C2）、风涡轮永磁电机（G1）、荧光灯（G3）、PHEV 锂离子电池（B1）、EV 锂离子电池（B2）、3C 产品锂离子电池（B6）、笔记本电脑（E1）、LCD/LED 电视（E3）、LCD/LED 显示屏（E5）、台式电脑（E10）、(P)HEV 永磁电机（V1）#、EV 永磁电机（V2）	3C 产品镍镉电池（B4）、3C 产品镍氢电池（B5）#	光伏电板（G2）、平板（E6）、冰箱（E7）、空调（E9）、打印机（E12）	功能手机（C1）、电话机（C3）、CRT 电视（E2）、CRT 显示屏（E4）、洗衣机（E8）、传真机（E11）、数码相机（E13）、HEV 镍氢电池（B3）#
2045	智能手机（C2）、风涡轮永磁电机（G1）、荧光灯（G3）、EV 锂离子电池（B2）、3C 产品锂离子电池（B6）、笔记本电脑（E1）、LCD/LED 电视（E3）、LCD/LED 显示屏（E5）、台式电脑（E10）、(P)HEV 永磁电机（V1）、EV 永磁电机（V2）	PHEV 锂离子电池（B1）#、3C 产品镍氢电池（B5）、平板（E6）#	光伏电板（G2）、冰箱（E7）、空调（E9）、打印机（E12）	功能手机（C1）、电话机（C3）、CRT 电视（E2）、CRT 显示屏（E4）、洗衣机（E8）、传真机（E11）、数码相机（E13）、HEV 镍氢电池（B3）、3C 产品镍镉电池（B4）#

注：#为本阶段新增

第三节 完善城市矿产开发政策体系的思考与建议

一、完善城市矿产开发政策体系的总体思路

城市矿产政策体系以破解资源与环境双重约束为基本目标，切实解决我国城市矿产产业发展过程中面临废弃物供需矛盾、低值化利用、二次污染以及再生产品需求不足等问题，实现城市矿产产业高质量发展。基于此，本节构建完善我国城市矿产开发政策体系的总体思路（图8-7）。首先，在顶层设计层面，通过完善城市矿产立法体系，制定城市矿产产业发展规划，为我国城市矿产产业管理与政策制定提供法律依据，为城市矿产产业发展指明方向；其次，在管理机制层面，通过完善城市矿产管理体系、规范城市矿产统计口径、制定城市矿产开发标准体系、加强对城市矿产政策监测评估等举措，为我国城市矿产开发建立管理主体明确、管理工具组合协调、管理方式合理的管理机制；再次，在产业体系方面，基于全生命周期管理的思想，考量原生产品设计、报废、回收、资源化利用等城市矿产全产业链各个环节，提出管理我国产业矿产产业的主要着力点；最后，在政策支持体系层面，出台生产者责任制、基金制度、财税政策、技术政策、贸易政策等政策举措，以法规约束与利益诱导相结合的方式驱动我国居民与企业行为改变，保障我国城市矿产产业发展战略的实现。

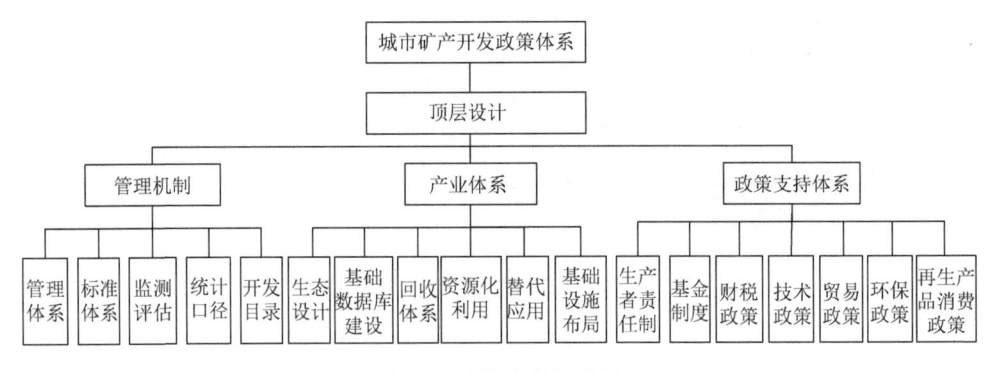

图 8-7 政策完善思路图

二、加强城市矿产开发的顶层设计

（一）完善城市矿产立法体系

目前，中国城市矿产相关法律条款多隐含在《中华人民共和国固体废物污染

环境防治法》《中华人民共和国循环经济促进法》等相关政策文件中，尚无一部以城市矿产命名的法律法规，导致我国城市矿产管理出现"无法可依"的局面。因此，建议借鉴日本、德国等循环经济立法完善的国家经验，在城市矿产政策体系的构建中，以法律法规为主，尽快制定城市矿产领域的综合性法律如《城市矿产综合利用法》和《废弃物管理法》，以及针对各类城市矿产（如废旧电子电器、报废汽车、报废容器等）的专项法规，以法律的形式约束政府、企业和国民必须履行的相关义务，从而将我国城市矿产产业发展逐步纳入法治化轨道。

（二）制定城市矿产产业规划

目前，中国城市矿产产业政策工具组合已比较丰富，但并没有专门的发展规划。因此，在相关部门间的密切联系、协同下，编制《城市矿产产业中长期发展规划》，明确城市矿产产业在国民经济发展中的定位、发展方向，加快产业布局，完善管理系统，制定政策支持体系。在产业规划设计中，广泛吸纳企业、最终客户和行业协会参与，建立政府部门与城市矿产企业的联系制度和对话机制。产业规划设计应坚持"资源有限，循环无限"的理念，以绿色创新发展为主题，以转型提质增效为目标，以科技创新为动力，以城市矿产高效循环再造为主攻方向，以关键技术突破、重点项目实施、示范工程和基地建设为抓手，充分发挥高校及科研院所、龙头企业、循环经济园区的整合优势，加速建立城市矿产产业集群，推动产业发展。

三、建立城市矿产产业管理机制

（一）完善城市矿产管理体系

我国城市矿产产业主管机构不明确，存在多头管理现象，相关部门之间也缺乏有效的沟通协调机制。因此，未来应完善产业管理体系，首先应明确产业的牵头部门，梳理现有城市矿产产业涉及主管部门如国家发展改革委、财政部、工业和信息化部、商务部、生态环境部等部门的管理职能与职责，形成有机整体。建立城市矿产开发利用跨部门组织协调机制，健全协调各分管部门的联席会议制度，对各项政策衔接和实施过程中的问题进行定期研讨解决，通过加强部际联系，降低不同部门的组织与协调成本，提高政策效率。构建多层次的立体产业发展推进体系。其次在战略层，组建协调产业发展的专门机构，主要负责产业的整体发展、顶层设计；在管理层，明确产业发展的辅助机构，明晰其管理义务、职能与权力；在实施层，确立地方政府相应的城市矿产经济推进机构，负责国家和地方城市矿产政策的执行与实施。最后，应该鼓励成立相关的社会组织，发挥其在政策宣传、技术推广、实践调研等方面的积极作用。

（二）制定城市矿产开发重点目录

要根据我国国情，并追踪不同工业发展阶段和产业战略布局，定期对城市矿产战略性开发评估评估体系进行调整、更新，动态评估城市矿产，并不断调整、完善重点开发目录，进行分批开发。在2017~2025年，重点回收利用智能手机、荧光灯、锂离子电池、3C产品镍镉电池、笔记本电脑、液晶显示屏、功能手机、数码相机等城市矿产，同时做好风涡轮永磁电机、光伏电板、新能源汽车永磁电机等的拆解、提炼技术关键技术储备；2025~2035年，重点回收对象扩展到风涡轮永磁电机、EV永磁电机、HEV镍氢电池、液晶电视、电脑；2035~2050年，重点回收对象新增HEV永磁电机、信息家电产品镍氢电池、平板等。

（三）规范城市矿产统计口径

目前，我国部分地区在城市矿产产业统计工作中存在概念表述不清晰，统计范围不规范等问题，造成统计数据失真，无法为城市矿产产业发展规划等相关决策提供依据。因此，未来应该规范城市矿产统计口径。一是规范城市矿产概念，由国家统计局牵头，会同国家发展改革委、工业和信息化部、商务部、生态环境部等部门研究制定《城市矿产及相关产业分类》《城市矿产及相关产业统计指标体系框架》，明确城市矿产的定义、范围和编码等国家标准，确定城市矿产产业统计指标体系；二是严格执行国家统计标准，各地区在做好城市矿产产业统计工作的同时，可结合本地区统计工作实际，开拓城市矿产统计新领域，鼓励各地区对城市矿产产业新技术、新业态、新模式等进行研究，为补充完善分类内容、规范标准执行及时提供信息依据，以更好满足地方党委政府对城市矿产产业统计数据的需求；三是合理制定统计调查项目，各级各有关部门制定与城市矿产产业相关的统计调查项目，其主要内容不得与国家城市矿产产业统计调查项目的内容重复、矛盾，并依照《中华人民共和国统计法》及其实施条例履行报批手续。

（四）制定城市矿产开发利用的标准体系

建立城市矿产开发利用标准体系是实现城市矿产的高分类回收率、高质量流通率、高效利用率的基础。因此，在城市矿产开发利用标准体系制定过程中，应基于城市矿产的资源与环境双重属性，依据《标准体系构建原则和要求》（GB/T

13016—2018），按照产品全生命周期的视角进行制定。在具体标准制定过程可以根据标准的使用范围，分为通用标准与专用标准两个标准体系来建设。在通用标准体系内，下设基础标准、废旧产品标准、基础设施标准、信息服务标准等子标准；在专用标准体系内，下设原生产品设计标准、原生产品生产与流通标准、废弃物回收标准、废弃物拆解标准、废弃物加工及技术标准、再生产品标准等子标准。

（五）加强对城市矿产政策监测评估

城市矿产政策本质上是公共政策，对公共政策进行绩效评估，并依据评估结论来改进下一轮公共政策制定是国际通行做法。对城市矿产政策实施情况进行跟踪分析和监测评估，客观评价政策目标、政策工具、政策措施等落实情况，发现问题、分析原因，并提出改进政策实施的对策建议，对于推动政策的不断优化和顺利实施具有重要意义。因此，建议从国家、地区、产业园区和企业多层面以及从社会、经济、环境多维度视角制定科学、客观的政策实施效果评价体系，加强对城市矿产政策实施效果的监测和反馈，作为后续政策修订和完善的重要依据。

四、健全城市矿产开发产业体系

（一）促进产品生态设计

生态设计强调在产品设计阶段即考虑产品使用与报废处理过程中可能对环境造成的影响，通过改进产品的原材料、零部件，调整和优化生产工艺等措施，改善产品的再利用性能，减少环境影响，提高资源利用率。可见，进行生态设计有利于城市矿产的开发利用。因此，未来一方面可以鼓励生产企业在产品设计、生产、包装、销售过程中，基于全生命周期的视角，从材料选择设计、零部件最小化设计、易拆卸设计、回收利用设计等维度进行全面考量；另一方面，基于全供应链视角，从单一产品生命周期内的生产、使用和处置环节逐步扩展到一个工厂的多个产品、多个工厂以至整个社会层面，在整个生产系统层次进行生态设计，提升城市矿产开发利用效率。

（二）构建城市矿产基础数据库

原生矿产开发离不开地质储量信息，城市矿产开发同样需要把握城市矿产流量与存量时空变动的基础信息。一方面以产品全生命周期物质流动为主线，发展电子标签、二维码等物联网技术，重点跟踪电子废弃物、报废汽车和船舶、废金属、废旧零部件等主要城市矿产资源的流向，构建城市矿产物质流账户；另一方面有效利用现有机关、企事业等单位固定资产台账记录、居民消费记录，建立全国城市矿产基础数据库，绘制城市矿产成矿地图。

（三）完善城市矿产回收体系

回收是城市矿产产业发展的基础与环节，然而由于我国城市矿产产业发展时间较短，造成回收体系建设落后，成为制约我国城市矿产高质量发展的关键阻碍因素。未来可以通过完善城市矿产回收提升来促进城市矿产产业高质量发展。一是通过科学评估和筛选，识别城市矿产重点回收的对象、种类和回收价值，分类建立市场型回收和公益型回收体系，发挥市场机制和政府引导的作用。二是构建运营规范、布局合理的城市矿产回收体系，将回收网点、分拣中心和集散中心纳入各地城乡建设规划中；培育龙头回收企业，发挥我国供销社和物资公司系统回收网络优势，整合社会回收人员，形成有序管理的城市矿产回收网络。三是推动家电、汽车等生产企业履行生产者责任，利用现有销售网点和物流体系，将新产品销售与废旧产品回收系统整合起来，建立厂商回收、专业回收与社会回收相结合的多渠道线下回收体系。四是发展"互联网＋回收"模式，培育城市矿产O2O回收平台，将消费者与合格回收者、物流企业、处理企业以及电子产品生产者连接起来，推动线上线下有效对接。

（四）促进城市矿产资源化利用

当前我国城市矿产开发能力薄弱，究其根本原因还是技术上的落后造成的，亟须实施创新驱动发展战略，促进资源化利用关键技术创新突破。一是实施城市矿产资源化利用关键技术协同创新工程，结合我国各省市经济社会发展需求和城市矿产资源化利用现状，围绕共性关键技术，整合各级政府、骨干企业、科研院所、高校、产业园区等相关主体在资源循环利用领域的科技资源，组建多学科、多领域的协同创新团队，实施城市矿产资源化利用关键技术协同创新工程，部署重大科技攻关项目，促进资源化关键技术创新突破。二是加速资源化利用技术从研发成果到产业化、工程化的进程。鼓励企业密切追踪国外关键资源化利用技术的发展动向，评估资源化利用技术前景，提升先进资源化利用技术引进质量和吸收能力。三是加快高端人才供给，依托重点科技项目、科研基地及国际合作项目，由国内专家组建资源化利用领域领军人才团队，加大优秀人才培养力度，加强科技创新与人才培养的有机结合，以高端人才的供给为抓手，促进资源化利用关键技术加速突破。

（五）促进城市矿产替代应用

我国可以通过促进城市矿产对原生矿的替代应用来缓解我国面临的资源瓶颈。为此，一是可以通过改造传统有色金属冶炼企业的装备与工艺，开发原生矿与城市矿产综合冶炼技术，实现多金属综合回收及高值产品开发；推动冶炼企业搭配使用城市矿产与原生矿，建立高技术矿产可持续供应体系。二是可以借鉴部分发达国家采取征收原生资源税的方法来促进对城市矿产的需求的做法，尽快研究原生资源税的有效性，至少在政策效果尚未确定的现阶段，应先取消原生资源相对于城市矿产的优惠政策，减少原生资源的使用、提高城市矿产的价格，支持城市矿产的对原生矿的替代应用。

（六）优化城市矿产开发利用的基础设施布局

城市矿产的成矿与工业化水平、城市化水平及产业布局紧密相关，分布复杂。因此，在布局城市矿产开发基地及相关基础设施时，必须准确把握城市矿产区域分布特点，考虑回收区域、半径、运输成本、下游应用产业分布等，加强和完善城市矿产基地和相关基础设施的布局合理性，提高资源配置的效率。我国应在北部重点布局风涡轮、光伏电板等城市矿产开发利用相关基础设施；在我国南部重点布局笔记本电脑、台式电脑、液晶电视、数码相机等城市矿产开发利用相关基础设施；在广东、浙江一带布局电动汽车永磁电机、新型储能电池等城市矿产开发利用相关基础设施；对荧光灯、功能手机、智能手机等城市矿产开发基础设施进行全国性布局。

五、完善城市矿产政策支持体系

（一）完善生产者责任延伸制

发达国家的实践经验表明，生产者责任延伸制度构建的核心在于合理分配和协调各利益相关者的责任。我国可以借鉴发达国家管理经验，结合本国国情建立起由政府、生产者、销售者和消费者承担的责任分担机制。由政府承担法规制定、收取税费等责任与第三方回收管理组织规范生产者、销售者和消费者的行为。生产者承担向第三方回收管理组织提供城市矿产相关产品的信息以及防伪墨水标识等回收责任。销售者主要承担城市矿产产品的回收运送、押金收发等责任。消费者则负责将城市矿产送至指定回收地点。

（二）完善城市矿产基金制度

我国现有的基金制度主要针对城市矿产的拆解环节，导致我国城市矿产企业重拆解、轻高值化利用，此外，随着我国城市矿产迎来爆发式增长期，我国城市矿产基金亏损严重，造成现行的补贴标准难以为继。因此，未来可以对基金实施动态管理制度。一方面，针对不同拆解企业的金属提取范围、金属提取种类、贵金属以及基本金属的回收利用率等技术指标的差异，管理部门可以制定梯次的基金补贴标准，对企业不同的资源环境投入产出效果做出公平的奖励；另一方面，综合考虑不同产品类型的销量、报废量、回收率以及上年度基金盈余赤字情况，在不同年份设定相应的补贴收发金额的方法，以解决基金亏空的现象，避免政府财政赤字风险。

（三）完善城市矿产财税政策

前文的研究表明，城市矿产财政补贴政策与税收优惠政策具有交互作用，且财政补贴政策具有门槛效应，这为城市矿产财税政策的进一步完善指明方向。一方面，我国应注重财政补贴与税收优惠政策工具组合，合理设置两项政策工具的比例，充分发挥二者的交互作用。另一方面，应当科学界定城市矿产补贴政策发挥正效应的区间，针对区间内的企业，适当提高研发补贴比例，细化研发补贴支持的技术领域，支持符合条件的循环经济共性关键技术研发，以及减量化、再利用与再制造、废物资源化利用、产业共生与链接等领域的关键技术、工艺和设备的研发制造，通过补贴充分发挥技术创新对企业生产率的促进作用；针对补贴高于区间的企业，可通过监控申请流程、分期支付补贴资金、定期听取项目汇报、严格执行成果验收等方式强化补贴使用过程中的监督制度，把控补贴的应用方向与效率。

（四）完善城市矿产技术政策

目前，关键核心技术缺失成为制约我国城市矿产高值化利用的根本性阻碍因素，未来我国城市矿产科技政策应围绕城市矿产信息集成、全组元回收、高值化利用、绿色再制造等四大目标，通过创建城市矿产资源集成监管信息平台，系统开展城市矿产资源综合高效、清洁回收、高值化产品开发、高效循环再制造核心技术的研究，全面提升我国城市矿产资源循环产业的科技竞争力，构建城市矿产资源完整产业链。为此，可以部署重点科技任务，重点推进城市矿产信息集成与循环利用决策支持系统、城市矿产资源精细化识别、自动化拆解与分选技术、电子废弃物混合熔炼技术及工艺、稀贵稀散金属高效循环利用及高值化技术、废旧金属直接循环再造关键技术、废旧塑料和橡胶回收及高值化利用技术、废旧动力电池资源化利用及新能源材料再制造技术、废旧零部件再制造关键技术的发展，为产业高质量发展解决系列关键问题。

（五）完善城市矿产贸易政策

近年，随着我国"洋垃圾"禁令实施，我国城市矿产进口量逐年递减，加剧城市矿产资源化利用企业无料可用的窘境。一是加强对城市矿产进口的分类管理，鼓励进口回收利用价值大、污染小的废弃物的进口，禁止进口高污染、难处理的低价值废弃物。二是加强提高国内的环境管制标准，通过设置排污税、产品税等环境税，提高环境达标成本，以减少因环境成本较低而带来的废弃物过度流入。三是加强进口监管，增强检验检疫部门的检查力度，降低进口废弃物环境不合格率。严格控制废弃物的合理流入，防止发达国家以"兜售"资源为名向中国倾倒垃圾。四是与其他国家开展合作，中国进口发达国家废弃物，间接承接发达国家的环境污染，我国应该以此为出发点，与发达国家进行谈判，要求获得发达国家在新能源技术、节能减排技术以及防止产业公害技术上的援助；促进废弃物贸易的地区化分工，与印度、菲律宾等发展中国家合作，共同形成一个废弃物贸易的循环体系。

（六）完善城市矿产环保政策

在城市矿产回收、拆解与资源化过程中，二次污染现象较为严重。因此，需要通过完善城市矿产环保政策促进产业健康发展。一是鼓励生态设计，在产品生产的源头控制废弃物对环境的污染。二是加强废弃物分类管理，首先可以通过完善废弃物分类管理体制，重新分配各部门的职责权限，克服部门之间只考虑自身利益、各自为政的弊端，促进多部门间的协调配合；其次完善废弃物分类流程和各环节的配套措施，促进各环节有序、通畅衔接。三是设置环境税，提高企业污染环境成本，在此过程中应合理设置税率水平，可以借鉴发达国家的做法，实行阶梯式收税标准，污染物排放较多的大型厂商，将要承担更多的税负；同时通过建立环保与税务的合作机制，从法律上明确环保部门与税务部门的职责，加大环境税征收力度，确保将环境污染内化为企业生产成本，成为能够影响企业生产决策的关键要素。

（七）完善再生产品消费政策

目前，由于居民对城市矿产再制造产品认识不足，导致市场需求不足，严重制约城市矿产产业的发展。因此，可以通过完善城市矿产消费政策促进城市矿产产业发展。一是颁布城市矿产制成品质量年度评估报告，对城市矿产制成品质量进行动态评估，并向社会发布，帮助消费者选择高品质的再生产品。二是加大对城市矿产制成品的政府采购力度，政府采购时可以将环境标志、生态标签、绿色标识产品作为制定采购产品标准和指南的基础依据，分行业、分产品建立城市矿产制成品采购标准及发布采购清单，并通过公开政府城市矿产制成品采购信息，增加政府采购的透明度，提升市场对城市矿产制品的预期。三是加大宣传力度，在全社会范围内着力培育绿色消费理念，开展多层次、多形式的宣传教育。积极引导居民践行绿色生活方式和消费模式，鼓励包括城市矿产制成品在内的绿色产品消费。四是对城市矿产制成品的购买者实施消费者补贴，把对城市矿产行业资金补贴的一部分直接发给消费者，消费者只要购买符合补贴范围的城市矿产制成品，就可以凭购物发票向指定部门直接领取现金，形成消费者看得见摸得着的"明补"，有效地提高消费者购买城市矿产制成品的兴趣。

总之，城市矿产政策体系是一项包含产业结构政策、产业组织政策、产业技术政策、产业布局政策等在内复杂体系。因此，城市矿产政策的完善不应片面追求体系的完备性，而应针对制约城市矿产产业发展的因素并结合行业未来发展趋势，通过多政策工具组合与协同，以分类施策、分步实施的方式，确保城市矿产产业突破发展瓶颈，实现其在国民经济发展中的定位。

第四篇 结 论 篇

第九章 结论与展望

本章内容在以上研究的基础上,总结提炼出了本书的主要研究结论,并阐述了本书的创新之处,最后进一步指明了未来的研究方向。

第一节 研究结论

本书以促进城市矿产开发利用、提高国家金属资源安全保障能力为战略目标,围绕"如何科学认识城市矿产开发利用与国家金属资源安全的关系""如何有效开发利用城市矿产,提高国家金属资源安全保障能力"两大基本问题,从"理论研究—调查实证—政策研究"三个层面展开了研究。首先,系统梳理了城市矿产相关研究进展,分析了城市矿产开发利用的机理;其次,从城市矿产开发潜力和开发模式创新等两个方面对城市矿产开发管理问题进行了深入研究;最后,从城市矿产开发的政策机制、政策效应和政策创新三个方面对城市矿产开发政策进行分析,并提出了促进我国城市矿产开发利用的政策建议。研究主要得出以下结论。

(1)城市矿产作为工业化、城市化的产物,它在成矿条件和机理上完全不同于原生矿地质成矿规律,并不是自然发生的过程,受到社会消费量、产品使用寿命、经济发展水平、社会的认识程度和技术进步等多种因素的影响。一方面,必须从源头上认清城市矿产的成矿规律,重点分析城市矿产中的主要有价金属元素的迁移和转化过程,识别和评价物质流向、规模、强度以及影响因素;另一方面,必须认识到中国城市矿产成矿规律又有区别于发达国家的特殊性,这是由中国国情决定的。一是粗放型经济增长方式,使得我国城市矿产成矿速度远远快于发达国家。二是早期工业化大量生产使用的含金属产品陆续进入报废的高峰期,我国城市矿产大规模开采条件已基本成熟。三是我国人民生活水平不断提高,消费持续升级,我国城市矿产的构成正在发生深刻变化。因此,必须跟踪研究消费升级的动向和产品结构的变化,把握城市矿产主要金属种类、数量和流向的变化,以便准确判断我国城市矿产开发前景。

(2)尽管理论上开发城市矿产已具备可行性且有显著的生态价值,但是经济利益才是企业开发利用行为的主要驱动因素。城市矿产只有在物质流与价值流循环一体化的基础上,城市矿产的有效开发利用才能真实发生。如果不能形成合理的价值流转机制,城市矿产很有可能将被大量废弃,并不会被投入市场去替代原生金属资源使用。因此，需要从构建城市矿产开发利用的市场实现条件出发，把握中国城市矿产开发利用中的价值流转规律，科学设计价值补偿方案，充分发挥市场在资源配置中的决定性作用和更好发挥政府作用。

（3）城市矿产开发具有显著的战略价值，蕴含着丰富的金属矿产，具有显著的资源和环境效益。我国正处于工业化后期、新型城镇化快速发展期，经济社会对金属资源需求量依然很大，但我国金属资源自我保障能力有待提高，过度依赖海外资源的传统路径将难以为继。城市将是未来最大的资源集中地，城市矿产大规模开采条件已基本成熟，有必要将城市矿产作为保障国家金属资源安全的重要支柱。

（4）受不同区域工业化和城市化进程以及居民消费水平等多种因素影响，不同区域的城市矿产在富集程度、构成成分以及分布上都存在较大的差异。因此，不能简单地套用一个模式来开发利用城市矿产，必须依据不同区域的成矿特征和经济社会发展水平，分类研究城市矿产开发利用的模式，并编制其发展指引。

（5）日本与德国等发达国家成功的城市矿产开发利用模式为构建我国城市矿产开发利用模式提供了经验借鉴。日德国两国均在法律法规建设、制度规范、基础设施保障方面有相同的做法，同时均强调产品的生态设计和废旧产品的二手市场交易。但两国在政府角色、付费模式、回收方式和管理模式上存在差异。借鉴日本和德国的成功经验，结合我国城市矿产开发的目标与存在的问题，从倡导多主体社会参与、实施产品全生命周期管理、强化技术创新和基础设施支撑、构建多层次制度体系四个方面对我国城市矿产开发利用模式进行扩充与完善。

（6）互联网背景下我国城市矿产开发利用模式不断创新，城市矿产开发企业形成了三种典型的"互联网＋回收"模式，即互联网企业主导型的回收模式、电子废弃物处理企业主导型的回收模式以及独立第三方平台主导型的回收模式。这些新型回收模式通过打通信息流、物流和资金流，构建有效的参与机制、信任机制、协作机制和盈利机制，有效降低了信息不对称性，减少了交易成本，获得了消费者的认同，扩大了回收的范围和规模。居民行为成为"互联网＋回收"模式是否有效的关键因素。研究表明，主观规范、感知有用性、感知收益皆对居民参与"互联网＋回收"的意愿具有显著影响。

（7）高技术城市矿产的战略性筛选是一个持续动态的评估过程，需要建立与之相适应的"重点开发一批、消化一批、储备一批、转移一批"的动态调整战略体系。从城市矿产战略性静态筛选结果来看，高技术城市矿产的战略性可以分为四个梯队，第一梯队包括3C产品镍氢电池、3C产品镍镉电池、3C产品锂离子电池；第二梯队包括手机和EV电池；第三梯队包括新能源技术、交通工具、电话（电路板）；第四梯队包括电器电子产品和光伏电板。

（8）税收优惠和财政补贴两种政策工具对城市矿产企业创新产出具有相互促

进效应。但一刀切的政府税收优惠措施将会限制企业选择政府资助方式,导致城市矿产政策效果与政策目标不符。政府补贴对城市矿产企业的影响存在明显的门槛效应,按照补贴发挥作用的内在机制划分为促进作用发挥阶段、无效率阶段和抑制作用阶段。因此,政府补贴应着力投放在最优补贴区间。

(9) 政策机制设计得好坏是促进城市矿产开发利用的关键。在反思现行政策的基础上,发挥市场、政府与社会三者间的协同机制,进一步完善"两种资源"统筹使用的总体战略和政策框架。重点加强城市矿产开发的顶层设计,优化管理机制,培育产业生态系统,完善政策支持体系。

第二节 创 新 之 处

本书基于国家金属资源安全视角,系统揭示了城市矿产的成矿机理,对城市矿产开发潜力、开发模式创新等城市矿产开发管理问题进行了深入探究,分析了城市矿产开发的政策机制和政策效应,并进一步提出城市矿产开发的创新政策。本书研究主要有以下创新之处。

(1) 建立物质流与价值流循环一体化的理论分析框架,揭示城市矿产开发利用必须遵守"物质守恒定律与价值规律"两大基本规律,完善"物质基础条件和市场实现条件"两大基础条件,充分发挥市场、政府与社会三者之间的作用,形成城市矿产开发利用的理论体系。

(2) 从国家金属资源安全的战略高度揭示城市矿产开发利用的规律及价值。21世纪以来我国采取"国内国际两个市场两种资源"的举措,虽然一定程度上缓解了中国金属资源供给短缺瓶颈,但并未从根本上改善中国金属资源供给的经济性、稳定性和持续性。当前城市矿产已进入可开发利用的成矿周期,它将成为国家金属资源安全保障新渠道。本书以国家金属资源安全为视角,以城市矿产为研究对象,揭示城市矿产开发利用的规律及价值,研究结果为国家金属资源安全战略路线的调整优化提供重要依据。

(3) 构建"资源—技术—环境"城市矿产战略性评估模型,从静态和动态视角对城市矿产进行了战略性筛选。本书综合考虑资源、技术、环境等因素,科学构建了基于资源—技术—环境指数的战略性评估体系,从静态和动态视角对高技术城市矿产的战略性进行了评估,一方面筛选出了目前需要重点开发的高技术城市矿产,另一方面也指出了未来应重点关注的方向。高技术城市矿产的战略性筛选是一个持续动态的评估过程,本书提出了不同阶段中国高技术城市矿产的开发策略和重点开发目录,为国家高技术城市矿产开发利用的战略和政策设计提供了科学依据。

(4) 揭示了互联网背景下城市矿产回收模式及其居民参与行为的影响机制。

回收是城市矿产能否得到有效利用的关键环节，基于互联网的城市矿产回收模式可以有效降低信息不对称性、减少交易成本、扩大回收范围和规模，给我国城市矿产回收利用行业带来了新的发展机遇。由于"互联网+回收"模式作为一个信息技术与环境行为相结合的新生事物，居民的选择和参与直接影响到该创新模式的成效。因此，本书不仅深入分析了"互联网+回收"的典型模式，还从居民行为视角，分析了居民参与"互联网+回收"的意愿及其影响机制，为促进互联网背景下城市矿产回收模式的发展提供了有力的理论指导。

（5）刻画了我国城市矿产政策变迁路径及特点，并指出未来优化完善的方向。现有学者主要从政策现状、政策评价、政策顶层设计等视角进行相关研究，但针对城市矿产政策体系的演变规律、已有政策体系是否合理以及优化完善方向等问题尚未进行深入研究。本书系统梳理了我国城市矿产政策体系的演化过程及发展特征，揭示了城市矿产政策作用机制，并从政策工具视角对城市矿产开发的政策效果进行评估，分析了政策补贴的门槛效应；最后，在借鉴发达国家城市矿产产业发展经验的基础上，结合我国城市矿产产业政策现状，提出我国城市矿产开发的战略与政策。

第三节 研究展望

基于以上研究，本书提出以下几点展望。

（1）加强对城市矿产成矿的动力机制研究。城市矿产的成矿过程不同于原生矿的自然地质成矿过程，它与人类社会生产生活密切相关，城市矿产成矿受社会消费量、产品使用寿命、经济发展、人口、技术进步等多种因素的影响，而且不同经济发展阶段、不同行业、不同地区的城市矿产成矿动力机制也不同。因此，有必要加强对城市矿产成矿动力机制的研究。通过结合全生命周期分析方法、指数分解法、结构分解法和经济计量法，沿"资源开采—生产加工—消费—废弃"产业链，解析城市矿产成矿的驱动因素，揭示各驱动因素的作用机理及因素间的互动机制。

（2）加强对城市矿产大数据的研究。针对城市矿产产业发展目前存在着基础数据缺乏、资源分布零散，资源流向监控困难、回收交易渠道混乱、信息交流不通畅、产业布局不合理、经济效益低下等突出问题，有必要加强城市矿产大数据的建设。通过城市矿产领域大数据关联性研究、融合及全景式分析，采用动态计算、有效数据挖掘、关联性数据提取等手段，对数据进行仿真分析、效用决策和开发管理模拟评估。

（3）加强对典型区域城市矿产开发研究。针对大都市圈城市矿产富集程度高、来源丰富，开发利用具有相对规模性和经济性的特点，重点分析大都市圈城市矿产回收利用主体行为与激励模式、回收体系构建与资源化利用基地布局以及基础设施优化配置。针对中小城镇城市矿产富集程度不高，开发利用过程中存在着前端分类缺乏、运行成本高、收集与运输过程的环境污染、终端处置的二次污染等问题，重点分析中小城镇城市矿产回收利用主体行为与激励模式，回收网络与物流配送体系建设、环保集中化处理机制。

（4）加强对"互联网+城市矿产"回收研究。针对"互联网+城市矿产"回收利用平台发展尚不成熟、效果暂不理想的实际情况，重点分析"互联网+城市矿产"回收利用的模式，数字化技术对其的赋能机制及居民参与度的提升对策。

后　　记

习近平总书记指出，"变废为宝、循环利用是朝阳产业"[①]。城市矿产是工业化、城市化的产物，是蕴藏于城市中具有较高经济价值并可回收利用的二次资源，其中金属是主要有价物。城市矿产的成矿过程不同于原生矿的自然地质成矿过程，它与人类社会生产生活密切相关。随着工业化与城镇化进程的加快推进，大量工业设施设备更新换代，居民家庭使用的汽车、家电、手机等进入规模报废阶段。城市将是未来最大的资源集中地，城市矿产开发利用将成为国家金属资源安全保障的新支柱，也是生态文明建设的重要抓手。城市矿产的开发利用正在引起社会的广泛关注，学术界也相继推出了一批有影响力的研究。但总体而言，城市矿产开发的研究仍处于起步阶段，对城市矿产理论、方法、技术、管理、政策等方面都缺乏深入系统的研究。

2014年底，我作为首席专家申请获批了国家社会科学基金重大项目。这是城市矿产领域首个获得立项资助的国家社会科学基金重大项目。经过课题组三年多的潜心钻研、深度合作，顺利通过了全国哲学社会科学工作办公室组织的结题验收。本书是在依托该重大项目主要研究成果的基础上，经过精心提炼、优化编排而形成的，它是课题组成员集体智慧的结晶。

本书在城市矿产成矿规律、开发潜力评估、开发模式、管理机制、政策体系等方面，形成了一系列的学术成果，并发表在国内外重要学术期刊上。同时，本书坚持理论联系实际，为中央和地方政府提供了有价值的政府咨询建议，部分成果报送中央办公厅、国务院办公厅和相关部委，并被相关部门、企业和协会采用。

本书得以成稿出版，首先要感谢中南大学金属资源战略研究院的大力支持和研究团队的通力合作。感谢相关专家对项目研究和本书的指导。此外，本书还得到了自然资源部信息中心、中国自然资源学会、中国稀土学会、中国有色金属工业协会、中国循环经济协会、湖南汨罗循环经济产业园、铜陵有色金属集团控股有限公司、广晟有色金属股份有限公司、TCL环保科技股份有限公司、格林美股

[①]《习近平考察格林美公司："变废为宝"是艺术》，http://news.cntv.cn/2013/07/22/ARTI1374472432323565.shtml[2024-02-21]。

份有限公司、湖南万容科技股份有限公司等单位和企业的大力支持和帮助，在此一并表示衷心的感谢。

城市矿产是一门新兴学科。本书是我国较早系统扎实研究城市矿产方面的学术著作，希望本书的出版能够促进未来城市矿产领域的研究，从而更好地指导我国城市矿产的开发利用，保障国家金属资源安全。当然，我们也明白，有关城市矿产的研究工作我们也才刚起步，本书内容有可能存在不足之处，还望各位读者提出宝贵的意见！

2024 年 2 月